本书为国家社科基金项目：新时代高校思政课增强大学生文化自信的机理与路径研究（24VSZ128）阶段性成果

新时代青年 文化自信培育研究

刘小文◎著

九州出版社
JIUZHOUPRESS

图书在版编目（CIP）数据

新时代青年文化自信培育研究 / 刘小文著. -- 北京：
九州出版社, 2025. 3. -- ISBN 978-7-5225-3693-4

Ⅰ. G40-012

中国国家版本馆CIP数据核字第2025CM6588号

新时代青年文化自信培育研究

作　　者	刘小文　著
责任编辑	周红斌
出版发行	九州出版社
地　　址	北京市西城区阜外大街甲35号（100037）
发行电话	（010）68992190/3/5/6
网　　址	www.jiuzhoupress.com
印　　刷	三河市中晟雅豪印务有限公司
开　　本	710毫米×1000毫米　16开
印　　张	15
字　　数	237千字
版　　次	2025年3月第1版
印　　次	2025年3月第1次印刷
书　　号	ISBN 978-7-5225-3693-4
定　　价	68.00元

前　言

　　文化是一个国家、一个民族的灵魂，文化兴国运兴，文化强民族强。没有高度的文化自信与文化的繁荣兴盛，就没有中华民族的伟大复兴。文化自信是一个民族对自身文化价值的充分肯定和积极践行，并对其文化的生命力持有的坚定信心。它不仅仅是一种精神上的支撑，还是"更基础、更广泛、更深厚的自信，更基本、更深沉、更持久的力量"。文化自信能够筑牢国家文化根基，维护意识形态安全，使价值认同体系更加稳固。同时，它也能激活民族创新基因，培育精神血脉传承，为文明永续发展注入源头活水。党的十八大以来，习近平总书记于系列重要讲话中反复强调文化自信的战略意义，党的十九大将其正式载入党章并确立为习近平新时代中国特色社会主义思想的核心构成，标志着文化在国家治理体系中的地位实现历史性跃升，其社会政治功能获得系统性强化，彰显出中国共产党建设社会主义先进文化的理论自觉与实践自信。党的二十大进一步提出"推进文化自信自强，铸就社会主义文化新辉煌"，二十届三中全会重申"增强文化自信"的必然要求。这一系列重要论述，构成了习近平文化思想的核心要义。习近平文化思想既是新时代文化建设规律的科学总结，又代表党对社会主义文化发展逻辑的认知突破。习近平文化思想以高度的历史主动性与文化主体性为特征，为当代中国破解文化发展难题、建设文化强国确立根本遵循，指引中华文明在全球化语境中实现创造性转化与创新性发展。

　　青年是祖国的未来、民族的希望，是社会中最有生气、最有闯劲、最少保守思想的群体，蕴含着改造客观世界、推动社会进步的无穷力量。青年群体作为文化主体意识形成的关键人群，其文化自信的培育根植于该群体独特的文化认知特征与精神建构规律。从个体发展视角看，青年期正处于价值观塑型与文化认同定型的敏感阶段，认知图式的开放性与可塑性使其在多元文化碰撞中既具备吸收新知的优势，也面临文化归属的认知冲突。培育文化自信能帮助青年构建稳固的文化身份锚点，在文化激荡中形成兼具包容性与主

1

体性的价值判断能力，这不仅是青年实现自我认同的必由之路，更是维系民族文化基因稳定传承的基础工程。与此同时，青年群体承载着文化代际传递的特殊使命。在文明演进的长周期中，青年既是文化基因的继承者，也是文化范式革新的实践者，这种双重身份使其文化选择具有重塑文明走向的战略意义。当青年群体的文化自觉形成集体共识时，将有效激活传统文化资源的现代生命力，为文明创新提供持续动能。

置身世界百年变局与民族复兴全局交织的新时代，青年文化自信培育既面临历史性机遇，也遭遇现实性挑战。机遇维度上，全球文化市场的互联互通使青年得以突破地域性文化经验的局限，在文明对话中建立"他者镜像"与"自我观照"的双向认知图式。在接触西方现代性文化成果的过程中，青年群体既能够汲取其创新思维与批判精神，又可通过文明形态的差异性比较，深度体认中华文化的生态智慧、伦理道德所具有的现代性价值。这种跨文化认知的辩证性超越，推动青年从文化自发走向文化自觉，在文明互鉴中形成具有主体性的文化价值判断标准。数字技术的革命性突破则重构了文化习得方式，MOOCs平台、数字博物馆等新型载体，将典籍文献、非遗技艺等传统文化资源转化为可交互、可体验的数字符号，使青年在沉浸式学习中实现文化认知的具身化转向。算法推荐与社交媒体的个性化传播机制，为青年提供了文化内容自主筛选与意义再生产空间，推动文化传承从单向灌输转向双向互动。挑战维度上，全球化带来的文化碰撞并非总是平等对话，西方文化霸权通过影视、游戏、社交媒体等载体持续渗透，导致部分青年陷入文化认同危机，表现为对本土文化的疏离与对西方文化的盲目崇拜。消费主义的蔓延进一步加剧了青年文化的娱乐化、碎片化倾向，传统文化的深层价值被符号化消费所遮蔽。与此同时，数字技术的算法推荐机制虽提升了信息获取效率，但也加剧了信息茧房效应，使青年在虚拟空间中接触的文化内容呈现"去历史化""去语境化"特征，削弱了文化理解的系统性。更为严峻的是，国际意识形态斗争的隐蔽化趋势，使得文化领域的价值争夺日益激烈，青年文化自信培育面临前所未有的复杂环境。机遇与挑战并存的时代语境，要求既要充分利用全球化与数字化，推动青年在跨文化对话与技术实践中增强文化主体意识，又要警惕文化殖民与价值异化的风险，构建起家庭、学校、社会协同发力的培育体系。如此，才能在百年变局中培育出具有坚定文化自信的新时代青年，为中华文明的现代转型注入持久的精神动能。

　　面对这样的时代命题，系统构建青年文化自信培育的理论框架与实践路径已成为一项具有战略意义的课题。青年作为文化传承的核心主体和文明创新的先锋力量，其文化认同的建构过程本质上是在全球化场域与本土化根基之间寻找动态平衡的精神实践。从历史维度看，中华民族"周虽旧邦，其命维新"的文化基因，为新时代青年提供了深层价值认同的根基；从现实维度看，数字文明带来的认知革命，要求青年必须具备跨文化对话能力与价值鉴别智慧。历史维度和现实维度决定了文化自信培育既不能固守传统的单向灌输模式，也不能陷入后现代主义的价值相对论陷阱，而应建构起"守正创新"的培育范式——既要守护中华文明"大道之行，天下为公"的价值内核，又要采用青年喜闻乐见的表达方式；既要夯实传统文化的精神根基，又要培养青年在文明对话中的主体意识。特别是在信息技术高速发展的当下，培育工作必须直面价值认同的体系化建构与信息接收的碎片化现实之间的矛盾，以及文化创新的开放性诉求与意识形态安全的底线要求之间的矛盾。破解这些矛盾需要构建"四维协同"的培育机制：在认知维度强化文明比较视野，在情感维度深化文化认同体验，在实践维度创新参与式传承模式，在价值维度坚守中华文化主体性。通过这种立体化、系统化的培育体系，能使青年在文明对话中既保持文化定力，又具备创新魄力，真正实现从文化认知到文化认同、从文化自觉到文化自信的跃升。

　　鉴于此，《新时代青年文化自信培育》一书旨在通过系统梳理青年文化自信培育的理论基础、现实依据和实践路径，构建新时代青年文化自信培育的理论体系和实践框架。本书以马克思主义文化观为指导，立足中国特色社会主义文化发展实践，深入阐释新时代青年文化自信培育的科学内涵、时代价值和实践要求。在理论层面，系统梳理中华优秀传统文化的精神基因，深入挖掘马克思主义经典作家的文化思想，全面总结中国共产党历代领导集体的文化理论，特别是重点阐释新时代文化思想的核心要义，为青年文化自信培育提供坚实的理论支撑。在现实层面，深入分析全球文化竞争格局中的战略选择、社会发展动力中的深层支撑以及青年文化传承创新中的时代担当，阐明青年文化自信培育的重大现实意义。在实践层面，系统总结青年文化自信培育的积极成效，深入剖析存在的现实问题及其根源，提出构建完善的培育机制、强化培育主体协同合作、深化培育内容与形式创新、提升青年文化自信主体自觉等实践路径。

在撰写过程中，著者坚持以理论联系实际的研究方法，广泛收集和深入研究马克思主义经典著作、党和国家重要文献、文化理论研究专著等相关资料，系统梳理青年文化自信培育的理论脉络和实践经验。通过文献研究、比较分析、逻辑推理等方法，深入探讨新时代青年文化自信培育的理论基础、现实依据和实践路径。全书特别注重理论创新性与体系完整性，既深入阐释新时代文化思想对培育工作的指导意义，又系统回答"培育什么""如何培育""为谁培育"等根本问题，最终形成具有中国气派、中国风格的理论研究范式，为新时代青年文化自信培育奠定坚实的学理基础。

本书的创作历程，是学术探索与时代责任交织的精神之旅。我们期待这项研究能成为引玉之砖，激发更多学者关注青年文化自信培育这一重大命题。当历史的车轮驶向第二个百年奋斗目标的新征程，培育具有坚定文化自信的新时代青年，不仅关乎中华文明的薪火相传，更是构建人类命运共同体的必然要求。让我们共同以学术的炬火，照亮青年文化自信培育之路，为中华民族现代文明建设注入强大的精神动能。

目　录

第一章　导　论……………………………………………………… 1

　　第一节　新时代青年文化自信培育的研究缘起和意义 ……… 1

　　第二节　新时代青年文化自信教育的研究述评 ……………… 8

　　第三节　新时代青年文化自信培育的研究设计 ……………… 16

第二章　新时代青年文化自信培育的理论概述……………………23

　　第一节　新时代青年文化自信培育的概念界定 ……………… 23

　　第二节　新时代青年文化自信培育的理论基础 ……………… 44

第三章　新时代青年文化自信培育的现实依据……………………65

　　第一节　文化强国：全球文化竞争格局中的战略选择 ……… 65

　　第二节　社会进步：发展动力中的深层支撑 ………………… 79

　　第三节　青年使命：文化传承创新中的时代担当 …………… 88

第四章　新时代青年文化自信培育的核心要义……………………97

　　第一节　新时代青年文化自信培育的目标方向 ……………… 97

　　第二节　新时代青年文化自信培育的基本原则 ……………… 113

　　第三节　新时代青年文化自信培育的主要内容 ……………… 120

第五章　新时代青年文化自信培育的现状分析 ················ 135

第一节　新时代青年文化自信培育的积极成效 ········· 135

第二节　新时代青年文化自信培育的现实问题 ········· 145

第三节　新时代青年文化自信培育的问题根源 ········· 151

第六章　新时代青年文化自信培育的实践进路 ················ 165

第一节　构建完善的青年文化自信培育机制 ········· 165

第二节　强化培育主体的协同合作 ················ 177

第三节　深化培育内容与形式的创新 ·············· 191

第四节　提升新时代青年文化自信主体自觉 ········· 207

结　语 ·· 219

参考文献 ·· 223

第一章　导　论

习近平总书记深刻指出："文化自信是一个国家、一个民族发展中更基本、更深沉、更持久的力量。"[①]青年是国家的未来和希望，也是推动文化自信向前发展的最活跃、最具活力的群体。新征程上，务必致力于培育青年文化自信，激励他们自觉肩负起新时代的文化使命，在铸就中华文化新辉煌中谱写人生新华章。

第一节　新时代青年文化自信培育的研究缘起和意义

在全球化的浪潮中，文化的力量愈发凸显，成为塑造国家形象、提升国家软实力的关键因素。新时代背景下，随着中华民族伟大复兴战略的全面推进，文化自信的培育显得尤为迫切和重要。青年一代作为国家的未来和民族的希望，他们的文化自信不仅关乎个人的成长和发展，更关乎国家的文化安全和民族精神的传承。因此，研究新时代青年文化自信培育的缘起和意义，不仅是对当前文化发展态势的深刻把握，也是对国家未来发展的战略布局。

一、研究缘起

在新时代的浩瀚浪潮中，青年群体以其独特的活力、创造力和对未来的无限憧憬，成为推动社会进步与发展的重要力量。文化自信作为民族精神的重要支撑和个体自我认同的关键要素，对于青年的成长与发展具有不可估量的价值。因此，新时代青年文化自信培育的研究，不仅是对当前社会文化现象的深刻洞察，更是对未来国家发展潜力的前瞻布局。本文将从历史传承、全球化挑战、社会转型、教育革新以及青年自身需求等五个维度，深入探讨

---

① 习近平. 习近平谈治国理政（第三卷）[M]. 北京：外文出版社，2020：18.

1

新时代青年文化自信培育的研究缘起。

（一）历史传承：文化自信的深厚根基

中华文明作为世界上最古老且连续不断的文明，其文化源远流长、博大精深，是中华民族独特的精神标识。自古以来，中华民族便拥有强烈的文化自信，这种自信源自对本土文化的深刻理解和高度认同。从夏商周的青铜器到秦汉的丝绸之路，从唐宋的诗词歌赋到元明清的戏曲小说，中华文化以其独特的魅力影响着一代又一代华夏儿女。这种文化自信不仅体现在对传统文化的继承与发扬上，更在于对文化创新的不断追求和探索。进入新时代，面对全球化的冲击和多元文化的交融，如何保持并传承这份文化自信，成为一个亟待解决的问题。青年作为国家的未来和希望，他们的文化自信直接关系到中华文化的传承与发展。青年一代若能对中华文化有深刻的理解和认同，将能够在全球化的浪潮中坚守文化根基，推动中华文化的创新与发展。研究新时代青年文化自信培育，首要任务就是深入挖掘中华优秀传统文化的精髓。中华传统文化中蕴含着丰富的哲学思想、道德观念、文学艺术、科学技术等，这些都是培育青年文化自信的重要资源。通过教育引导，让青年在了解历史、尊重传统的基础上，建立起对本土文化的深厚情感和坚定信念。例如，通过学习儒家思想中的"仁爱""礼义"，可以培养青年的道德情操和社会责任感；通过学习古典诗词、书法绘画等，可以提升青年的审美情趣和艺术修养。这些传统文化的精髓，不仅能够帮助青年树立正确的价值观，还能够增强他们对中华文化的认同感和自豪感。

（二）全球化挑战：文化自信的国际视野

全球化时代，不同文化间的交流与碰撞日益频繁，各种思想观念相互激荡，为青年提供了更为广阔的学习空间和视野。然而，这也带来了文化同质化、价值观冲突等问题，对青年的文化自信构成了挑战。一方面，部分青年可能因盲目崇拜外来文化而忽视本土文化的价值，导致文化认同感的缺失。在全球化背景下，西方文化以其强大的经济实力和传播手段在全球范围内产生了广泛影响。一些青年在接触西方文化时，可能会被其新颖、时尚的外表所吸引，从而忽视本土文化的深厚内涵和价值。这种盲目崇拜不仅会导致青年对本土文化的疏离和淡漠，还会削弱他们的文化自信心和民族自豪感。另一方面，也有一些青年在全球化浪潮中迷失方向，缺乏文化自觉和自信，难以在国际舞台上展现中国青年的风采。在全球化的交流中，一些青年可能会因为对本土文化了解不够深入、对国际文化规则不够熟悉而显得无所适从。他们可能会在面对外来文化的冲击时感到困惑和迷茫，甚至产生自卑和退缩的情绪。这种文化自觉和自信的缺失不仅会影响青年在国际交流中的表现和形象，还会制约他们在全球化背景下的发展空间和潜力。因此，研究新时代青年文化自信培育，必须正视全球化带来的挑战，探索如何在保持文化多样性的同时，增强青年的文化自觉和自信，使他们能够在国际交流中既展示中华文化的魅力，又能够吸收借鉴世界文明的优秀成果，实现文化的互鉴与共生。

（三）社会转型：文化自信的时代需求

当前，中国正处于社会转型的关键时期，经济结构的调整、政治体制的改革、社会文化的变迁等，都对青年的价值观念、行为方式产生了深刻影响。在这一背景下，文化自信成为青年应对社会变革、实现自我发展的重要基石。其一，社会转型带来的经济结构调整，使得青年面临着更加激烈的市场竞争和就业压力。在这样的环境下，拥有坚定的文化自信，能够帮助青年在困境中保持积极向上的心态，勇于面对挑战，不断追求进步。同时，文化自信也是青年提升自我竞争力的重要因素，它不仅能够增强青年的个人魅力，还能够在求职、创业等方面为青年提供更多的机会和优势。其二，政治体制的改革为青年提供了更加广阔的参与空间和表达渠道。然而，这也要求青年必须具备更高的政治素养和文化自觉。文化自信能够帮助青年更好地理解国家的大政方针和政治理念，增强他们的政治认同感和归属感。此外，拥有文化自信的青年更能够积极参与社会公共事务，为国家的发展贡献自己的力量。其三，社会文化的变迁对青年的价值观念和行为方式产生了深远的影响。在多元文化的冲击下，一些青年可能会感到迷茫和困惑，甚至产生文化认同的危机。因此，培育青年的文化自信，对于引导他们树立正确的世界观、人生观、价值观具有重要意义。通过文化自信的教育引导，可以帮助青年在多元文化的交融中坚守文化根基，增强文化自觉和自信，实现文化的传承与发展。

（四）教育革新：文化自信的培育关键

教育体系作为塑造青年价值观、培育文化自信的关键环节，其改革与创新显得尤为重要。当前，我国教育体系在文化传承与创新方面面临的挑战不容忽视，这些挑战不仅影响了青年对本土文化的深入理解和认同，也制约了他们文化自信的形成和发展。其一，应试教育倾向严重是当前教育体系面临的一大问题。长期以来，以考试成绩为主要评价标准的应试教育体系，使得学校和教师过于注重知识的传授和应试技巧的训练，忽视了对学生文化素养和人文精神的培养。这种倾向不仅限制了学生的全面发展，也削弱了他们对本土文化的兴趣和认同感，从而影响了文化自信的形成。其二，文化教育缺失是另一个亟待解决的问题。在当前的教育体系中，文化教育往往被边缘化，缺乏系统、深入的教学内容和方法。这使得青年对本土文化的了解停留在表面，难以深入理解其精髓和价值，进而影响了他们文化自信的建立。其三，创新精神不足也是制约教育体系在文化传承与创新方面发挥作用的不利因素。创新是推动文化发展的不竭动力，而当前教育体系中缺乏对学生创新思维和能力的培养，使得青年在文化传承与创新方面缺乏主动性和创造力，难以在多元文化的交融中展现出独特的文化自信。

（五）青年自身需求：文化自信的内在动力

青年作为社会的新生力量和未来发展的主要驱动力，其文化自信的培养不仅关乎个人成长，更直接影响到国家文化的传承与发展。青年自身需求成为文化自信的内在动力，主要源于以下几个方面：第一，青年对自我身份认同的追求。在全球化背景下，多元文化的交融与碰撞使得青年在认同自我身份时面临更多选择与挑战。他们渴望在多元文化中找到自己的位置，明确"我是谁"的问题。文化自信能够帮助青年更好地理解自己的文化根源，增强对本土文化的认同感和归属感，从而在多元文化的洪流中保持清晰的自我认知。第二，青年对自我价值实现的渴望。青年时期是个人价值观形成的关键时期，他们渴望通过自身的努力和才华实现自我价值。文化自信为青年提供了展现自我、实现价值的舞台。无论是通过艺术创作、文化传播还是文化交流，青年都能够在其中发挥自己的创造力和想象力，为文化的传承与发展贡献力量，同时实现个人价值的提升。第三，青年对精神家园的寻觅。在快节奏的现代生活中，青年往往感到精神上的空虚和迷茫，他们渴望找到一片能够寄托心灵、给予慰藉的精神家园。文化自信能够帮助青年深入理解和欣赏自己的文化，从中汲取精神力量，找到心灵的归宿。通过参与文化传承与创新活动，青年能够与自己的文化根源建立深厚的联系，从而找到精神上的寄托和归属感。

二、研究意义

在新时代的背景下，青年文化自信培育研究显得尤为重要。这一研究不仅具有深远的理论意义，还有着迫切的实践意义。以下将从理论与实践两个方面，详细阐述新时代青年文化自信培育研究的意义。

（一）研究的理论意义

新时代青年文化自信培育研究在理论上具有深远的意义。它不仅有助于深化我们对中国特色社会主义文化建设理论的理解与认识，还能丰富思想政治教育理论并拓宽青年成长规律的研究视野。这些理论成果将为实际工作提供有力的指导和支持，推动青年文化自信培育工作的深入开展。

1. 深化中国特色社会主义文化建设理论

青年文化自信培育研究对于深化中国特色社会主义文化建设理论具有重要意义。文化自信是一个国家、一个民族对自身文化价值的充分肯定，是对自身文化生命力的坚定信念。在中国特色社会主义文化建设中，青年一代的文化自信是文化传承与创新的重要支撑。通过深入研究青年的文化自信，我们可以更加清晰地认识到青年在文化建设中的主体地位，以及他们对于推动社会主义文化繁荣发展的重要作用。具体而言，这一研究有助于我们探究青年如何更好地理解和传承中华优秀传统文化、革命文化和社会主义先进文化，进而将这些文化精髓转化为自身的精神力量。同时，通过研究青年对西方文化的态度与认知，我们可以引导青年在坚定文化自信的基础上，积极借鉴世界文明成果，推动中国特色社会主义文化的创新发展。这些研究成果将为中国特色社会主义文化建设理论注入新的活力和内涵。

2. 丰富思想政治教育理论

青年文化自信培育研究与思想政治教育紧密相连。在当前的思想政治教育体系中，文化自信是一个重要的教育内容。通过研究青年的文化自信，我们可以为思想政治教育提供更加贴近实际、更具针对性的教育内容和方法。其一，青年的文化自信培育需要关注他们的思想动态和文化需求，这就要求思想政治教育者深入了解青年的心理特点和成长规律，从而制定出更加符合青年特点的教育方案。其二，通过研究青年的文化自信，我们可以发现思想政治教育在文化传承与创新方面的不足之处，进而提出改进措施，使思想政治教育更好地肩负起培养青年文化自信的重任。其三，青年文化自信培育研究还有助于推动思想政治教育理论的创新。在新时代背景下，思想政治教育需要与时俱进，不断探索新的教育理念和方法。通过研究青年文化自信的培育，我们可以为思想政治教育注入新的思想和理念，推动其不断创新和发展。

3. 拓宽青年成长规律的研究视野

青年文化自信培育研究，对于拓宽青年成长规律研究的视野具有重要意义。青年时期是个体从青涩走向成熟的关键阶段，也是他们塑造自我认同、建立文化自信的重要时期。在这一阶段，青年的文化自信不仅关乎他们的精神风貌，更影响着他们未来的发展方向。深入研究新时代青年的文化自信现状，实际上是在探寻他们如何在多元文化背景下寻找自我、建立认同的过程。其中的心理变化，如对传统与现代文化的态度转变，对外部文化的接纳与排斥，都反映了青年成长的复杂性和多样性。同时，他们的行为表现，如对文化活动的参与程度、文化产品的消费选择，也为我们揭示了青年文化自信的实际状况。进一步地，不同青年群体在文化自信上的差异，反映了他们的成长环境、教育背景等多种因素的影响。这些差异要求我们更加细致地理解每一个青年的成长需求，为他们提供更具针对性的指导和支持。通过这样的研究，我们不仅可以拓宽对青年成长规律的认识，更能为青年的全面发展奠定坚实基础。

（二）研究的实践意义

在新时代背景下，对青年文化自信培育进行深入研究，不仅具有深远的理论价值，更有着迫切的实践意义。

1. 有助于促进青年全面发展

文化自信是青年全面发展的重要基石，它不仅关乎青年的文化素养，更影响着他们的道德观念、价值观念和行为方式。本书通过深入分析青年文化自信的内涵、特点及其培育路径，为青年的全面发展提供了新的视角和思路。文化自信能够帮助青年更好地认识自我、定位自我。在多元文化的冲击下，青年往往面临文化认同的困惑。通过培育文化自信，青年可以更加清晰地认识到自身文化的独特价值和魅力，从而坚定文化立场，实现自我价值。同时，文化自信培育对于培养青年的社会责任感和公民意识具有显著作用。对自己文化充满自信的青年更容易形成积极的社会责任感，愿意为社会的进步和发展贡献自己的力量，会更加珍视和传承文化遗产，关注社会公共事务，展现出新时代青年的担当与作为。

2. 有助于推动文化创新和产业发展

在新时代，青年一代的文化自信对于文化创新和产业发展的推动作用不可忽视。青年以其独特的思维活力和创造力，成为文化领域中的新鲜血液和创新源泉。本书专注于探讨如何有效激发青年的创新意识和创造力，进而为文化产业注入新的活力。通过培育青年的文化自信，我们不仅能够增强他们对本土文化的认同感和自豪感，更能激发他们的创新思维，推动文化产业在内容、形式和技术等多方面的革新。这种创新不仅有助于提升文化产品的市场竞争力，还能满足日益多样化的文化消费需求。同时，青年作为文化消费的主力军，他们的文化自信和消费观念对文化市场具有深远影响。通过引导青年树立正确的文化消费观念，我们可以促进文化市场的健康发展，提升文化产品的质量和品位，进一步推动文化产业的繁荣。

3. 有助于传承和弘扬中华优秀传统文化

中华优秀传统文化是中华民族的精神命脉，是涵养社会主义核心价值观的重要源泉。然而，在当今社会，随着西方文化的冲击和多元文化的交融，一些青年对中华优秀传统文化的认知逐渐淡化。本研究通过探讨如何有效培育青年的文化自信，使他们能够更加深入地了解和认同中华优秀传统文化，从而更好地传承和弘扬这些宝贵的精神财富。在新时代背景下，培育青年文化自信对于传承和弘扬中华优秀传统文化至关重要。中华优秀传统文化是中华民族历经千年积淀的宝贵精神财富，它蕴含着深厚的哲学思想、道德规范、艺术魅力，是中华民族生生不息、薪火相传的文化基因。然而，随着全球化的推进和多元文化的交融，一些青年对中华文化的认同感逐渐减弱。

因此，通过文化自信培育研究，旨在唤醒青年对中华优秀传统文化的重视和热爱。这不仅能够加深他们对传统文化的理解和认同，更能激发他们的民族自豪感和归属感。培育青年文化自信，就是培养他们自觉传承和弘扬中华优秀传统文化的意识。青年一代只有深刻认识到传统文化的独特价值和深远意义，才能真正成为中华文化的传承者和弘扬者。通过这种方式，可以确保中华优秀传统文化在新时代焕发出更加绚丽的光彩，为中华民族的伟大复兴提供不竭的精神动力。

4. 为青年教育实践提供指导

在新时代背景下，青年文化自信培育不仅是文化传承的需要，更是教育改革的重要方向。本书深入剖析了青年文化自信的内涵与特点，为教育实践提供了宝贵的指导和借鉴，有助于教育工作者更加精准地把握青年文化自信培育的核心要义。通过本研究，教育工作者可以更加清晰地认识到青年文化自信培育的重要性，从而在教育实践中更加注重对青年文化自信的引导和培养。根据研究成果，教育工作者可以制定更加符合青年实际的教育方案，采用更加科学合理的教育方法和手段，有针对性地开展青年文化自信培育工作。此外，本书还为教育工作者提供了丰富的教育资源和案例，有助于他们在实践中更好地结合实际情况，创新教育方式，提高教育质量和效果。通过这些实践探索，可以共同推动青年文化自信培育工作的深入发展，为培养具有坚定文化自信的新时代青年贡献力量。

第二节　新时代青年文化自信教育的研究述评

在新时代背景下，青年文化自信培育显得尤为重要。文化自信是国家文化软实力的重要体现，也是青年全面发展的重要基石。随着全球化的推进和多元文化的交融，青年一代面临着前所未有的文化冲击与选择困惑。因此，如何有效培育青年的文化自信，成为教育领域及社会文化发展中的重要议题。本书述评旨在梳理和分析近年来关于新时代青年文化自信培育的研究成果，探讨其理论进展与实践经验，以期为未来青年文化自信培育工作的深入开展提供理论支撑和实践指导。

一、国内研究现状

截至目前，在中国知网以"文化自信"为关键词进行文献检索，可查到中外文献 14037 篇，这一数据展现了文化自信领域研究的广泛性与深度。当在篇名中加入"青年"或"大学生"进行检索，相关文献数量缩减至 1900 篇。而在关键词前再加入"新时代"，则检索结果大幅度缩减至 390 篇。此外，通过对检索结果的时间序列分析发现，自 2018 年起，关于"文化自信"尤其是涉及"新时代"语境下的青年或青年文化自信的论文数量，呈现出显著的增长趋势。纵观已有的研究成果，主要集中从以下几个方面做出阐述。

一是关于"文化自信"的研究。对于这一主题，学者们大多从文化自信的内涵界定、基本特征、价值意义与提升路径等方面进行阐述。

第一，对于文化自信内涵的理解。邱柏生提出："文化自信是一种个体的内在文化修养，是高度的自觉，不可盲目自信；文化自信也是一种成熟的精神表现，是一种潜移默化的文化修养，时刻保持知己知彼的文化精神。"[①] 沈壮海在其著作中指出："文化自信是一个民族在文化问题上所具有的一种积极精神状态，它体现为观察、思考和推动文化发展进程中对于优秀传统的礼敬、直面世界的从容、开创未来的坚毅。"[②] 刘士林则从哲学角度出发，提出"文化自信是人类特有的一种具有超生物性、超自然性、超现实性的文化生命机能，是人类社会实践在个体生命内部建构的高级文化结构，也是人类主观能动性和文化创造性的具体表现。"[③]

第二，对于文化自信基本特征的探析。赵爱玲指出，文化自信作为精神层面的自信，具有抽象性、先在性；文化自信作为"更基础、更广泛、更深厚的自信"，具有基础性和精神支撑性；文化自信作为中华民族、中国人民的自信，具有人本性和实践性；文化自信作为面向世界、面向未来的自信，具有变革性和前瞻性。[④] 蒋晨菲把文化自信的特征概括为价值性、主体性、

① 邱柏生. 论文化自觉、文化自信需要对待的若干问题 [J]. 思想理论教育，2012（1）：9.
② 沈壮海. 论文化自信 [M]. 武汉：湖北人民出版社，2019：3.
③ 刘士林. 中华文化自信的主体考量与阐释 [J]. 江海学刊，2009（1）：40.
④ 赵爱玲. 深刻把握文化自信的科学内涵与时代特征 [J]. 学习论坛，2018（2）：68-73.

民族性和开放性四个方面。[①] 薛凯文将文化自信的特征归纳为三点：一是对自身文化的认知、认同和自豪感；二是对外来文化具有汲取与借鉴的魄力与勇气；三是对文化未来发展具有充分的自信。[②]

第三，对于文化自信意义的探讨。陈先达在其著作中指出"文化自信不是一个简单的文化口号。……既是基于我们民族苦难和奋斗史的的文化自觉与自豪，又是我们民族寻找自身伟大复兴之路的文化史的历史展示"[③]。郭凤志指出文化自信是对中华文化"精神自我"的主体性的呼唤和确证，文化自信的使命在于对中国崛起所承载的建设社会主义文化强国进行标示和阐扬。[④] 黄秋生、薛玉成认为文化自信的培育不仅有利于大学生成长为国家栋梁，而且有利于抵御外来文化霸权的入侵。[⑤]

二是关于青年成长与文化自信关系的研究。众多学者主要从文化自信对青年发展的积极作用及青年成长有利于促进文化自信两方面进行了阐述。

第一，文化自信对青年成长具有积极作用。宋传盛认为只有不断增强青年大学生文化自信，才能真正促进其全面成长成才，实现全面自由的发展。[⑥] 孟青指出，"中华优秀传统文化、革命文化和社会主义先进文化拥有丰富的'修身'哲学，蕴含实现共产主义的理想信念和践行社会主义核心价值观的价值理念，为青年树立正确世界观、人生观、价值观提供了基本遵循"。[⑦] 姚一斌提出文化自信"有利于促进大学生全面发展"，"通过加强新时代大学生文化自信培育，不仅使大学生的文化素养进一步提升，也会让他们形成正确的人生观和价值观，努力成为中华民族的中流砥柱"。[⑧]

第二，青年的成长成才有利于中华文化发展和增强文化自信。郑士鹏指

① 蒋晨菲.思想政治教育视域中大学生文化自信教育研究 [D].天津：天津师范大学，2015.

② 薛凯文.大学生优秀传统文化自信研究 [D].昆明：昆明理工大学，2015.

③ 陈先达.文化自信中的传统与当代 [M].北京：北京师范大学出版社，2017：111.

④ 郭凤志.文化自信的战略意蕴 [J].理论导报，2016（11）：32-33.

⑤ 黄秋生，薛玉成.当代中国大学生文化自信缺失现状及对策分析 [J].成都理工大学学报（社会科学版），2013（2）：110-113.

⑥ 宋传盛.新时代青年大学生文化自信培育探析 [J].学校党建与思想教育，2019（10）：53-55.

⑦ 孟青.青年文化自信及其培育研究 [J].边疆经济与文化，2019（7）：39-42.

⑧ 姚一斌.新时代大学生文化自信培育路径研究 [J].湖北开放职业学院学报，2019（8）：37-38.

出，"青年是传播中国文化，讲述中国故事的主力军"，"培育青年的文化自信，可使青年主动在文化传播中为中华文化发声，率先成为在多元文化环境下传播中国文化自信、讲述中国故事的先行者。"[①] 杨希燕提出，"培育大学生中国特色社会主义文化自信，对于建设中国特色社会主义文化强国具有重大的战略意义。"[②] 李思雨认为"青年群体是培育和坚定文化自信的重要主体"，"青年更是以其强大创新能力和超前的思维观念，成为推动文化繁荣发展的生力军"[③]。

三是关于"青年文化自信"的研究。学者们针对这一主题，从不同角度进行了阐述。

第一，对于青年文化自信现状的研究。王景云指出，全球化背景下西方文化的广泛渗透，对我国社会的主流意识形态和文化构成了显著冲击，导致部分大学生在价值取向和政治信念上出现偏离。因此，高校在思想政治教育中应强化主流文化，培养大学生对民族文化和传统文化的自豪感与荣誉感，同时正视西方文化霸权的影响。[④] 柯海娥等人的研究则揭示了世界多元文化及西方思潮的涌入，对大学生文化自信造成了冲击，引发文化自卑与文化自大两种极端倾向，在文化活动中尤为显著。[⑤] 郑继海强调，新媒体的迅猛发展如同一把双刃剑，既为大学生文化自信提供了新机遇，也带来了诸多挑战，如盲目乐观或全盘否定自身文化，以及不加甄别地接受外来文化等不良心态。[⑥]

第二，对于部分青年文化自信缺失的原因研究。齐尚才、石重阳从现实与历史、国内与国际两个维度深入剖析了我国大学生文化自信教育缺失的根源。他们指出，历史与现实的交织、国内与国际环境的碰撞，共同作用于

① 郑士鹏.新时代青年文化自信培育研究 [J].江汉大学学报（社会科学版），2019（2）：93-102.
② 杨希燕.论新时代大学生中国特色社会主义文化自信的培育 [J].思想理论教育导刊，2019（12）：139-142.
③ 李思雨.论新时代青年群体培养和坚定文化自信 [J].学习与实践，2018（4）：128-132.
④ 王景云.全球化视野下大学生文化自信建设探究 [J].教育探索，2008（6）：9-10.
⑤ 柯海娥，李化树，杜高鹏.当代大学生文化自信的失落与重建 [J].西南交通大学学报（社会科学版），2013（2）：73-76.
⑥ 郑继海.新媒体时代大学生文化自信问题探究 [J].黑龙江高教研究，2014（7）：76-78.

大学生文化自信的形成，揭示了这一问题的复杂性和多维度性。① 鲁秀伟则从主流文化、传统文化、外来文化三个角度逐一探讨文化自信教育缺失的原因。② 黄秋生等从学生个体因素出发，指出大学生因心智尚未成熟、抵抗力相对较弱，容易受到西方审美情趣、价值观念和生活方式的影响，从而对中华优秀传统文化和当代先进文化缺乏足够的自信和认同。③

第三，对于青年文化自信培育的路径研究。崔雨、刘玲提出，政府应加速文化建设，为文化自信培育提供坚实的政策与制度支撑；社会需积极承担文化责任，营造有利于文化自信成长的社会氛围；学校则需传承文化知识，通过教育引导增强学生的文化底蕴；企业亦应参与文化育人，将企业文化与社会责任相结合，共同推动文化自信的建设；而学生自身则需自觉提升文化素养，成为文化自信培育的主动参与者。④ 张永远则从更为宏观的视角出发，提出了一系列增强大学生文化自信的综合性措施。他强调，推动市场经济的发展、繁荣校园文化、营造家庭文化环境、加强大众传媒的管理等，都是培育坚定文化意志、践行文化自信不可或缺的一环。⑤ 此外，部分学者从价值认同的角度探索了提升大学生文化自信的途径。陈一收主张，坚持马克思主义在我国哲学社会科学领域的指导地位，构建具有中国特色、中国风格、中国气派的学科体系、学术体系、话语体系，是增强大学生对本土文化价值认同、增强文化自信的重要途径。⑥ 李旸指出通过理性借鉴和整合多元文化、坚持社会主义核心价值体系对大学生文化自信教育的正确导向，可以使大学生成为中华文化与世界文化良性互动的积极推动者。⑦ 胡晓轩认为，在继承和

---

① 齐尚才，石重阳.当代大学生文化自信的培养 [J].教育与教学研究，2015（4）：59-62.

② 鲁秀伟.大学生文化自觉和文化自信的缺失及对策探析 [J].湖南大众传媒职业技术学院学报，2014（4）：93-96.

③ 黄秋生，薛玉成.当代中国大学生文化自信缺失现状及其对策分析 [J].成都理工大学学报（社会科学版），2013（2）：110-113.

④ 崔雨，刘玲.大学生文化自觉与自信的培育途径研究 [J].宁波大学学报（教育科学版），2014（4）：79-82.

⑤ 张永远.从文化自信维度看"四个全面"战略布局 [J].学校党建与思想教育，2016（17）：84-86.

⑥ 陈一收.论以马克思主义为指导的文化自信 [J].思想理论教育导刊，2016（7）：51-54.

⑦ 李旸.试析增强大学生文化自信的途径 [J].黑龙江科学，2016（7）：100-101.

发扬传统文化、树立社会主义核心价值观、加强思想政治教育、正确看待外来文化等方面下功夫，是培育大学生文化自信教育的有效途径。这一观点不仅关注了文化自信的内生动力，也重视了外部环境对文化自信培育的影响。①

二、国外研究现状

据检索，尚未发现有国外学者直接聚焦于文化自信教育的研究，但他们对于"文化""自信""文化教育"等领域已积累了丰硕的学术成果。其中，关于文化基本内容、文化批判的探讨尤为深入且历史悠久，为探讨新时代青年文化自信教育提供了宝贵的思路与素材。

一是关于文化基本内容的研究。泰勒在《原始文化》中对原始人类的精神文化现象进行了开创性研究，阐述了文化发展的阶段与脉络。弗里德曼在《文化认同与全球性过程》这一著作中，立足文化人类学角度，比较分析了不同民族和国家在全球化背景下如何重塑民族认同。本尼迪克特则提出了"文化模式"理论，强调文化是特定社群在长期历史进程中形成的生活方式体系。威斯勒在《人与文化》中，将文化视为人类反思性思维的积累性产物，并指出这种思维的表达主要体现在语言和物质操作中。格尔茨的《文化的解释》系统梳理了文化人类学的研究误区，深入探讨了文化的概念及其与宗教、意识形态的关系。施韦泽的《文化哲学》从文化衰落与重建的角度，详细论述了文化与伦理、世界观之间的联系，展现了其深刻的文化和社会批判思想。此外，塞缪尔·亨廷顿和劳伦斯·哈里森在《文化的重要作用：价值观如何影响人类进步》一书中，从多维度探讨了文化与经济发展、政治发展、性别、少数族裔等的关系。乔治·拉伦的《意识形态与文化身份：现代性与第三世界的在场》则以全球化视角审视文化现象与哲学思想。约瑟夫·奈提出的"文化软实力"概念，强调了文化认同与吸引力对于文化存续与发展的重要性。英国学者理查德·霍加特在《识字的用途》中，特别关注英国大众文化，分析了其与个人日常生活的紧密联系。

二是关于文化批判的研究。随着工业文明的发展，西方学者对现代文化进行了深刻的反思与批判。法兰克福学派作为文化批判理论的代表，卢卡奇

① 胡晓轩.培育当代大学生文化自信的途径探赜[J].学校党建与思想教育，2014（16）：77-78.

和葛兰西从文化角度批判了现代社会中的意识形态、科学技术、理性及大众文化等力量。葛兰西深入研究了资产阶级控制下的文化价值观，提出了"文化领导权"理论。霍克海默在《启蒙辩证法》中，对资本主义社会的技术理性主义文化价值进行了深刻批判。马尔库塞在《单向度的人》中指出，人在科技进步的过程中逐渐丧失自主性，成为追求物质享受的单向度存在。哈贝马斯在《交往行动理论》中，批判了现代资本主义体系，呼吁重建理性的交往行动。海德格尔在《技术的追问》中，则揭示了现代技术的双重性，作为一种文化现象，它既有积极的一面，也有潜在的危险。

三是关于自信问题的研究。国外学者对"自信"问题的探讨颇为深入且广泛，多聚焦于心理学视角。关于自信的基本概念，学者们从不同维度进行了详尽的探讨与阐释。Coopersmith S 指出"自信为个体持续维持的自我评价，体现个体对自身能力、重要性及价值的认知程度，并表达了对自身能力的肯定或否定态度，展现了对能力、身份、成就及价值的信心"。[1]Jackson 则将自信视为一种兼具持久性与情境适应性的自我评价状态，既是一种人格特质，也是随环境变化而调整的自我评价。[2] 马斯洛从心理学角度指出，自信源于个体尊重需求的满足，是人性需求的重要组成部分。Basch CE 强调，自信源于个体对自身能力的经验感知，是个人自我感受的核心。[3]

四是关于文化教育的研究。"美国多元文化教育之父"James A. Banks 在其著作中深入探讨了多元社会背景下公民教育的目标。他主张公民教育应致力于培养学生为民主公平社会采取公民行动所需的知识、态度与技能，强化学生的多元文化素养，使其能从多民族与异文化视角批判性地审视知识，并指导个人行为，从而树立多元文化社会中的公民资格观，增强民族、国家及全球认同感。Banks 强调，教师应融合不同族群文化于教学中，传授概念与技能，引导学生理解学科知识的建构过程，促进族群间积极态度与行为的形

---

① Cooppersmith S, The Antecedents of Self-esteem[M]. San Francisco: Freeman, 1967:23-45.

② Jackson M R, Self-esteem and Meaning: A Life-Historial Investigation[M]. New York: State University of New York Press, 1984:89-112.

③ Basch CE, Focus group interview: An underutilized research technique for improving theory and practice in health education[J]. Health Education Quarterly, 1987,14(4):411-448.

成，并改革教学策略，确保不同种族、文化及社会背景的学生享有公平教育机会。在多元文化背景下，公民既要共享国家文化，也应保持本族文化特色，实现多元与一体的和谐统一。

三、国内外研究现状述评

当前，国内外对于青年文化自信培育的研究均展现出深厚的理论根基与对实践探索的深切关注。国内研究主要聚焦于青年文化自信培育的理论基础、现状剖析以及路径探索，从而深入揭示了新时代背景下青年文化自信培育的丰富内涵。相较之下，国外研究则更侧重于文化、自信及文化教育等领域，为新时代青年文化自信培育提供了独特的国际视角。然而，针对新时代背景下青年群体文化自信培育的专项研究仍显不足，特别是在如何有效融合时代特色与青年特性方面，尚需进一步深化与拓展。鉴于此，未来的研究应明确聚焦于新时代背景下青年的文化自信培育，这不仅是积极响应时代号召、紧跟国家发展步伐的必然之举，也是教育领域亟待深入探索的关键课题。

具体而言，未来的研究可从以下几个方面展开：其一，深化理论基础研究。文化自信作为一个复杂多维的概念，其内涵与外延随时代发展而持续丰富与拓展。因此，未来研究需进一步深挖文化自信的理论根基，明确新时代背景下文化自信的新内涵、新特征与新要求，为青年文化自信培育提供坚实的理论支撑。其二，加强实证研究。理论研究需与实证研究紧密结合，方能全面揭示青年文化自信培育的现状与问题。未来研究应加大对青年文化自信现状的调查力度与分析深度，通过大样本、多层次的实证研究，深入剖析青年文化自信缺失的根源，为制定科学有效的培育策略提供坚实依据。其三，探索有效路径。在明确理论基础与现状问题的基础上，未来研究应积极探索新时代背景下青年文化自信培育的创新路径。这包括创新教育模式、优化教育环境、强化社会实践等多个方面，旨在通过多元化的教育手段与实践活动，充分激发青年的文化自觉与文化自信，促进其全面发展。通过这些系统而深入的研究与实践探索，有望构建出一个既符合新时代发展需求、又紧密贴合青年实际的文化自信培育体系。这一体系不仅将为青年的全面成长与成才提供有力支撑，更将为推动社会主义文化繁荣兴盛、实现中华民族伟大复兴的中国梦注入强大动力。

第三节　新时代青年文化自信培育的研究设计

本节将深入探讨研究思路、方法及创新点，旨在系统规划新时代青年文化自信培育的研究路径，为培养具有坚定文化自信的新时代青年提供理论依据与实践指导。

一、研究思路

本书以新时代青年为研究对象，运用文献法等分析方法深入研读和综合分析新时代青年文化自信培育问题，围绕"为什么要探讨新时代青年文化自信培育、文化自信培育涵盖什么方面的内容、其培育现状如何、如何推进新时代青年文化自信培育"这一主线，在深刻把握新时代青年文化自信培育的理论和现实依据的基础上，明晰新时代青年文化自信培育的核心要义与发展现状，最后建构出新时代青年文化自信培育的实践进路。具体思路框架设计如下。

第一章是导论部分。本章从三个方面展开论述：一是本书的研究缘起。对于本课题的研究缘起，主要从新时代青年文化自信培育的选题背景和研究意义进行阐述。而对于研究的意义，着重从理论与实践两方面综合阐述了本研究的重要价值。二是国内外相关研究综述。本部分阐述了新时代青年文化自信培育的国内研究现状、国外研究现状，进而对两个方面的研究现状进行述评，归纳出本研究的必要性。三是本书所采取的方案。本部分着重阐述了研究思路、研究方法和本文的创新之处。

第二章是新时代青年文化自信培育的相关概述研究。本章主要回答"新时代青年文化自信是什么"这一问题。对此，着重从新时代青年文化自信的概念界定与理论基础来进行阐述。对于概念界定，依次深入探讨了"新时代""青年""文化自信""新时代青年文化自信培育"的内涵；在理论基础方面，系统阐述了中华优秀传统文化的精神基因、马克思主义经典作家的文化思想、十八大前中国共产党领导集体的文化理论、习近平文化思想。

第三章是新时代青年文化自信培育的现实依据研究。本章旨在回答"为何要进行新时代青年文化自信培育"这一问题。本章内容主要从文化强国、社会进步、青年使命三个维度展开详尽论述：一是文化强国是全球文化竞争格局中的战略选择。主要从文化自信是应对世界变局的定力之源、实现中华民族伟大复兴的精神支柱、维护国家文化安全的重要保障三方面展开论述。二是社会进步是新时代青年文化自信培育的发展动力。主要从文化自信为道路自信提供深厚底蕴、为理论自信注入强大动力、为制度自信构筑坚实支撑三个维度展开分析。三是青年使命是文化传承创新中的时代担当。主要从文化自信是青年成长成才的精神钙质、是青年引领风尚的时代责任、是青年创新创造的力量源泉三个方面进行分析。

第四章是新时代青年文化自信培育的核心要义。本章旨在回答新时代青年文化自信培育涵盖什么方面的问题，主要从新时代青年文化自信培育的目标方向、基本原则、主要内容三个方面展开论述。对于目标方向，主要构建出四个维度，即建立全面深入的文化认知、培养深厚真挚的文化情感、形成开放包容的文化态度、促进积极自觉的文化实践。对于基本原则，主要阐述四点，即历史性和时代性相统一、主导性和主体性相结合、民族性和世界性相融合、理论性与实践性相促进。对于主要内容，重点阐述五个方面，即"四个自信"系统教育、中华优秀传统文化教育、革命文化教育、社会主义先进文化教育、社会主义核心价值观教育。

第五章是新时代青年文化自信培育的现状分析。本章主要探讨以下问题：当前新时代青年文化自信培育取得了哪些成效？又面临着哪些现实问题？以及这些问题的根源何在？在新时代背景下，青年文化自信培育得到了国家层面的高度重视，学校教育体系不断完善，社会文化氛围愈发浓厚，青年文化认同不断增强，这些均取得了显著的成果。然而，也必须正视存在的现实问题。现阶段，培育对象文化认知迷茫、培育内容的针对性不够、培育方式的创新性不足、培育环境营造未能联动等问题亟待解决。深入剖析这些问题，发现其根源涉及多个层面：培育机制不够健全、培育主体缺乏协同、培育资源分配失衡、青年自我认知存在局限等。

第六章是新时代青年文化自信培育的实践进路研究。本章主要从四个方面探讨优化新时代青年文化自信培育的实践路径。一是构建完善的青年文化自信培育机制。主要包括健全新时代文化自信培育政策体系、加强培育机制的顶层设计与实施监督、优化培育过程评估与反馈机制三个方面。二是强化培育主体的协同合作。主要包括强化政府主体责任、激发学校培育活力、加强社会宣传矩阵。三是深化培育内容与形式的创新。主要包括丰富培育内容，提升深度和广度；创新培育形式，增强吸引力和实效性；结合时代特点，发展数字文化教育。四是提升新时代青年文化自信主体自觉。主要包括在国家民族认同中培养文化根源意识、在多元文化激荡中增强文化守护意识、在文化碰撞选择中提升文化自觉意识。

二、研究方法

为了深入、全面地探究新时代青年文化自信培育的问题，需要精心选择、综合应用多种研究方法。这些研究方法不仅可确保研究的科学性和严谨性，还提供了丰富的研究视角和思路。

（一）文献研究法

文献分析法是本研究的基础性方法。著者广泛搜集并整理了国内外关于青年文化自信培育的大量文献资料，包括政策文件、学术论文、专著、报告等。通过仔细研读和深入分析这些文献，构建出关于文化自信培育的理论框架，明确了核心概念、关键要素以及基本观点。这不仅为后续研究提供了坚实的理论基础，也帮助厘清了研究思路，确保了研究的科学性和准确性。在文献分析的过程中，还特别注重对不同观点、不同理论的比较与辨析，以期在吸收前人研究成果的基础上，提出自己的见解和思考。这种批判性的文献分析方法不仅有助于深化对青年文化自信培育问题的理解，也为后续研究的创新点提供了可能。

（二）实证研究法

为更直观地了解新时代青年的文化自信现状及其培育情况，需采用实证研究法。具体来说，本书通过问卷调查和深度访谈两种方式收集了大量关于青年文化自信认知、态度、行为等方面的数据和信息。在问卷调查方面，设计出科学、合理的问卷，并通过线上和线下渠道向广大青年群体发放。通过对回收问卷的统计分析，揭示出青年文化自信培育的现状、存在的问题以及影响因素。这些数据为后续提出针对性的培育策略提供了重要依据。在深度访谈方面，本书选择了部分具有代表性的青年进行面对面的交流。通过与他们深入探讨文化自信培育的经历、感受和需求，获得了更为丰富、细致的信息。这些信息不仅有助于更深入地理解青年文化自信培育的内在机制，也为本书增加了生动性和说服力。

（三）定量与定性相结合的分析方法

在数据处理和分析阶段，注重定量分析与定性分析相结合的方法。具体来说，运用统计软件对问卷调查收集到的数据进行整理、编码和量化处理，通过描述性统计、相关性分析、回归分析等定量分析方法，揭示了青年文化自信培育的内在规律和影响因素。这种定量分析方法使本研究更具精确性和客观性。同时，结合定性分析方法，对访谈资料、案例材料等进行了深入的文本分析和内容挖掘。通过提炼关键信息和核心观点，可更全面地了解青年文化自信培育的复杂性和多样性。定量与定性相结合的分析方法不仅提高了本书的全面性和准确性，还可对青年文化自信培育的理解更加深入和全面。这种综合分析方法的应用，为本书增添了深度和广度。

（四）跨学科研究法

鉴于文化自信培育的复杂性与多元性，本书采用了跨学科的研究视角。跨学科视角融合了教育学、心理学、社会学、传播学等多个学科的理论与方法，以全面、深入地探讨新时代青年文化自信培育的问题。例如，运用教育学的原理探讨如何在学校教育中有效融入文化自信教育；借助心理学的理论分析青年文化自信形成的心理机制；利用社会学的方法研究社会文化环境对青年文化自信的影响，以及通过传播学的视角探索新媒体在文化自信传播中的作用。跨学科视角的采用有助于构建一个多维度、多层次的分析框架，更全面地理解新时代青年文化自信培育的全貌。

三、本书创新点

在"新时代青年文化自信培育"的研究中，本书的创新之处主要体现在以下几个方面。

（一）研究视角的创新

新时代的背景下，关于青年文化自信培育的深入研究必然要求研究者具备一种全新、与时代精神相契合的研究视角。这种创新并非仅仅体现在对传统教育理念的简单更新，而是需要从多个维度、多个层面进行全方位的审视和重构。

1. 时代背景的深度嵌入

本书在研究视角上，紧密结合新时代的特点和要求，将青年文化自信培育置于当前社会发展的大背景下进行考量。这不仅仅是因为"新时代"这一词汇本身所蕴含的时代特色，更是因为在这个特定的历史时期，我国社会的主要矛盾已经发生了深刻的变化，这种变化自然而然地对青年文化自信培育提出了新的要求和挑战。因此，本书在研究之初，就明确地将新时代的社会主要矛盾作为研究的背景，试图从这一矛盾中探寻出青年文化自信培育的新方向和新路径。

2. 多学科交叉的研究视角

本书突破了传统思想政治教育学科研究的局限，积极引入教育学、心理学、社会学、传播学等多学科的理论和方法，形成了一种多学科交叉的研究视角。这种跨学科的研究方法使得研究不再局限于思想政治教育学内部的框架和逻辑，而是能够更加全面地考察青年文化自信培育的本质及其在新时代背景下的新变化。

3. 问题导向的研究视角

本书以解决新时代青年文化自信培育面临的实际问题为导向，从问题出发，深入剖析问题的根源和本质，提出切实可行的解决方案。这种问题导向的研究视角有助于提高研究的针对性和实效性，为新时代青年文化自信培育的改革与发展提供有力支持。

（二）研究内容的创新

1. 文化自信内涵的深化与拓展

本书在界定文化自信内涵时，不仅沿用了传统的文化自信定义，还结合新时代的特点，对文化自信的内涵进行了深化和拓展。著者指出，新时代的文化自信不仅包括对传统文化的传承和弘扬，还包括对现代文化的创新和发展，以及对世界优秀文化的借鉴和吸收。同时，著者还强调了文化自信与民族自豪感、国家认同感之间的紧密联系，以及文化自信在青年成长发展中的重要作用。这种对文化自信内涵的全面理解，为增强青年文化自信提供了更为丰富的理论资源和实践路径。

2. 培育路径的系统性与针对性

本书在研究青年文化自信培育路径时，注重系统性和针对性的结合。从教育体系、社会环境、文化实践等多个层面出发，构建了全面而系统的培育路径。在教育体系方面，强调了学校教育在文化传承和创新中的重要作用，并提出了加强文化教育、提升青年文化素养和审美能力的具体措施。在社会环境方面，关注了社会文化氛围对青年文化自信的影响，并提出了优化社会环境、营造积极向上的文化氛围的建议。在文化实践方面，鼓励青年参与文化传承和创新活动，通过实践来增强他们的文化认同感和自豪感。同时，还针对不同青年群体的特点和需求，提出了具有针对性的培育策略，如针对大学生的校园文化活动、针对职业青年的职业技能培训等。

（三）研究方法的创新

本书研究方法的创新尤为突出，为青年文化自信培育领域带来了新的研究思路和手段。以下是对本书研究方法上的创新点的详细阐述。

1. 实证研究与规范研究的有机结合

本书注重实证研究与规范研究的有机结合，通过大规模的问卷调查、深度的个案访谈以及实地的参与观察等实证研究方法，收集了大量真实、可靠的第一手数据。这些数据不仅反映了新时代青年的文化认知、态度和行为的实际状况，还揭示了文化自信培育过程中的诸多问题和挑战。同时，对文化自信的内涵、特征和价值进行深入的理论剖析，进而提出培育青年文化自信的应然路径和策略建议。这种实证与规范相结合的研究方法，使得本书既具有实证性，又富有理论深度。

2. 网络大数据分析法的创新运用

随着互联网的普及和社交媒体的兴起，网络文化已成为新时代青年文化生活的重要组成部分。为了更深入地了解青年在网络空间中的文化自信表现，本书创新性地运用了网络大数据分析法，利用专业的数据抓取和分析工具，对各网络平台上的青年文化话题进行了全面的数据收集和分析。通过对这些数据的深入挖掘和解读，揭示出青年在网络空间中的文化表达和文化认同特点，以及网络文化对青年文化自信的影响机制。这种基于大数据的研究方法不仅提高了研究的时效性和针对性，还为洞察新时代青年文化自信培育的新趋势、新挑战提供了有力的数据支撑和决策依据。

第二章　新时代青年文化自信培育的理论概述

在进行任何问题的深入研究时，都不可避免地需要涉及该问题的基本内涵，并对其进行理论上的追问和界定。如果对内涵概述不清，不仅无法确保问题属于真命题，而且影响理论研究和创新的结果。因此，明确新时代青年文化自信培育的相关理论概述是研究的前提和关键，只有在相关概念明确、理论明晰的前提下，才能进行有效的理论研究和创新，并最终得出可靠的结论。

第一节　新时代青年文化自信培育的概念界定

概念是人类认识活动从感性认识上升到理性认识，把事物的本质属性抽象出来的思维的产物。研究新时代青年劳动教育，必须以对"新时代""青年""文化自信培育"等相关概念解读作为研究的逻辑起点。只有做到对核心概念的正确解读和全面把握，才能更好地对研究课题进行全面而客观的剖析。

一、新时代

"新时代要有新气象，新时代更要有新作为。"[①] 新时代是指中国特色社会主义进入了新时期的历史阶段，是我国发展进程中的一个重要阶段。新时代始于党的十八大之后，标志着我国进入了全面建设社会主义现代化强国的新发展阶段。新时代的来临，不仅意味着中国特色社会主义事业揭开了新的历史篇章，更赋予了其深远的历史意义和影响。新时代的重要性，可从以下几个方面进行深入剖析。

---

① 习近平. 习近平谈治国理政（第三卷）[M]. 北京：外文出版社，2020：65.

第一，新时代显著地标志着中国特色社会主义进入了一个全新的发展阶段。其具体表现在：

一是国家所面临的新形势与新环境。在全球经济复苏呈现出不稳定与不平衡的双重特征下，中国的经济发展已进入了新常态，必须面对诸如经济结构转型升级、产业升级及应对贸易保护主义和投资限制等多重挑战。与此同时，国际政治和安全形势也日趋复杂，恐怖主义、网络安全问题、气候变化以及全球公共卫生问题等层出不穷，均需要我国做出及时且有效的应对。鉴于此，国家"要密切关注国际形势发展变化，把握世界大势，统筹国内国际两个大局，在时代前进潮流中把握主动、赢得发展"[①]，以创新性的方式回应新形势，保护国家安全和人民福祉。面对新形势，中国在经济结构调整上需加大力度，进行更为彻底的改革与创新。这要求中国必须加速产业的升级与转型，着力提升技术创新及生产力的整体质量与效率。同时，还应大力发展服务业，积极推进现代农业与互联网智能化的融合，从而开辟出更高质量、更可持续的发展路径。此外，政治改革也是应对新形势的关键一环。中国需以法治为基石，构建稳定、公正且透明的政治制度。通过增强政府治理能力、推动多元化的市场经济及民间组织的发展，进而实现开放、包容的政治生态。这一系列的变革与挑战，无疑促使中国必须对自身进行更为深入的审视与研究，以创新的姿态回应新形势，从而迎接新时代的到来。

二是习近平新时代中国特色社会主义思想的诞生与践行。2017年10月，党的十九大正式将习近平新时代中国特色社会主义思想确立为党的指导思想。这一思想不仅集中体现了党中央的决策与指导精神，更蕴含了众多新的理念与方法。新时代下，推进中国特色社会主义事业将紧密围绕这一思想展开。习近平新时代中国特色社会主义思想作为中国特色社会主义理论体系的最新成果，具有深远的历史意义。它深刻反映了时代的特点与伟大的实践，成为全党全军全国各族人民在追求中华民族伟大复兴过程中的一大理论创新。该思想明确指出了中国特色社会主义的本质特征，即坚持中国共产党的领导、确保人民当家作主、全面深化改革、全面依法治国以及推进国

---

① 中共中央宣传部. 习近平总书记系列重要讲话读本（2016年版）[M]. 北京：学习出版社、人民出版社，2016：39.

家治理体系与治理能力的现代化。同时，这一思想还提出了一系列重大的战略构想，如"人民放心、改革强国、创新引领、绿色发展、文化自信、共建共享"等，这些构想涵盖了经济、政治、文化、社会及生态等多个领域。此外，它也强调了中国特色社会主义与世界发展的紧密联系及坚持和平发展的重要性，提出了构建新型国际关系、打造人类命运共同体以及推动中华民族伟大复兴等重大议题。可以说，习近平新时代中国特色社会主义思想达到了中国特色社会主义理论创新的一个新高度。它在理论上直面新形势的挑战，回应了全面建设社会主义现代化国家的时代使命，为国家的未来发展提供了根本性的指导思想和战略方向。同时，这一思想也极大地激发了广大人民群众的爱国热情与责任感，推动了整个社会的共同进步与团结奋斗。

三是国家建设目标的进一步升华与拓展。在新时代的背景下，中国特色社会主义已迈入了全面建设社会主义现代化国家的关键阶段。这意味着中国所追求的目标更为宏伟与远大，需要更加注重全面协调与可持续的发展。为此，必须全面推进改革进程、增强文化自信、加速科学技术创新以及提高国际竞争力，从而确保中国能够实现更高层次、更大规模的发展。其中，全面深化改革被视为中国未来发展的重要支撑。鉴于当前经济体制与社会体制中仍存在的体制机制问题，我国需通过深层次的改革来突破发展的瓶颈，推动经济体制的创新与变革，更好地发挥市场在资源配置中的决定性作用以及政府在公共服务中的关键作用。同时，在增强文化自信方面，中国也需取得更为显著的进展。尽管中国素有文化大国的美誉，但面对国际文化的变革与全球化的冲击，我国必须更加自信地传承与弘扬中华优秀传统文化，持续提升国际话语权与文化影响力，进一步拓展文化产业与文化交流的范围，以更好地服务于经济与社会的发展。在科技创新领域，中国同样需要不断提高自身的研发能力与水平。全球科技创新进入新的阶段以及应用领域的深刻变革为中国开展科技创新提供了前所未有的机遇。因此，中国必须在核心技术与关键领域实现自主创新，大力培养科技人才，加强知识产权的保护工作，促进科技成果的产业化，从而推动中国由科技大国向科技强国的转变。最后，提升国际竞争力也被视为中国未来发展的必然要求。在全球化深入发展的时代背景下，中国必须加速推进企业的国际化进程，积极参与全球产业升级与分工重组，在市场开拓、产业布局、品牌推广、资本运作以及人才引进等方面实现全方位的提升与突破。同时，中国还需贯彻落实新发展理念，在绿色低碳、创新驱动以及智能制造等领域实现战略性的转型与升级，进而增强产业的竞争力，取得核心优势。

第二，新时代是实现中华民族伟大复兴的关键时期。中华民族作为世界文明史上一颗耀眼的星辰，在漫长的历史长河中曾长期处于世界文明发展的前沿，创造了灿烂辉煌的成就。然而，在近现代历史上，却遭受了列强的侵略与欺凌，在那段艰难岁月里，无数仁人志士为民族的复兴不懈奋斗，他们的努力为民族的崛起埋下了希望的种子。步入新时代，中国共产党立足历史方位，提出了更为宏伟的目标——实现中华民族伟大复兴。这一目标承载着中华民族数千年的梦想，是无数中华儿女的共同期盼。在全球快速发展与深刻变革的大背景下，作为拥有五千多年悠久历史的文明古国，中国正以昂扬的姿态展现出强大的发展活力。中国特色社会主义已迈入新阶段，实现中华民族伟大复兴不仅是中国共产党的重要奋斗目标，更是中华民族不可推卸的历史责任。这一目标深深扎根于深厚的历史文化土壤之中，同时也彰显出对未来发展的坚定信念与高瞻远瞩的战略规划。伟大复兴的内涵丰富而深刻，它涵盖了多个维度的全面提升。在国力方面，中国将不断增强综合实力，在国际舞台上发挥更加重要的作用；经济上，持续推动高质量发展，实现经济的繁荣昌盛；社会层面，构建更加稳定和谐的社会环境，让人民共享发展成果；民族精神领域，显著提升民族自信心与自豪感，凝聚起强大的民族力量。为达成这一伟大目标，探索新的发展路径刻不容缓。当前，中国面临着一系列严峻挑战，需要采取精准有效的应对措施，在实践中不断探索创新，为实现中华民族伟大复兴的中国梦奠定坚实基础。

为推进民族复兴的伟大事业，中国正致力于国家治理体系和治理能力的现代化，全面建设社会主义现代化国家，迈向富国强民的新征程。通过深化改革，不断完善体制机制，以适应新时代的发展需求。在市场经济的大背景下，政府与市场机制的协同作用，创新经济政策，更加精准地引导和掌控经济发展方向。科技创新和文化自信是实现民族复兴的两大关键。科技创新是推动社会进步的重要引擎，中国正通过大规模投资、培养创新人才、建设高水平研究实验室等措施，力求在科技领域取得突破性进展。同时，加强对知识产权的保护，构建完善的科技创新法律和监管体系，为经济发展和国际竞争提供坚实支撑。文化自信则是民族精神的体现，是强化民族凝聚力的重要手段，也是国家软实力的重要组成部分。在新时代，我们坚定文化自信，深化文化建设，促进文化交流与融合，传承和弘扬中华优秀传统文化，不断提升中华文化在全球的影响力。此外，提升国际竞争力也是实现中华民族伟大复兴的必要条件。中国正积极推进市场对外开放，与世界各国建立更紧密的经济联系，加强政策协调，共同应对全球性挑战。同时，通过加强国际合作与交流，为全球治理贡献中国智慧和中国方案，在构建人类命运共同体的进程中发挥积极作用。

第三，新时代为中国带来了更为广阔的机遇与更为严峻的挑战。在此背景下，中国既迎来了前所未有的发展契机，也面临着亟待解决的重大课题。一方面，新时代的浪潮推动中国走向了创新发展的前沿。全球科技竞争日趋激烈，中国通过实施创新驱动发展战略，已在关键科技领域取得显著突破，跻身全球高强度研发国家之列。在人工智能、大数据、云计算等尖端技术领域的积极布局，以及对传统产业的持续改革与创新，都预示着中国有望在未来引领全球科技创新潮流。同时，新时代也加速了中国融入全球化的步伐。通过深化对外开放，中国不仅吸引了大量外资，更与全球合作伙伴建立了深层次的交流与合作，从而推动了开放型经济的深入发展。此外，中国还积极倡导开放合作，通过"一带一路"等倡议，努力构建新型国际关系，为全球经济注入了新的活力。另一方面，新时代同样给中国带来了前所未有的挑战。其一，环境问题已成为全人类共同面临的紧迫问题，中国作为全球重要的经济体，承担着推动绿色低碳循环发展的重任。只有通过建立绿色发展的战略体系，中国才能在全球环境治理中发挥应有的作用。其二，随着经济发展进入新阶段，中国面临着提高增长质量和效率的重大任务。在推动高质量发展的过程中，必须解决诸如结构性过剩、城乡发展不平衡以及金融风险等问题，这要求中国转变发展方式，深化经济体制改革。其三，外部环境的复杂多变也给中国带来了不小的压力。面对全球经济增长乏力和贸易保护主义的抬头，中国需要通过增强技术创新和开放合作，积极融入全球价值链和网络，提升国际话语权和影响力，以寻求全球性问题的解决方案。

第四，新时代是持续回应并满足人民群众对美好生活新期待的时代。新时代，这是一个充满活力、变革与希望的时代，更是一个持续回应并满足人民群众对美好生活新期待的时代。在这一时代背景下，中国特色社会主义事业展现出前所未有的生机与活力，紧密围绕人民群众的核心利益和需求，努力创造更加美好的生活环境和发展条件。人民群众对美好生活的向往和追求是历史发展的永恒主题，也是新时代中国特色社会主义事业发展的根本动力。新时代之所以新，不仅在于它所处的历史方位和时代特征，更在于它对人民群众新期待的深刻洞察和积极回应。这种回应不是偶然的、零散的，而是系统的、全面的，贯穿于经济、政治、文化、社会和生态文明建设等各个方面。在经济领域，新时代意味着更高质量的发展。通过深化供给侧结构性改革推动经济发展质量变革、效率变革、动力变革，不断满足人民群众对高品质商品和服务的需求。同时，新时代也注重经济的可持续性和包容性，确保发展成果更多、更公平地惠及全体人民。在政治领域，新时代强调更加民主、法治的治理方式。通过完善社会主义民主制度保障人民当家作主的权利；通过推进全面依法治国维护社会公平正义，为人民群众提供稳定和谐的社会环境。这种政治环境的改善不仅提升了人民群众的政治参与感和获得感，也为国家的长治久安奠定了坚实基础。在文化领域，新时代倡导更加繁荣、多元的文化生活。通过加强社会主义精神文明建设提高国民素质和社会文明程度；通过推动文化创新和产业发展满足人民群众日益增长的精神文化需求。这种文化生活的丰富不仅提升了人民群众的文化自信和归属感，也为国家的文化软实力建设注入了强大动力。在社会领域，新时代致力于构建更加公平、和谐的社会关系。通过完善社会保障体系保障人民群众的基本生活；通过推动教育公平和就业优先战略提升人民群众的发展机会和能力。这种社会关系的优化调整，不仅增强了人民群众的社会安全感和幸福感，也为社会的持续稳定和繁荣发展提供了有力支撑。在生态文明领域，新时代强调绿色、可持续的发展理念。通过推动绿色低碳循环发展保护生态环境；通过倡导绿色生活方式提高人民群众的环保意识。这种对生态文明的重视和投入不仅回应了人民群众对优美生态环境的期待，也为子孙后代留下了宝贵的自然财富。

二、青 年

"青年"这一词汇，并非自古有之，而是随社会历史的演进而逐渐产生和明确的。它既可以被视为一个生理上的概念，也可被视为一个社会学上的称谓。从生理角度来看，"青年"指的是那些已经度过儿童期，但尚未步入中年的个体。在古代，受限于恶劣的自然环境和低下的生产力，人类的寿命普遍较短，从儿童到成年的过渡并不十分显著。因此，当儿童具备一定的生存和劳动能力时便可被视为青年。然而，随着社会的进步和生产力的发展，特别是工业革命的推动，青年作为一个独立的社会群体开始崛起。从社会学的角度审视，"青年"并非孤立存在，而是与人类的生产生活实践紧密相连。尽管在古代由于各种条件的限制，青年并未能发展成为一个独立的社会群体，但近代以来，随着社会生产力的飞速发展和工业革命的推动，青年群体迅速壮大并开始在社会中扮演重要角色。值得注意的是，"青年"一词在中国古代并不常见，多以"后生"称之，且该词最早可见于唐宋诗文。然而，那时的青年多因缺乏生产生活经验而成为社会的附庸，其社会价值并未得到充分体现。直至欧洲文艺复兴之后，"青年"一词才开始被广泛使用。进入20世纪，随着生产力的发展和世界的巨变，青年在社会变革中的作用日益凸显，逐渐成为推动现代化进程的重要力量。在中国，五四运动之后，"青年"一词开始在国内广泛传播和使用，青年力量也逐渐得到社会的重视和认同。

对于青年的年龄界定尽管存在多种说法，但一般认为青年的年龄范围在14岁至30岁之间。国际上对青年的定义也随历史阶段的不同而有所变化。例如，在20世纪80年代，联合国从生理及心理发展的角度出发，将青年的年龄范围定义为15岁至24岁。而根据世界卫生组织目前的划分标准，青年的年龄范围为15岁至35岁。本书中的青年指的是那些生理方面逐渐成熟、自我认知逐渐觉醒、人格特质基本形成，年龄在15岁至35岁之间并处于一定社会关系中的个体。

青年期是人类生命历程中的重要阶段，这一时期个体在生理和心理上都经历着显著且敏感的变化。这些变化对于个体一生的发展和成长具有举足轻重的影响。其一，青年期是生理发育的关键时期。随着青春期的到来，身体会发生一系列显著的变化，包括身高、体重的增加以及第二性征的出现等。这些变化不仅影响着个体的身体结构和生理机能，还对其未来的身体健康和成长产生深远影响。因此，养成健康的生活习惯对于青年人来说至关重要。

其二，在心理层面，青年期也是个体心理发展的重要阶段。在这一时期，个体开始深入思考人生意义以及职业发展等问题，并逐渐进入自我认识和自我探索的新阶段，形成价值观。青年人常常经历情感波动和心灵探索的过程，这对于形成健康的人格以及建立自信心和自尊心至关重要。因此，青年人需要通过学习、交往和实践等多种方式不断增长自我认知、丰富自身经验以更好地应对未来更复杂、更严峻的人生挑战。其三，青年期还是社会角色过渡的重要时期。在这一阶段，个体逐渐从依赖家庭的角色转变为独立的个体，并开始承担各种社会角色和责任。因此，青年人面临着更加复杂和多样的人际关系以及更多的困境和考验。在这一阶段积极主动地学习和实践对于个人的未来发展具有重要意义。

青年作为社会的重要群体之一，承载着未来的建设与发展的主要责任。在社会的快速演进中，青年群体的思想特点亦在持续变化与发展。深入剖析新时代青年的思想特质，可归纳出以下几个核心方面。其一，思想的个性化成为当代青年的显著标识。他们追求思维的独立与行为的自主，拒绝被刻板地归类于某一固定的规范或思维框架内。青年们以独立的视角审视世界，运用理性的思考与深入的探究来形成自己的见解，而非盲目随波逐流。这种个性化的思想特质使他们在面对复杂问题时能够保持清醒的头脑，并提出独到的解决方案。其二，青年的求知欲异常旺盛。在信息化浪潮的席卷下，他们得以轻松触及海量的知识信息，从而进一步激发了探索未知的渴望。青年们通过系统的学习与广泛的实践来拓宽认知边界，对新事物、新领域保持高度的敏感与好奇。他们不仅注重知识的积累，更重视知识的创新与应用，致力于通过实践探索来提升自己的综合素养。其三，开放包容成为青年群体的共同心态。伴随着经济全球化的深入推进与文化多元化的蓬勃发展，青年们对不同文化及价值观持以开放与尊重的态度。他们倡导平等、自由、民主与人权，尊重个体差异，善于从多元文化中汲取智慧与灵感。这种开放包容的精神风貌使青年们能够在多元化的社会环境中游刃有余，为促进不同文化的交流与融合贡献自己的力量。同时，青年群体展现出强烈的独立自主精神。他们在信息化时代的熏陶下成长，接受了更为全面与系统的教育，因此更加注重培养独立思考与自主决策的能力。青年们倾向于依靠自己的力量去解决问题、应对挑战，他们在追求个人梦想与实现自我价值的过程中展现出坚定的信念与强大的毅力。其四，青年的网络化参与程度高。随着互联网的普及和发展，青年成长在一个具有强烈网络意识和网络社交特点的时代，这使得他们更加注重互联网的影响和作用。当代青年善于利用网络资源，对于网络文化和网络社交具有较强的接受度和参与能力。综上所述，新时代青年以思想个性化、求知欲强、开放包容、独立自主及网络化程度高等特点为主要特征。这些特点并非孤立存在，而是相互交织、共同作用于青年的成长与发展过程中。虽然不同青年在思想特点上可能存在差异，但总体而言，这些特点构成了当代青年群体的基本风貌。深入了解和把握这些特点，对于社会各界准确洞察青年思想动态、有效引导和激发青年创造力与积极性具有重要意义。

三、文化自信

文化自信是当代中国发展的重要支撑，它不仅是对自身文化价值的肯定，更是对未来文化发展的坚定信心和殷切期望。通过深入理解文化自信的提出背景和内涵，我们可以更好地认识到其在推动国家繁荣兴盛、民族复兴中的重要作用。

（一）文化自信的提出

文化自信的提出并非历史的偶然，而是深深植根于历史与现实的交汇之中。

当前，中国正处于一个百年未有的全球变局之中，其强盛崛起之势与互联网的迅猛发展并行不悖，既带来了前所未有的机遇，也伴随着文化交流与碰撞的挑战。在此背景下，文化建设的重要性不言而喻。早在 2011 年，党的十七届六中全会便通过了《关于深化文化体制改革，推动社会主义文化大发展大繁荣若干重大问题的决定》。该决定明确提出要"培养高度的文化自觉和文化自信"，[①] 旨在提高全民族的文明素质，增强国家的文化软实力，并弘扬中华文化，以建设社会主义文化强国为长远目标。这一理念的提出，为

---

① 中共中央文献研究室．十七大以来重要文献选编（下册）[M]．北京：中央文献出版社，2013：562．

后续文化自信的提升奠定了坚实的政策基础。2012 年 11 月，文化自信首次被明确提出。胡锦涛在中国共产党第十八次全国代表大会上指出，"要坚持社会主义先进文化前进方向，树立高度的文化自觉和文化自信，向着建设社会主义文化强国宏伟目标阔步前进。"① 这一论述，标志着文化自信正式成为中国共产党治国理政的重要理念之一。

党的十八大以来，习近平对文化自信问题给予了高度重视，并在多个场合进行了深入阐述。2014 年 2 月，习近平在主持中央政治局集体学习时强调，"要讲清楚中华优秀传统文化的历史渊源、发展脉络、基本走向，讲清楚中华文化的独特创造、价值理念、鲜明特色，增强文化自信和价值观自信。"② 同年 3 月，他进一步指出，文化软实力是一个国家综合实力的核心和最高层体现，关乎民族精气神的凝聚，并强调"要坚持道路自信、理论自信、制度自信，最根本的还有一个文化自信"③。此后，习近平在不同场合多次重申文化自信的重要性。在文艺工作座谈会上，他强调"增强文化自觉和文化自信，是坚定道路自信、理论自信、制度自信的题中应有之义"④，并要求各级党委从建设社会主义文化强国的高度出发，重视文艺工作。在澳门大学横琴新校区的考察中，他寄语学生们要了解民族和国家的历史，汲取中华民族的精神力量，以增强文化自信和民族自豪感。2016 年，习近平在哲学社会科学工作座谈会上明确指出，坚定中国特色社会主义道路自信、理论自信、制度自信，归根结底是要坚定文化自信。他强调，"文化自信是一种更基本、更深沉、更持久的力量。"⑤ 此后，他又在多个场合对文化自信进行了全面阐述，并提出了"四个自信"的重要论述。2017 年 10 月，习近平在中

① 胡锦涛.坚定不移沿着中国特色社会主义道路前进，为全面建成小康社会而奋斗 [N].人民日报，2012-11-18（001）.

② 习近平.把培育和弘扬社会主义核心价值观作为凝魂聚气强基固本的基础工程 [N].人民日报，2014-02-26（1）.

③ "改革的集结号已经吹响"——习近平总书记同人大代表、政协委员共商国是纪实 [N].人民日报，2014-03-13（1）.

④ 中共中央文献研究室.十八大以来重要文献选编（中）[M].北京：中央文献出版社，2016：137.

⑤ 习近平.习近平谈治国理政（第二卷）[M].北京：外文出版社，2017：339.

国共产党第十九次全国代表大会上用大量篇幅专门阐述文化自信，他指出，"文化是一个国家、一个民族的灵魂。文化兴国运兴，文化强民族强。没有高度的文化自信，没有文化的繁荣兴盛，就没有中华民族伟大复兴。"① 这一论述，将文化自信提升到了前所未有的高度。自此以后，文化自信成为社会各界广泛关注的热点话题。习近平在不同会议和国内外重大场合的深刻阐释不仅充分展现了文化自信的内涵和价值，也强烈彰显了中国文化自信的底气。文化自信从何而来、其着力点何在、又将走向何方等问题，在习近平的论述中得到了清晰的回答和深入的阐释。

（二）文化自信的内涵

文化自信是一个民族、一个国家以及一个政党对自身文化价值的充分肯定和积极践行，并对其文化的生命力持有的坚定信心。它蕴含了对本民族文化的深刻认同与高度自信，是推动民族文化持续发展、不断创新的内在动力，也是促进世界文化交流互鉴、共同繁荣的重要基石。下面将从文化自信作为民族之魂、创新之源以及开放之态三个维度深入探讨其深刻内涵。

1. 文化自信：民族之魂

文化自信，首先是对本民族文化的高度自信与深刻认同。一个国家、一个民族，若要在世界民族之林中屹立不倒，必然需要拥有坚定的民族自信。文化自信既源自对民族历史成就的自豪感，又源自对民族文化价值的深刻认识。民族的发展历程从来都不是孤立的，它总是与文化紧密相连，深受文化的影响与熏陶。可以说，文化的繁荣与兴盛为民族进步提供了坚实的基石与源源不断的动力。中华民族这一拥有五千年不间断文明史的伟大民族，其文化自信之深厚堪称世界之最。从远古时期的甲骨文，到唐风宋韵的诗词歌赋；从震惊世界的四大发明，到横贯亚欧的丝绸之路，中华文化以其博大精深、独具特色的魅力深刻地影响着世界文明的进程与发展。正是这份沉甸甸的文化底蕴，使得中华民族在漫长的历史长河中始终保持着强大的生命力与创造力。无论遭遇何种困难与挑战，中华民族都能凭借着这份深厚的文化自

---

① 习近平：决胜全面建成小康社会　夺取新时代中国特色社会主义伟大胜利——在中国共产党第十九次全国代表大会上的报告 [M]. 北京：人民出版社 .2017：41.

信砥砺前行，创造出令世界瞩目的辉煌成就。另外，文化自信是对民族文化生命力的一种坚定信念，是对民族文化未来发展的一种乐观预期。它告诉我们，只有始终坚守自己的文化根基，才能在全球化的大潮中保持清醒的头脑与坚定的立场，不被外来文化所轻易同化或侵蚀。一个没有文化自信的民族其命运是堪忧的，它就像一棵失去了根系的树木，既无法稳固地立足于大地之上，也无法有效地吸收土壤中的养分，这样的树木自然无法抵御风雨的侵袭与岁月的摧残，更谈不上茁壮成长与枝繁叶茂了。同样地，一个缺乏文化自信的民族也难以在世界激烈的竞争中站稳脚跟，更难以实现真正的独立与自强。因此，文化自信是民族之魂，是支撑民族走向未来的精神力量。

2. 文化自信：创新之源

文化自信不仅仅是对既有文化的自豪与坚守，更是对文化生命力和创造力的高度自信。文化的生命力是其在历史长河中得以传承与延续的根基；而文化的创造力则是其与时俱进、不断焕发新光彩的动力源泉。正是这两者的有机结合，共同构成了文化自信的核心要义。每一种文化都承载着独特的价值体系、思维模式和审美取向，这些深层次的元素不仅塑造了文化的独特面貌，更为文化的创新提供了丰富的资源和灵感。在全球化浪潮席卷的当下，各种文化之间的交流日益频繁，碰撞与融合成为时代的主旋律。这一趋势，无疑为文化的创新开辟了广阔的空间，提供了前所未有的机遇。然而，文化的创新并非无源之水、无本之木，它必须深深扎根于本土文化的深厚土壤之中，汲取传统文化的智慧精髓，同时紧密结合时代的脉动和需求，进行富有创造性的转化和创新性的发展。这一过程既是对传统文化的一种继承和弘扬，更是对其的一种超越和突破。要实现这一目标，高度的文化自信显得尤为关键。只有当我们对自己的文化充满自信，才敢于在继承的基础上大胆创新，才善于在创新的过程中不断发展。

文化自信作为创新活力的价值源泉，体现在它对文化创新主体的巨大激励作用上。一个拥有坚定文化自信的民族，必然会鼓励和支持其成员在文化领域进行勇敢的探索和尝试。这种鼓励和支持不仅体现在宽松自由的创作环境的营造上，更体现在对创新成果的尊重和认可上。在这样的氛围中，文化创新的主体——无论是艺术家、学者还是普通民众都将被激发出前所未有的热情和创造力，共同推动文化艺术的繁荣和发展。同时，我们也不应忽视文化自信在促进文化多样性和文化交流方面的重要作用。在多元文化的时代背景下，各种文化之间的交流与互鉴已成为推动文化发展的重要途径。只有坚定文化自信，我们才能在保持自己文化独特性和多样性的基础上，以开放包容的心态去接纳和欣赏其他文化，实现真正意义上的文化互鉴与融合。这种互鉴与融合不仅有助于丰富我们自身的文化内涵，更能为文化的创新注入新的活力和灵感。

3. 文化自信：开放之态

文化自信不仅是对本民族文化价值的充分肯定，更体现为一种开放、平等与包容的文化心态。这一心态根植于对本民族文化的深入理解和自豪，同时也体现在对其他文化的尊重与赞赏。它明确地向我们传达了一个信息：文化自信绝非封闭自守、盲目自大，而是在坚守本民族文化特色的基础上，积极主动地汲取并融合世界文明的杰出成就，以此推动多元文化的交流与共鉴。在全球一体化的时代背景下，文化的交融与互通已成为一种势不可挡的潮流。面对这一潮流，每一个国家或民族都不可避免地要思考如何在维系自身文化根基的同时，又能有效地吸收并融合外来的优秀文化元素。要实现这一目标，无疑需要秉持开放与包容的文化心态，鼓励我们在多元文化的交流中勇于学习、敢于借鉴，从而不断地丰富并发展自己的民族文化。

文化自信所蕴含的开放与包容进一步体现在对不同文化之间差异的理解和尊重上。每一种文化都是其独特历史、地理和社会环境的产物，拥有独特的价值观和审美观。这些多样化的文化元素共同构成了世界文化的，具有丰富性与多样性。唯有深入理解和尊重这些差异，我们才能真正地促进文化之间的交流与融合，进而推动世界文化的共同繁荣与进步。与此同时，文化自信也要求我们在文化交流中秉持平等的心态。文化并无高低贵贱之分，每一种文化都是其民族历史和智慧的结晶。因此，在文化交流中，无论是来自发达国家还是发展中国家，无论是代表主流文化还是小众文化，都应享有平等的地位和权利。这种平等的心态不仅有助于消除文化上的自卑或自大情绪，更能促进不同文化间的平等对话和深度理解。除了开放、平等与尊重，文化自信还意味着勇于自我反思和自我革新的精神。一个真正拥有文化自信的民族，不仅会对自己的文化感到骄傲，更会勇于面对并改正文化中存在的瑕疵和不足，这种自我革新的勇气是推动文化持续进步和发展的核心动力。它鼓励我们在坚守文化传统的同时，也不断地寻求创新和突破，使文化始终保持活力和竞争力。

四、新时代青年文化自信培育

新时代青年文化自信培育是指在全球化背景下，结合中国特色社会主义进入新时代的历史方位，针对青年群体的特点和文化需求，通过系统的教育引导、实践锻炼和文化熏陶，使青年深刻认识中华文化的独特魅力和价值，坚定文化自信，成为中华文化的传承者、创新者和传播者。以下将从内涵和外延两个方面对新时代青年文化自信培育进行深入阐述。

（一）新时代青年文化自信培育的内涵

新时代青年文化自信培育的内涵主要体现在以下几个方面。

1. 自觉的心理价值认同：新时代青年文化自信培育的基石

文化自信这一深植于民族灵魂深处的力量，其根基在于对本民族文化的深刻认识和从心理上的价值认同。在新时代的广阔天地里，青年作为国家的未来与希望，承载着推动社会进步和文化繁荣的历史使命，他们的文化自信尤为重要。而自觉的心理价值认同正是青年文化自信培育的起点和核心，意味着新时代青年要深刻理解民族文化的历史渊源、发展脉络和基本走向。这不仅是对文化表面现象的简单接受，更是对文化内核的深刻把握和高度赞赏。中华民族文化历经数千年的沉淀与积累，蕴含着丰富的智慧和深厚的底蕴。从古老的甲骨文到绚烂的唐诗宋词，从精妙的哲学思想到独特的艺术成就，无一不彰显着中华民族文化的博大精深。新时代青年应当通过系统的学习深入了解这些文化瑰宝的历史背景、思想内涵和艺术价值，从而更加全面地认识和理解民族文化。当青年从心理上真正认同本民族文化的价值，认为其符合社会发展的方向时，便会自然而然地产生出一种自豪感。这种自豪感是文化自信的重要体现，它激励着青年更加积极地投身于民族文化的传承与创新之中。青年们会自觉地将民族文化中的优秀元素融入日常生活，无论是言谈举止还是行为习惯，都透露出对民族文化的热爱和尊重。他们会在传统节日里庆祝，在民俗活动中参与，在艺术创作中借鉴，在实践中不断加深对民族文化的理解和感悟。这种深入骨髓的文化认同不仅让青年成为民族文的忠实继承者，更为他们在未来的文化创新中奠定了坚实的基础。

其一，自觉的心理价值认同使青年成为民族文化的积极传播者。在全球化的今天，各种文化相互交织、碰撞，青年群体面临着前所未有的文化挑战。然而，正是这些挑战为青年提供了展示民族文化独特魅力和时代价值的舞台。他们通过国际交流、文化交流活动等方式，向外界展示民族文化的丰富多彩和独特韵味。无论是传统的书法国画、戏曲舞蹈，还是现代的文学创作、影视制作，青年们都以饱满的热情和精湛的技艺向世界传递着中华民族文化的声音和形象。

其二，自觉的心理价值认同促使新时代青年在民族文化的传承与创新中发挥更大的作用。传承是文化发展的基础，创新是文化繁荣的动力。青年们既要尊重和继承民族文化的优良传统，又要勇于承担文化创新的重任。他们可以通过研究民族文化中的经典著作、挖掘民族文化中的思想精髓、探索民族文化中的艺术特色等方式，不断推动民族文化的传承与发展。同时，他们还可以结合时代特点和社会需求，对民族文化进行创造性转化和创新性发展，使民族文化在新的时代背景下焕发出更加绚丽的光彩。在自觉的心理价值认同的指引下，新时代青年还可以积极参与到文化保护和文化事业中去。文化遗产是民族文化的重要载体，是民族精神的重要体现。青年们可以通过参与文化遗产的保护、修复和传承工作，为民族文化的延续和发展贡献自己的力量。同时，他们还可以投身于文化事业的建设和发展中去，无论是文化艺术创作、文化产业开发还是文化教育研究等领域，都可以成为青年施展才华和实现价值的广阔舞台。

其三，自觉的心理价值认同有助于新时代青年形成正确的文化观和价值观。当青年们内心深处真正认同并内化本民族的核心价值观时，他们便能在多元文化的冲击下坚守自己的文化立场，形成独立而成熟的文化观。这种认同让青年们更加珍视和尊重本民族的文化传统，理解并传承其深厚的历史底蕴和精神内涵。在此基础上，他们能够更好地辨别和筛选外来文化，吸收其积极成分，抵制其消极影响，从而丰富和发展自己的文化观。同时，自觉的心理价值认同还促使青年们在价值观上追求高尚的品格。他们开始注重个人品德修养，崇尚真善美，抵制假恶丑，形成积极向上、健康向善的价值观。这样的价值观不仅有助于他们的个人成长，更能为社会的进步和发展注入正能量。

2. 坚定的信念：新时代青年文化自信培育的灵魂

在新时代的宏大叙事中，文化自信作为民族精神的重要支撑，其地位愈发凸显。而坚定的信念是新时代青年文化自信培育不可或缺的核心要素，它如同一座灯塔，指引着青年在文化的海洋中破浪前行。这不仅要求青年以乐观积极的态度去审视民族文化，更需深刻认识到民族文化所蕴含的普遍超越性和指导性价值，坚信其拥有持久的生命力和深远的影响力。这种信念的形成根植于对民族文化深刻的理解和对历史发展规律的准确把握。中华文化作为世界文化宝库中的瑰宝，历久弥新，其强大的生命力和适应力正是这一信念的坚实基石。在历史的长河中，中华文化展现出惊人的包容性和创新性，不断吸收外来文化的有益成分，与时俱进，推陈出新，最终形成了独具特色的文化体系。这一过程不仅是文化自身的演进，更是中华民族智慧与勇气的见证。

新时代青年作为文化传承与创新的生力军，应当深刻认识到中华文化在世界文化之林中的独特地位和价值。他们应当明白，民族文化不仅是历史的记忆，更是民族精神的载体，是连接过去与未来的桥梁。因此，坚信中华文化的发展会越来越好，不仅是对历史的尊重，更是对未来的期许。这种信念将激励青年以更加积极的态度面对文化挑战，勇于担当起文化传承和创新的重任，为中华文化的繁荣发展贡献自己的力量。同时，坚定的信念还意味着青年要对民族文化的发展前景充满信心。在全球化的今天，各种文化相互交织、碰撞，为中华文化的传播与交流提供了前所未有的机遇。然而，机遇与挑战并存，中华文化也面临着来自各方面的冲击和挑战。面对这样的形势，新时代青年应当保持清醒的头脑，坚定文化自信，不断创新发展，为中华文化在世界文化的舞台上绽放出更加绚丽的光彩贡献力量。文化自信源自对中华文化深厚底蕴的深刻认识，也源自对文化创新能力的坚定信念，中华文化自古以来就具有强大的创新能力和生命力，新时代青年有理由相信，只要坚定文化自信，勇于创新，中华文化就一定能够在未来的发展中不断焕发新的生机与活力。

3. 科学的文化态度：新时代青年文化自信培育的动力

在新时代背景下，文化自信成为青年精神世界的重要构成，而科学的文化态度则是其培育过程中不可或缺的内在驱动力。科学的文化态度不仅是理性对待文化问题的方式，更是新时代青年在全球化语境下面对多元文化挑战时保持文化自信与自觉的关键。它要求青年以发展的眼光审视文化现象，既不拘泥于传统，也不盲目追随外来文化，而是秉持"取其精华，去其糟粕"的原则对本民族文化进行合理评价，并以开放包容的心态积极吸收和借鉴外来文化的有益成分。

其一，科学的文化态度蕴含着批判性思维。批判性思维作为理性认知的重要工具，对于青年正确理解和评价本民族文化具有不可替代的作用。在面对传统文化时，青年应当具备区分精华与糟粕的能力，这要求他们不仅要深入了解传统文化的历史渊源、思想内涵和社会价值，还要能够运用现代知识和科学方法对其进行客观分析。通过批判性思维，青年可以更加清晰地认识到哪些传统文化元素是值得传承和发扬的，哪些是需要摒弃或改造的，从而实现文化的自我革新与超越。批判性思维的培养是长期且复杂的过程，它需要青年具备广泛的知识储备、敏锐的观察力和深刻的思考力。青年应当通过不断学习历史文化知识，增强对民族文化的认同感和自豪感，同时，也要关注现实社会中的文化现象和问题，运用批判性思维进行分析和判断，形成自己独立的见解和观点。这种独立思考的能力不仅是青年文化素养的重要组成部分，也是他们在未来文化实践中保持文化自信和自觉的重要基础。

其二，科学的文化态度还强调开放包容的心态。在全球化日益深入的今天，各种文化之间的交流与融合已成为不可逆转的趋势。新时代青年作为文化传承与创新的主体，应当以开放的心态接纳不同文化的差异，尊重其他民族的文化传统。这种开放包容的态度不仅有助于青年拓宽视野、增长见识，还能够促进不同文化之间的相互理解和尊重，为构建人类命运共同体贡献力量。开放包容的心态要求青年具备跨文化交流的能力，这包括对不同文化特点和价值的认知，对不同文化背景下人们思维方式和行为习惯的理解，以及在不同文化环境中进行有效沟通的能力。青年应当通过积极参与国际文化交流活动、学习外语、阅读外国文学作品等方式不断提升自己的跨文化交流能力。同时，他们还应当以平等、友好的态度对待其他文化，尊重其他民族的文化传统和习俗，避免文化偏见和歧视。

其三，科学的文化态度还突出创新与发展的重要性。新时代青年作为文化传承与创新的生力军，应当勇于担当文化创新的重任，积极投身于文化实践活动中去。他们可以通过创作文学作品、参与艺术创作、开展文化交流等方式，为中华文化的繁荣发展贡献自己的力量。这些实践活动不仅能够锻炼青年的文化创新能力，还能够让他们在实践中深刻体会到民族文化的魅力和价值，从而坚定文化自信。同时，青年还应当关注文化领域的前沿动态和热点问题，积极参与文化创新和研究工作。他们可以通过学术研究、文化交流、文化创新项目等方式不断探索文化发展的新路径和新方法，为文化的创新发展注入新的活力。这种对文化创新的热情和追求不仅有助于青年提升个人素养和综合能力，还能够为中华文化的繁荣发展贡献智慧和力量。

（二）新时代青年文化自信培育的外延

新时代青年文化自信培育不仅是一个内涵丰富的概念，更是一个外延广阔、涉及多方面的实践过程。在全球化背景下，结合中国特色社会主义进入新时代的历史方位，新时代青年文化自信培育的外延主要体现在文化传承、文化创新和文化传播三个维度上。这三个维度相互关联、相互促进，共同构成了新时代青年文化自信培育的完整体系。

1. 文化传承：守护民族文化的根与魂

文化传承作为新时代青年文化自信培育不可或缺的一环，其重要性在于它不仅关乎个体对自我文化身份的认同，更关系到民族文化血脉的延续与繁荣。中华文化历经数千年的沉淀与积累，从先秦诸子的百家争鸣，到汉唐盛世的文化繁荣，再到宋元明清的文艺鼎盛，积淀了深厚的文化底蕴，形成了独具特色的文化体系。这些文化遗产不仅是中华民族的精神财富，也是全人类文明的瑰宝。对于新时代青年而言，深入学习和传承这份宝贵的文化遗产不仅是对民族文化的尊重与继承，更是对自身文化自信的坚定与提升。

在文化传承的道路上，新时代青年首先需要以谦卑和敬畏的态度探寻中华文化的深厚底蕴。中华文化如同一座巍峨的宝库，其中蕴藏着无数璀璨的瑰宝。通过阅读经典，如同穿越时空的隧道，与古人进行心灵的对话，感受他们的智慧与情怀。无论是《诗经》中的婉约柔情，还是《易经》中的哲学思辨，抑或是《史记》中的英雄传奇，这些经典之作都是中华文化的重要组成部分，值得青年们细细品味与领悟。除了对经典的学习，新时代青年还应该积极参与文化遗产的保护与传承工作。众多的古建筑、遗址、传统手工艺品等，都是中华文化的物质载体，它们见证了民族的辉煌历史与灿烂文明。青年们可以通过参观博物馆、文化遗产地亲身感受这些珍贵文物的魅力，了解它们背后的历史故事与文化内涵。同时，新时代青年还应该注重对传统技艺和民俗文化的传承。传统书法、绘画、戏曲、音乐等技艺都是中华民族文化的重要组成部分，不仅具有独特的艺术价值，还承载着中华民族的历史记忆和文化。新时代青年在学习和实践这些传统技艺的过程中不仅可以提升自己的艺术修养和审美能力，还可以更加深入地了解中华民族的文化底蕴和精神追求。此外，新时代青年在传承民俗文化的过程中也应该注重对其内涵的挖掘和传承。民俗文化是人民群众在长期的生产生活实践中创造出来的文化形态，它反映了人民群众的生活习俗、价值观念和精神追求。新时代青年在传承民俗文化的过程中应该深入挖掘其内涵和价值，将其与现代社会的价值观念相结合，创造出具有时代特色的民俗文化活动。例如，将传统的节日习俗与现代社会的庆祝方式相结合，创造出更加丰富多彩、富有创意的节日庆祝活动；将传统的民间故事和传说与现代社会的审美观念相结合，创作出更加生动感人、富有教育意义的文艺作品等。

在文化传承的过程中，新时代青年不仅要注重传统文化的学习与保护，更要关注其在现代社会中的传承与发展。传统文化并非僵化的历史陈迹，而是活生生的现实存在。青年们应该以开放的心态将传统文化与现代文化相结合，创造出既具有传统文化底蕴，又符合现代审美和实际需求的新文化形式。例如，在文学创作中融入古典诗词，在音乐创作中借鉴传统音乐的旋律与节奏，在服装设计中运用传统图案与色彩等，这些都是传统文化在现代社会中的创新性传承。

同时，新时代青年在文化传承中还需要具备批判性思维以明辨传统文化中的精华与糟粕。传统文化虽然博大精深，但是难免存在一些过时甚至消极的元素。青年们应该以科学的态度对传统文化进行理性的分析和评价，保留和发扬那些具有普遍价值和时代意义的精华部分，同时摒弃那些封建残余思想和消极元素。这样，文化传承才能更加符合现代社会的需求，更加具有生命力和活力。

值得一提的是，新时代青年在文化传承中应该注重国际交流与合作。在全球化的背景下，文化交流日益频繁，不同文化之间的相互影响与融合也成为一种趋势。青年们可以通过参与国际文化交流活动，如文化节、艺术展览、学术研讨会等，向世界展示中华文化的独特魅力，同时借鉴和吸收其他文化的优秀成果。这种跨文化的交流与合作不仅有助于提升中华文化的国际影响力，也有助于丰富和发展青年自身的文化素养和视野。

2. 文化创新：推动民族文化的繁荣发展

文化创新是推动民族文化繁荣发展的核心动力，尤其在全球化的大背景下，这一点显得更为关键。中华文化，如今正站在历史的交汇点上，既面临着外来文化的冲击，又拥有着前所未有的发展机遇。新时代青年作为这个时代的文化旗手，肩负着传承与创新双重使命，他们应当以更加积极的姿态担当起文化创新的重任，为中华文化的持续发展贡献力量。全球化不仅带来了经济的交融，更促进了文化的交流与碰撞。在这样的时代背景下，中华文化既要保持自身的独特性，又要不断吸收世界文化的精华，实现自身的创新与发展。新时代青年在这一进程中扮演着举足轻重的角色。他们成长于信息时代，接触到的文化多元且丰富，这使得他们具备了更为开阔的视野和多元的思维。

在文化创新的过程中，新时代青年首先要培养开放包容的心态。文化的交流本质是思想的交流，而思想的交流需要开放与包容。其一，青年们应当摒弃偏见，以平等和尊重的态度去了解和接纳不同的文化。这样一来，他们就能够从世界各地的文化中汲取灵感，为中华文化注入新的活力。开放包容并不意味着放弃本土文化的根基，它要求青年在吸收外来文化的同时坚守本土文化的核心价值。其二，跨界融合是新时代青年在文化创新中必须具备的另一种重要能力。文化的融合不是简单的叠加，而是在深入理解不同文化特点的基础上，找到它们的共通之处，进而创造出新的文化形态。在文学创作、艺术设计、音乐创作等领域，新时代青年可以大胆尝试将中西文化元素进行融合。比如，在文学创作中，可以借鉴西方文学的叙事技巧，同时融入中国传统的哲学思想和审美观念，创作出既有深度又有广度的作品。在艺术设计领域，青年设计师可以结合中国传统的图案和色彩，运用现代的设计理念和技术手段，打造出既传统又现代的艺术作品。其三，敏锐的观察力和深刻的思考力是文化创新的另一重要基石。新时代青年应当深入生活，细心观察社会现象，捕捉人民的需求和期望。文化作品不仅仅是艺术的表达，更是对生活的深刻反映。只有深入生活，了解人民的喜怒哀乐，才能创作出真正触动人心的作品。同时，青年还应当关注文化领域的前沿动态，了解最新的文化理论和实践成果，这样才能站在一个更高的起点上进行创新。

在全球化的今天，文化的交流与融合已成为不可逆转的趋势。新时代青年作为文化的传承者和创新者，他们的每一个选择和行动都关系到中华文化的未来走向。因此，他们必须具备高度的文化自觉和文化自信，勇于担当，敢于创新，为中华文化的繁荣发展贡献自己的力量。同时，我们也要看到，文化创新并不是一蹴而就的，它需要长期的积累和实践。新时代青年应当保持对文化的热爱和对创新的追求，不断学习，不断提高自己的文化素养和创新能力。只有这样，他们才能在文化创新的道路上走得更远，为中华文化的发展贡献更多的智慧和力量。

3. 文化传播：扩大民族文化的国际影响力

文化传播作为新时代青年文化自信培育的战略高地，不仅承载着传承与弘扬中华文化的重任，更是提升民族文化国际影响力的关键途径。在全球化浪潮的席卷下，文化传播的广度和深度前所未有地增加，为中华文化的国际传播提供了前所未有的机遇与挑战。新时代青年身处多元文化交融的时代，肩负着将中华文化推向世界舞台的重任，应当积极投身于文化传播事业，以跨文化交流的能力和国际化视野推动中华文化的国际传播，扩大其国际影响力。

在文化传播的实践中，新时代青年首先需要具备跨文化交流的能力。这种能力不仅仅是语言上的沟通，更深层次的，它涉及对不同文化背景下价值观、思维方式、行为习惯的理解与尊重。青年们应当通过广泛参与国际文化交流活动，如学术研讨会、艺术节、电影节等，与来自不同文化背景的人们进行深入的交流与互动。在这样的过程中，他们不仅能够提升自己的外语水平，更能够培养起对多元文化的敏感性和包容性。与此同时，国际化视野也是新时代青年在文化传播中不可或缺的素质。国际化视野意味着青年们需要站在全球的高度来审视和理解中华文化，找出其与世界文化的共通之处以及独特的价值和魅力。这样，在文化传播的过程中，他们就能够更加精准地定位中华文化的国际形象，更加有效地传递中华文化的精神内涵。

为了实现中华文化的有效传播，新时代青年还需要深入研究国际文化市场的动态和受众需求。不同国家和地区的文化消费习惯、审美偏好、接受方式都存在着显著的差异。因此，青年们在制作文化产品时，必须充分考虑到这些因素，打造出既符合中华文化精神，又能引起国际市场共鸣的佳作。例如，在电影领域，青年导演们可以通过挖掘中国传统故事、历史人物等文化资源，运用现代电影技术，创作出既具有中国特色，又具有国际水准的影片，让全球观众在欣赏精彩故事的同时，感受到中华文化的深厚底蕴和独特魅力。

在文化传播的过程中，创新精神和品牌意识同样不可忽视。新时代青年应当敢于打破传统，勇于尝试新的传播方式和手段。他们可以利用互联网、社交媒体等新型传播平台，以更加灵活多样的形式来展示和推广中华文化。同时，青年们还应当注重文化产品的品牌建设，通过精心策划和营销推广打造出具有国际影响力的文化品牌。这样一来，不仅能够提升文化产品的知名度和市场竞争力，更能够增强中华文化的国际认同感和影响力。此外，新时代青年在文化传播中还需要具备强烈的责任感和使命感。他们应当意识到，文化传播不仅仅是个人的事业追求，更是民族文化的传承与发展的大计。因此，在文化传播的过程中，青年们应当始终保持对中华文化的热爱与敬畏之心，以严谨的态度和精湛的技艺来呈现和传播中华文化。同时，他们还应当关注文化产业的国际化发展动态和趋势，积极参与国际文化产业合作和交流活动，为推动中华文化的国际传播和产业化发展贡献自己的力量。

第二节　新时代青年文化自信培育的理论基础

在新时代，青年文化自信培育的理论基础深厚且多元，它根植于中华优秀传统文化的精神基因，受马克思主义经典作家文化建设思想的启迪，并在中国共产党历代领导集体的文化建设理论中得以发展。特别是党的十八大以来，随着中国特色社会主义进入新时代，青年文化自信培育更是被赋予了新的内涵与要求。在这一理论体系中，习近平文化思想为青年文化自信培育提供了根本遵循和行动指南，强调了文化自信在民族复兴中的重要地位和作用。因此，深入挖掘和整合这些理论基础对于提升新时代青年的文化自信具有重大意义。

一、中华优秀传统文化的精神基因

习近平总书记在延安文艺工作座谈会上谈到，"古往今来，中华民族之所以在世界有地位、有影响，不是靠穷兵黩武，不是靠对外扩张，而是靠中华文化的强大感召力和吸引力。"[①] 中华优秀传统文化作为中华民族的精神命脉和文化根基蕴含着丰富的精神基因，为新时代青年文化自信培育提供了源源不断的思想资源和文化滋养。这些精神基因既体现在对宇宙人生的深刻洞察上，也体现在对社会伦理的精细构建中，更体现在对审美情趣的独到追求里。它们共同构成了中华民族独特的精神世界和文化品格，为新时代青年文化自信培育奠定了坚实的基础。

（一）仁爱思想：中华优秀传统文化的核心价值

仁爱思想作为儒家哲学的核心组成部分，自古以来便被历代儒学家如孔孟、程朱等视为至高无上的道德准则。在儒家经典《论语》中，"仁"字出现多达 109 次，这充分体现了孔子对"仁"这一概念进行了全面而深入的阐释。孔子所倡导的仁爱不仅包含了对他人的爱，还涵盖了自爱、泛爱众乃至爱万物等多层次内涵。他提出"仁者爱人""仁者，人也"，强调仁爱之心是人格完善的基石。同时，孔子也注重孝悌之道，认为爱亲人、重视血缘亲情是仁爱的重要体现。此外，他还通过"忠恕之道""己欲立而立人，己欲达而达人""己所不欲，勿施于人"等理念，将仁爱精神推广至社会各个层面，倡导人与人之间应充满爱心，实现和谐共处。孟子在孔子思想的基础上，进一步发展了仁学，提出了"仁政"学说，强调统治者应以仁爱之心治理国家，这样才能赢得民心，稳固统治。儒家所倡导的仁爱思想不仅塑造了中华民族温文尔雅、谦逊有礼的民族性格，更凝聚着中华民族最深层次的价值追求。

在新时代青年文化自信培育中弘扬仁爱之道具有重要意义。首先，仁爱思想教育青年树立以人为本的价值观。在全球化背景下，各种文化思潮激荡，

① 习近平.在文艺工作座谈会上的讲话 [N]. 北京：人民日报，2014-10-16（1）.

青年面临着多元文化的冲击。通过传承和践行仁爱精神，青年能够更好地坚守中华文化立场，树立文化自信。其次，仁爱思想有助于青年建立和谐的人际关系。在现代社会中，人际关系日益复杂，矛盾冲突时有发生。仁爱之道强调尊重差异、包容多样，教育青年学会关爱他人、理解他人，从而建立和谐的人际关系，为社会的和谐稳定贡献自己的力量。最后，仁爱思想激励青年追求高尚的道德境界。在物质主义盛行的当下，部分青年可能过于追求个人利益而忽视道德修养。仁爱思想通过强调自爱、爱亲人、爱众人乃至爱万物，引导青年不断提升自己的道德境界，实现个人价值与社会价值的统一。

（二）和合共生：中华优秀传统文化的和谐理念

自古以来，"和谐"作为人类追求的理想状态，蕴含着不同事物间相互融合、协调共生的深刻内涵。在中国传统文化中，和合思想作为这一理想的深刻体现，蕴含着丰富的文化内涵和哲学智慧。它不仅是对事物内部各要素恰当、协调状态的概括，也是对事物外部多样性、差别性的普遍肯定。这一理念最早可追溯至《国语·郑语》中的"商契能和合五教，以保于百姓者也"，其中"五教"指的是父义、母慈、兄友、弟恭、子孝这五种道德关系，通过和合实现彼此间的和谐，为百姓提供安身立命的基石。

和合思想的深刻之处在于它超越了简单的二元对立，倡导事物的多样性与统一性并存。古人认为，不同的声音、味道、色调、线条、音符等虽各具特色，但通过相互调和，可以达到一种更高层次的和谐状态。这种和谐既是对事物内部各要素恰当、协调的肯定，也是对事物外部多样性、差别性的尊重与包容。它告诉我们，只有当我们学会欣赏差异、接纳不同，才能真正实现社会的和谐与进步。和合思想不仅体现在人际关系的处理上，更贯穿于人与自然、人与社会、不同文明之间的相处之道。在人与自然的关系中，和合思想倡导顺应自然、天人合一，强调人与自然的和谐共生，这为我们今天解决生态环境问题提供了宝贵的思想指导。在人与社会的关系中，和合思想强调个体的道德修养与社会的整体和谐相统一，鼓励人们在追求个人发展的同时也要关注社会的公共利益，为构建和谐社会贡献力量。在不同文明之间的交流中，和合思想主张求同存异、和而不同，倡导文明互鉴、共同繁荣，为构建人类命运共同体提供了文化支撑。

在新时代背景下，和合共生理念为青年文化自信的培育提供了深厚土壤。全球化浪潮下，多元文化交织碰撞，为青年一代带来了前所未有的挑战与机遇。在此背景下，树立正确的生态观和社会观显得尤为重要。青年应秉持和合思想，学会在尊重差异中寻求共识，在包容多样中推动创新，以促进人与自然的和谐共生，推动社会的持续和谐发展。同时，深入挖掘和合理念的时代价值对于提升青年文化自信具有不可替代的作用。通过教育引导、文化实践等方式，让和合理念深入人心，成为青年人心中的精神灯塔，这不仅能够帮助青年在全球化的大潮中保持定力，更能够激发他们的创新创造活力，为构建人类命运共同体贡献青春力量。

（三）正义思想：中华优秀传统文化的精髓所在

中国古代正义思想的起源与演变，根植于原始社会的平等观念之中，其核心概念"正义"，意指遵循特定道德标准的行为准则，同时蕴含深刻的道德评价意涵。该词语首见于《荀子·儒效》："不学问，无正义，以富利为隆，是俗人者也。"文中批判了忽视学问、仅追求物质富饶的世俗态度，初步勾勒出正义观念的轮廓。正义思想进一步阐明了个人行为应遵循的道德原则与价值导向。《中庸》有云："义者，宜也。"此言道出了"义"的本质，即行为的适宜性与正当性，它不仅是个人作为社会成员的基本要求，也是维系人际关系——包括个人与国家、父母、朋友间关系的伦理基石。孔子在论述君子与小人的区别时强调："君子喻于义，小人喻于利。"当面临"义"与"利"的抉择时，儒家学说主张"以义为上""见利思义"，凸显了"义"的优先地位及其实践导向。此外，正义思想还主张坚持正义是确保国家和谐稳定、社会有序的道德基石与普遍规律。墨子云："天下有义则治，无义则乱。"这一论断揭示了以"义"治国对于促进社会和谐、赢得民心的重要性。贾谊认为："古之正义，东西南北，苟舟车之所达，人迹之所至，莫不率服。"其观点进一步印证了执政者秉持正义对于实现百姓安居乐业、国家广泛认同的关键作用。

在新时代的浪潮中，青年文化自信的培育被赋予了新的使命，其中，弘扬正义之道尤为关键。正义，这一深植于中华民族传统美德中的概念，不仅是历史的积淀，更是引导当代青年树立正确价值观、形成高尚品德的灯塔。它激励青年在纷繁复杂的社会环境中坚守道德底线，以积极向上的态度参与社会建设，成为推动社会进步的重要力量。同时，正义也是维护社会公平正义的精神支柱，它要求青年在面对不公时勇于发声，用实际行动践行正义，为构建和谐社会贡献力量。因此，在培育青年文化自信的过程中，必须重视正义之道的弘扬，让青年在正义的指引下，成长为有理想、有道德、有文化、有纪律的新时代接班人，共同为国家的繁荣富强和文明进步筑牢道德根基。

（四）大同思想：中华优秀传统文化的瑰宝

在中国古代，诸子百家思想虽各具特色，却普遍蕴含对社会大同的向往。儒家之大同理念，核心在于强调人心的统一与和谐。孔子所构想的大同社会，是一个无险恶阴谋、无盗贼戕害，百姓间互亲互爱，无须对小人作恶保持警惕的理想社会。与儒家不同，墨家主张尚同，即追求天下人如一家之亲，反对儒家的尊卑等级观念。墨家虽认同人类社会需官僚体系管理，但强调天子亦需顺应天意，其意志应层层传达至平民，以统一全社会之思想。同时，墨家认为，国与国间应相互亲近、互不侵犯，人民间应友爱无分，如此方能实现大同。道家老子所倡导的大同则侧重于国家间的互不交往、相安无事。老子主张以众多小同共存之方式，实现全天下的大同，即各国各自安定、自给自足。法家之大同思想则侧重于利用君王的法、术、势等手段，强力消灭社会罪恶以及私欲，通过赏罚制度引导人民与君王意志统一。秦朝建立后，推行的"车同轨，书同文"举措，深受法家同一思想影响，旨在使人民畏罚爱赏，确保君王政令畅通无阻。汉朝建立初期，实践道家同一思想，统治者注重休养生息、弥补社会亏空，并辅以法家思想惩治社会纷乱。汉武帝时期，提出"罢黜百家，独尊儒术"，随后推行儒家大同思想以教化百姓、培养人才。此后，儒家忠孝思想与法家法治理念相融合，逐渐形成了沿袭后世的基本治国思想。因此，自汉武帝以后的两千多年封建王朝中，"外儒内法"的治国理念成为主流。

在新时代青年文化自信培育的征程中，弘扬大同思想显得尤为关键。大同思想这一深植于中华优秀传统文化的瑰宝不仅映射出古人对理想社会的热切追求，更为当代青年点亮了价值指引的明灯。它鞭策青年树立正向的世界观、人生观和价值观，深化对中华文化的认同，进而为构建和谐美好的社会积极贡献力量。尤为重要的是，大同思想中蕴含的平等、公正等核心理念与社会主义核心价值观相适应，为培育青年的社会责任感和使命感提供了丰厚的土壤。在这样的思想滋养下，青年一代将更加坚定地肩负起时代赋予的重任，为国家的繁荣富强和文明进步筑牢坚实的道德根基。

二、马克思主义经典作家的文化思想

在马克思主义经典作家的诸多著作中，"文化"一词虽非频繁出现，未直接提出文化自信理论，但他们对于文明、文化建设、意识形态、精神生产及人的全面发展等议题的深入阐释均深刻体现了马克思主义的文化观念。这些理论精髓蕴含着马克思主义对文化的深远洞察，为本文关于文化自信理论的研究提供了坚实的思想支撑。

（一）马克思恩格斯文化学说

马克思与恩格斯的文化学说构成了马克思主义理论体系的核心组成部分，其核心观点强调文化是社会历史进程、物质积累与精神变迁的伴生物，具有鲜明的历史性、社会性、阶级性及民族性特征。马克思恩格斯文化学说内容丰富，涵盖了文化价值理论、文化批判理论、文艺人民性理论以及人的全面发展理论等多个维度。

1. 马克思文化价值理论

马克思的文化价值理论在其整个思想体系中占据着核心地位，它深刻揭示了文化与人的本质之间的内在联系。马克思指出："人的类本质——无论自然界，还是人的精神的、类的能力——变成人的异己的本质，变成维持他的个人生存的手段。"[①] 这一论断揭示了人在对象化的社会实践过程中，如何通过创造和实践文化，同时也被文化所塑造，形成了一个复杂而动态的人—文化—人的互动关系。在这个无限循环往复的发展过程中，文化不仅反映了人的本质，更成为推动人的自由全面发展的重要力量。在马克思看来，文化的最终价值是实现人的自由全面发展。在共产主义社会的理想图景中，这一

---

① 马克思，恩格斯.马克思恩格斯全集（第四十二卷）[M].北京：人民出版社，1979：97.

价值得到了最充分的体现。马克思恩格斯所描述的共产主义社会是一个"自由人联合体",在这个联合体中,"每个人的自由发展是一切人自由发展的条件"。①在这个理想的社会形态中,文化不再仅仅是维持个人生存的手段,而是成为促进人的自由全面发展、实现人的主体性和主客体统一的重要工具。在实现人的自由全面发展的过程中,文化发挥着至关重要的作用。文化的力量不仅能够促使人们摆脱物质的枷锁,从工具奴役和剥削中解放出来,还能够使人真正成为自己命运的主体,实现个体性的最大化发展。

2. 马克思文化批判理论

批判性是马克思主义理论的灵魂,不仅体现在对经济、政治和社会的批判上,更深刻地贯穿于文化领域。马克思在肯定文化思想积极作用的同时,也对其进行了深刻的批判。他的文化批判理论伴随着其思想的成长不断深化,从资本主义宗教文化到德国古典哲学,再到资本主义社会的政治经济生产,马克思的文化批判从未停止。马克思的文化批判理论经历了从理论批判到现实批判的转变。在理论批判阶段,他主要对资本主义文化进行了哲学和意识形态层面的批判,揭示了其虚假性、工具性和单向度;在现实批判阶段,他更加关注资本主义文化在现实社会中的具体表现和影响,特别是它如何成为制约人发展的外在因素。马克思认为,文化作为一种意识形态和存在形态必须根植于现实物质世界,反映并服务于物质生活的存在和发展。然而,在资本主义社会中,文化却往往脱离了物质和现实,成为一种虚假的、工具性的存在,不仅无法真正反映人的本质和需求,反而成为人的"依赖",制约了人的发展。因此,马克思对资本主义文化进行了深刻的批判,旨在揭示其本质和危害,为人的自由全面发展扫清障碍。

3. 马克思文艺人民性理论

人民性是马克思主义与生俱来的理论品格,这一品格在文艺领域得到了充分的体现。文艺作为文化的重要存在形式,不仅承载着反映社会现实、传承历史文化的重要使命,更承担着满足人民文化需求、促进人民精神生活发展的重要责任。马克思一直强调文艺的人民性问题,他认为文艺应该从人民立场出发,体现人民的文化需求。早在1842年于《莱茵报》工作期间,他

---

① 马克思,恩格斯.马克思恩格斯文集(第二卷)[M].北京:人民出版社,2009:53.

就提出了报刊等文化产品人民性的概念。他认为报刊作为文化的一种表现形式应该紧密联系人民，反映人民的心声，与人民同呼吸共命运。这一思想在其后来的著作中得到了进一步的阐述和深化。在马克思看来，文化是人的对象化创造活动的结果，因此它必须表现出人民性。文化不仅应该为人民服务，满足人民多样的需求，还应该成为人民表达自己意愿和诉求的重要渠道，而不应该是"为了把这些造成人为的安定的企图结成一个普遍的体系，给予人民的精神食粮也都是经过最审慎周密的选择，而且极其吝啬"。① 在资本主义社会中，文化往往被少数人所操控，成为一种精神工具，用于维护少数人的利益和统治。这种文化不仅无法真正反映人民的需求和意愿，而且会制约人民的发展。因此，马克思对资本主义文化进行了深刻的批判，并提出了文艺人民性的理论。他认为文艺应该从人民立场出发，体现人民的文化需求，成为人民表达自己意愿和诉求的重要渠道。同时，他还强调了文化多样性的重要性，认为文化应该能够满足人民多样化的需求，促进人民精神生活的全面发展。

（二）列宁文化思想

列宁对人类社会做出了重大贡献，尤其是对第三世界人民有着深远的影响，主要体现在他成功带领人民建立了全球首个社会主义国家，从而将社会主义从理论空想转变为现实实践，开创了人类历史的新篇章。列宁曾深刻指出："缺乏丰富的知识、技术和文化，共产主义的建设将无从谈起。"② 他基于俄国的实际情况，继承并发展了马克思主义，最终形成了独具特色的列宁主义。其中，关于文化建设的理论是列宁主义的重要组成部分。

1. 列宁文化理论

列宁文化理论经历了一个逐渐发展的历程。1893 年到 1903 年是列宁文化理论的初步探索阶段。学界普遍认为 1893 年是列宁文化理论的开端。他在《农民生活中新的经济变动》中深入分析了俄国的农民经济状况和社会阶级变化，指出随着商品经济在社会经济中占据主导地位，农民阶级出现了无

---

① 马克思，恩格斯. 马克思恩格斯全集（第八卷）[M]. 北京：人民出版社，1961：32.
② 列宁. 列宁全集（第三十七卷）[M]. 北京：人民出版社，2017：311.

产阶级和小资产阶级的分化，这种经济形势的变化也催生了相应阶级文化的演变。在《社会民主党纲领草案及其说明》中，列宁提出了"阶级自觉"的文化概念，强调这是工人阶级进行革命的首要思想。在《我们拒绝什么遗产？》中，他鼓励人们要有文化辨别的意识，正确认识和批判地继承革命民主主义文化传统和文化遗产。1903 年到 1917 年，列宁文化理论进入基本形成时期。在这一阶段，列宁通过《关于民族问题的批评意见》等一系列关于民族文化问题的著作，初步形成了关于民族文化、文化领导权等理论。此外，列宁还形成了文化发展、文化建设等理论，强调"这种文化能使一切民族在高度的社会主义团结中打成一片，目前这种文化由于国际资本的联合正在形成"。[①] 从 1917 年到 1922 年，列宁文化理论逐步深化发展，并将这些理论应用于具体建设中，为社会主义发展服务。他强调社会主义发展必须以实现社会主义文化为目标，并积极发展国民教育，消灭文盲，培养具有文化自主思想的社会主义公民。

2. 列宁的文化领导权思想

在俄国革命斗争与社会主义建设的过程中，列宁提出了文化领导权的问题，并首次在马克思主义发展史上明确提出了"领导权"的概念。他将"文化领导权的建设"定义为"社会主义革命的最为主要的任务"，[②] 充分显示了其对文化领导权建设的高度重视。列宁的文化领导权思想形成于 19 世纪 90 年代，并在《怎么办？》《俄国社会民主党人的任务》等作品中得到了系统阐述。列宁认为，无论是资产阶级政党还是无产阶级政党，都代表着一种文化价值取向。无产阶级要想在社会主义斗争中取得最终胜利，必须牢牢掌握文化的领导权，深入把握人民的文化意识建设，从而实现社会主义文化建设的目标。在他看来，让广大无产阶级坚定马克思主义立场、学习马克思主义文化是文化领导权的主要目标，无产阶级政党必须对此给予高度重视。文化领导权的主要对象包括工人阶级、农民阶级等劳动群众，而知识分子和党政干部则是其主力军。主要方法是在继承文化传统的同时进行批判，必须与实际相结合。这一思想为我国当前增强文化自信教育提供了重要的方法指导。

---

① 列宁. 列宁全集（第二十四卷）[M]. 北京：人民出版社，2017：251.
② 列宁. 列宁选集（第四卷）[M]. 北京：人民出版社，1995：303.

3.列宁的文化建设思想

列宁的文化建设思想是其思想体系中的重要组成部分，涉及思想政治建设、文化事业建设、教育事业建设、社会道德建设、民族文化建设、农村文化建设、政党文化建设等多个方面。这一思想的产生和发展是历史与现实的交汇，既受到本国复杂历史背景的影响，又得益于马克思主义科学的理论指导；既具有特定的时代特征，又蕴含着列宁传奇人生的思想渊源。列宁文化建设思想的本质是以辩证唯物主义和历史唯物主义为科学指导，坚持马克思主义文化学说的基本原理，旨在满足人民大众的文化需求，为建设社会主义文明服务，最终实现社会主义和共产主义。作为世界上第一个无产阶级政党建立的社会主义国家，苏联在政治斗争和意识形态斗争中面临着异常激烈的挑战。在反对派和帝国主义的内外夹攻下，必须加强马克思主义思想的指导，坚定理想信念教育，特别是要强化执政党内部的政治立场和思想教育，保持党员的先锋模范作用。历史证明，这一点对于无产阶级政党至关重要。列宁强调要积极发展国民教育，真正提高人民的文化自觉和文化素质，这需要整整一场真正的文化革命。他主张普及文化教育，减少文盲人数，特别是要减少边远农村地区的文盲数；同时提高教师的社会地位，增加教育投入。此外，列宁还大力发展报刊、电影等文化事业和产业，兴建大批图书馆，并特别重视报刊的文化宣传作用。他提议兴建博物馆、文化宫等文化机构，创新俱乐部形式，以丰富人民的精神文化生活，尤其是农村地区的文化生活。

三、十八大前中国共产党历代领导集体的文化理论

在党的十八大召开之前，中国共产党的历代领导集体通过深入挖掘中华优秀传统文化的精髓，并紧密结合时代特征，逐步构建起了丰富而深邃的文化理论体系。这一系列文化理论不仅充分展现了党的卓越智慧与远见卓识，更为中国特色社会主义事业的蓬勃发展奠定了坚实的思想基石。

（一）毛泽东文化思想

文化思想是毛泽东思想的核心构成部分之一，其渊源主要包括中华优秀传统文化、外国文化及马克思主义文化理论。自青年时代起，毛泽东便深受中华优秀传统文化的影响，在私塾教育中逐步觉醒文化意识，并逐步接纳

马克思主义，最终成为坚定的马克思主义者。在领导革命的过程中，毛泽东高度重视文化建设，于《新民主主义论》中明确指出："革命文化，对于人民大众，是革命的有力武器。革命文化，在革命前，是革命的思想准备；在革命中，是革命总战线中的一条必要和重要的战线。而革命的文化工作者，就是这个文化战线上的各级指挥员。'没有革命的理论，就不会有革命的运动'，可见革命的文化运动对于革命的实践运动具有何等的重要性。而这种文化运动和实践运动，都是群众的。"[①] 在随后的社会主义改造与建设阶段，毛泽东在重视经济发展与政治建设的同时，对思想教育、文化建设及科学研究给予了特别关注，并提出了多项见解与建议。

1. 毛泽东文化思想的形成

毛泽东文化思想的形成历经萌芽、基本形成、成熟及深入发展四个阶段。1911年，毛泽东首次接触"社会主义"概念，并初步了解西方政治经济学、伦理学等外来文化，开始对中国社会现状进行反思。1918年，他前往北京深造，阅读大量马克思主义原著，并受到李大钊等同志的影响，认识到革命的重要性。他开始思考人的全面发展和人的精神活动问题，并通过夜校宣传马克思主义，号召广大学生坚定马克思主义立场。这一时期，毛泽东的文化思想已初步形成。1921年至1937年，是毛泽东文化思想的基本形成期。在中国这一农业大国，毛泽东意识到农民对革命的关键作用。他深入农村，记录农民生活，在《湖南农民运动考察报告》中，他批判封建地主文化，指出"中国历来只是地主有文化，农民没有文化。可是地主的文化是由农民造成的，因为造成地主文化的东西，不是别的，正是从农民身上掠取的血汗"。[②] 创建井冈山革命根据地后，他进行了多项实地调查，提出"民主主义""文化大众化"等思想，为文化思想的形成奠定坚实基础。1937年至1949年，是毛泽东文化思想的成熟期。抗日战争的紧迫局势使他深刻认识到民族独立需思想独立，而民众深受封建思想束缚，需通过宣传社会主义文化以潜移默化改变。他提出"新民主主义文化思想"，并在1940年的《新民主主义论》中系统阐述文化建设的地位、指导思想、基本方针及文化产业发

① 毛泽东.毛泽东选集：第二卷 [M].北京：人民出版社，1991：708.
② 毛泽东.毛泽东选集：第一卷 [M].北京：人民出版社，1991：39.

展。1942 年，他在《在延安文艺座谈会上的讲话》中强调文化应与马克思主义、革命、人民紧密联系。此后，在《关于陕甘宁边区的文化教育问题》（1944 年）、《同英国记者斯坦因的谈话》《文化工作中的统一战线》（1944 年）等作品中，他多次强调文化的重要性，指出："文化是政治、经济的反映，又指导政治、经济；它反映军事，又指导军事。""文化是不可少的，任何社会没有文化就建设不起来。"①中华人民共和国成立后，毛泽东的文化思想继续深入发展，为社会主义改造与建设提供了重要指导。在 1956 年，他提出了"百花齐放，百家争鸣"以及"古为今用、洋为中用"的文化方针，体现了对文化多样性和包容性的重视，同时也对文化教育的发展做出了重大贡献。这一时期，毛泽东的文化思想在推动社会主义文化建设方面发挥了积极作用。

2. 新民主主义文化思想

自 1919 年五四运动起，无产阶级作为新兴的政治力量，引领了反对帝国主义与封建主义的革命浪潮。在这一背景下，毛泽东深受李大钊、陈独秀等人的影响，系统学习了马克思主义，并积极投身于马克思主义文化的宣传工作。他在创办的《湘江评论》创刊宣言中提出的"民众联合的力量最强""平民的文学，现代的文学，有生命的文学""平民教育主义"等观点，均成为新民主主义时期其文化思想的直接体现。1940 年，毛泽东在《新民主主义论》中明确界定了新民主主义文化的内涵："所谓新民主主义的文化，就是无产阶级领导的人民大众的反帝反封建的文化。"②他强调，新中国的建设不仅要在政治和经济上摆脱压迫与剥削，更要在思想文化上挣脱封建的束缚与愚昧，致力于建立"民族的""科学的""大众的"新文化。其中，"民族的"强调继承民族文化传统，同时吸收外来文化精髓，以符合中国现实；"科学的"则要求摆脱封建落后思想，坚定马克思主义立场，坚持实事求是；"大众的"则强调其民主性，即为全民族中百分之九十以上的工农劳苦民众服务，并逐渐成为他们的文化。毛泽东的新民主主义文化思想以其前瞻性、科学性和包容性，对当今的文化建设与文化自信教育仍具有重要的指导意义。

---

① 毛泽东 . 毛泽东文集（第三卷）[M]. 北京：人民出版社，1996：109-110.
② 毛泽东 . 毛泽东选集（第二卷）[M]. 北京：人民出版社，1991：698.

3. 社会主义文化思想

1949 年中华人民共和国成立，标志着中国人民实现了民族独立和解放。在这一新的历史阶段，毛泽东的社会主义文化思想得到了集中体现。他创造性地对农业、手工业、资本主义工商业进行了社会主义改造，充分调动了一切因素为社会主义改造服务。毛泽东的社会主义文化思想是对新民主主义文化思想的继承与发展。他始终坚持"民族的""科学的""大众的"文化发展立场，认为这是社会主义文化思想的根本。其一，他强调文化的人民性，认为"为什么人的问题"是文化发展的根本性问题，社会主义文化必须坚持为人民服务的方向，深入群众，只有这样，文化才能拥有持久的生命力。其二，他注重社会主义文化的开放性，主张用辩证的眼光看待世界其他国家和民族的文化，虚心学习外国的长处，但同时要有分析有批判地学习，避免盲目照搬。他指出："我们的方针是，一切民族、一切国家的长处都要学，政治、经济、科学、技术、文学、艺术的一切真正好的东西都要学。但是，必须有分析有批判地学，不能盲目地学，不能一切照抄，机械搬用。他们的短处、缺点，当然不要学。"① 其三，他强调社会主义文化的多样性，提出"百花齐放，百家争鸣"的方针，鼓励不同形式、不同风格、不同流派的文化竞相发展，自由交流，相互借鉴。

毛泽东的文化思想是一个深邃而庞杂的思想体系，除上述内容外，他还对文化人才队伍的建设、文化事业的发展、文化体制、文化精神以及党对文化的领导等方面做出了诸多重要论断。这些论断充分展示了文化的力量：文化的发展推动社会主义的建设，而社会主义的发展又促进文化的繁荣。这对当前研究文化自信教育具有重要的启示意义，即要深刻理解和把握毛泽东文化思想的精髓，以指导我们在新时代的文化建设中取得更大的成就。

（二）邓小平文化理论

邓小平文化理论是邓小平理论体系中的重要组成部分，它是在中国社会主义革命、建设和改革开放的历史进程中逐步形成的。邓小平继承了毛泽东的文化思想，并结合中国当时的时代特征，进行了伟大的创新与发展。作为

---

① 毛泽东.毛泽东文集（第七卷）[M].北京：人民出版社，1999：41.

中国社会主义改革开放和现代化建设的总设计师，邓小平引领社会主义文化发展进入了一个全新的发展机遇期，开辟了中国特色社会主义文化建设的新路径，为中国文化的繁荣发展注入了强大动力。

1. 邓小平文化理论的形成

在中华人民共和国成立之前，邓小平的文化理论已初步形成。早年留学法国期间，他接触并接受了马克思主义，积极投身于马克思主义的宣传与组织活动，尝试运用马克思主义的立场和观点来批判现实。在新民主主义革命时期，邓小平在军事斗争之余，高度重视文化宣传工作。他指出："我们红军每一个战士都要使用两杆枪，除你手上的武器外，还要掌握宣传武器，要做到既是一个战斗员，又是一个宣传员。"[①]1941 年 5 月，他在《一二九师文化工作的方针任务及其努力方向》的报告中明确指出，文化工作是政治工作的一部分，必须服从政治任务，并进一步强调："宣传队是部队文化工作的基本队伍。努力提高自己，努力追求深造，努力做文化普及工作，都是万分必要的。要使宣传员成为文化教育的得力干部，使宣传队成为新民主主义革命的先锋军。"[②]从中华人民共和国成立到1978年十一届三中全会前，邓小平的文化理论进入了酝酿期。这一时期，中国完成了新民主主义向社会主义的过渡，建立了社会主义制度，邓小平的文化理论主要围绕贯彻落实中央精神展开，同时也提出了一些文化发展的见解。例如，1958 年他提出了"一要普及，二要提高"的文化发展方针，强调普及与提高并重。1975 年后，他重新倡导"百花齐放，百家争鸣"的方针，并强调尊重知识和人才。1978的"真理标准大讨论"更是一场文化宣言和思想解放运动，为改革开放和中国特色社会主义奠定了思想基础。1978 年十一届三中全会后，邓小平的文化理论步入成熟期。会议深刻总结了社会主义革命和建设的经验教训，将国家工作重心转移到经济建设上，社会主义文化也得以回归正常发展轨道。邓小平将马克思主义普遍原理与中国实际相结合，提出了建设中国特色社会主义的新思路。

---

① 刘金田．邓小平的历程（上册）[M]．北京：解放军文艺出版社，1996：62．
② 邓小平．邓小平文选（第一卷）[M]．北京：人民出版社，1994：28-29．

2. 邓小平文化理论的主要观点

邓小平同志作为中国改革开放和现代化建设的总设计师,其思想体系中关于精神文明建设的论述不仅深刻揭示了社会主义建设的内在规律,也为中国特色社会主义文化的发展奠定了坚实的理论基础。他深刻认识到,在社会主义建设的伟大实践中,精神文明与物质文明是相辅相成、不可或缺的两个方面,二者应当并重,实现同抓共管,共同推动社会的全面进步。精神文明作为一个复合型概念,其内涵极为丰富,它不仅仅局限于教育、科学、文化等具体领域,更深刻地触及共产主义的思想、理想与信念等精神层面的核心内容。在邓小平看来,精神文明的建设是提升国民素质、塑造民族精神、促进社会和谐的重要途径。通过加强教育,提高全民族的科学文化水平,培养人们的创新精神和实践能力,可以为社会主义建设提供源源不断的人才支持;通过弘扬科学精神,推动科技进步,可以为经济社会发展注入强大的动力;通过丰富文化生活,满足人民日益增长的精神文化需求,可以增强社会的凝聚力和向心力。"精神文明"这一概念的提出,不仅是对物质与精神关系的深刻阐述,更是对科学社会主义理论与实践的丰富和发展。它强调了物质文明与精神文明的相互促进、相互依存关系,指出只有物质文明与精神文明协调发展,才能实现社会的全面进步。这一理论对于指导我们正确处理物质文明与精神文明的关系,推动社会主义事业健康发展具有重要的现实意义。

在邓小平的文化观中,"解放思想,实事求是"是其思想精髓的核心。他强调,要打破思想僵化,勇于探索创新,不断推动理论和实践的发展。这一思想为改革开放和现代化建设提供了强大的思想武器,也为中国特色社会主义文化的建设指明了方向。"教育要面向现代化、面向世界、面向未来"[①]是邓小平关于教育发展的著名论断。他主张教育要与经济社会发展相适应,要借鉴世界先进教育经验,要着眼于未来社会的发展需求。这一思想为我国教育事业的改革和发展提供了明确的指导方针,也为培养适应时代发展需要的高素质人才奠定了坚实的基础。"科学技术是第一生产力"[②]是邓小平对科

---

① 邓小平. 邓小平文选(第三卷)[M]. 北京:人民出版社,1993:35.

② 邓小平. 邓小平文选(第二卷)[M]. 北京:人民出版社,1994:87.

学技术在社会发展中作用的深刻认识。他强调,要大力发展科学技术,提高国家的科技创新能力,为经济社会发展提供强大的科技支撑。这一思想为我国科技事业的发展指明了方向,也为建设创新型国家奠定了坚实的理论基础。"教育人民成为'四有'人民,干部应成为'四有'干部"是邓小平对人才培养和干部队伍建设的重要要求。他强调,要培养有理想、有道德、有文化、有纪律的"四有"新人,同时要求干部也要具备这"四有"素质。这一思想为我国人才培养和干部队伍建设提供了明确的指导原则,也为建设高素质、专业化的干部队伍奠定了坚实的基础。

(三)江泽民先进文化思想

随着改革开放的深化及全球局势的演变,20世纪90年代,以江泽民为主要代表的中国共产党人,凭借科学的局势判断、艰辛的探索精神以及对风险的从容应对,成功引领中国特色社会主义进入21世纪。在此期间,面对国内外发展的诸多挑战,他们围绕"建设一个什么样的党及如何建设党"的核心议题,提出了"三个代表"重要思想,其中明确强调"中国共产党始终代表中国先进文化的前进方向",彰显了我党高度的文化自信。1991年7月1日,江泽民在庆祝中国共产党成立七十周年大会的讲话中,首次明确指出:"有中国特色社会主义的经济、政治、文化是有机统一、不可分割的整体。"同时,他还论述了中国特色社会主义文化的发展方针和原则,强调"有中国特色社会主义的文化,……必须坚持为人民服务、为社会主义服务的方向和'百花齐放、百家争鸣'的方针,繁荣和发展社会主义文化,不允许毒害人民、污染社会和反社会主义的东西泛滥;必须继承发扬民族优秀传统文化而又充分体现社会主义时代精神,立足本国而又充分吸收世界文化优秀成果,不允许搞民族虚无主义和全盘西化"。[①]1997年9月,在党的十五大报告中,江泽民系统阐述了中国特色社会主义文化建设的相关问题,将文化列为社会主义初级阶段的基本纲领,并明确指出"建设有中国特色社会主义的文化,就是以马克思主义为指导,以培养有理想、有道德、有文化、有纪律的公民

---

① 中共中央文献研究室.十三大以来重要文献选编(下)[M].北京:中央文献出版社,2011:180.

为目标，发展面向现代化、面向世界、面向未来的，民族的科学的大众的社会主义文化"。① 此外，他还深刻认识了文化建设的重要性，并强调在全社会形成共同理想和精神支柱是文化建设的根本。2000 年 2 月 25 日，江泽民在广东高州考察工作时，首次全面阐述了"三个代表"重要思想，指出"只要我们党始终成为中国先进社会生产力的发展要求、中国先进文化的前进方向、中国最广大人民的根本利益的忠实代表，我们党就能永远立于不败之地，永远得到全国各族人民的衷心拥护并带领人民不断前进"。② 其中，"中国共产党始终代表中国先进文化的前进方向"不仅体现了我国发展社会主义文化、建设社会主义精神文明的理想和价值目标，也为经济发展和社会进步提供了精神动力和智力支持。同时，"三个代表"重要思想作为党的立党之本、执政之基、力量之源，也充分展现了中国共产党对文化建设工作的领导以及文化建设工作与治国理政的相互促进关系。

（四）胡锦涛文化强国思想

自党的十六大以来，以胡锦涛为核心的党中央，在继承并发展党的历代领导集体文化思想建设的基础之上，立足于中国特色社会主义事业的全局布局与全面建设小康社会的宏伟目标，精准把握并深入分析了新时期我国文化的独特特征，展现出与时俱进的创新精神。2003 年 10 月，他指出："当今时代，文化越来越成为民族凝聚力和创造力的重要源泉，越来越成为综合国力竞争的重要因素。"③ 这一重要论述为文化强国思想的直接提出奠定了坚实的思想基础。2006 年 11 月，胡锦涛在中国文联第八次全国代表大会、中国作协第七次全国代表大会上提出了"和谐文化"的重要理念，他指出："和谐文化既是和谐社会的重要特征，也是实现社会和谐的精神动力。建设和谐文化，是构建社会主义和谐社会的重要任务，也是构建社会主义和谐社会的重要条件。……繁荣社会主义先进文化，建设和谐文化，为构建社会主义和谐社会作出贡献，是现阶段我国文化工作的主题。"④ 这一理念的提出，为我国

---

① 江泽民．江泽民文选（第二卷）[M]．北京：人民出版社，2006：17-18.
② 江泽民．江泽民文选（第三卷）[M]．北京：人民出版社，2006：2.
③ 胡锦涛．在中共十六届三中全会第一次全体会议上的讲话 [N]．人民日报，2003-10-11（01）.
④ 胡锦涛．胡锦涛文选（第二卷）[M]．北京：人民出版社，2016：539-540.

文化建设注入了新的活力。2007 年 10 月，胡锦涛在党的十七大会议上强调了文化在民族凝聚力和综合国力竞争中的重要地位。2011 年 7 月，胡锦涛在《在庆祝中国共产党成立 90 周年大会上的讲话》中提出："我们必须以高度的文化自觉和文化自信，……让人民共享文化发展成果。"① 作为党的领导人，他首次将文化自觉和文化自信作为文化建设的手段提升至国家高度。在十七届六中全会上，他正式提出了文化强国的战略目标，并对文化建设做了全面部署。2012 年 11 月，胡锦涛在党的十八大会议上更是明确指出要坚持社会主义先进文化的前进方向，树立高度的文化自觉和文化自信，向着建设社会主义文化强国的宏伟目标迈进。

四、习近平文化思想

党的十八大以来，习近平总书记着眼宣传思想文化领域的新形势、新情况、新问题，站在全局和战略高度，做出一系列重要论述和指示批示，指引新时代宣传思想文化工作取得历史性成就，形成了习近平文化思想。作为习近平新时代中国特色社会主义思想的文化篇，习近平文化思想的形成标志着我们党对中国特色社会主义文化建设规律的认识达到了新高度，表明我们党的历史自信、文化自信达到了新高度，为做好新时代新征程宣传思想文化工作、担负起新的文化使命提供了强大思想武器和科学行动指南。

在实现中华民族伟大复兴的新征程上，习近平总书记在不同场合从不同角度对文化自信做出了一系列重要论述。2014 年 2 月，习近平在中央政治局集体学习时明确提出要清晰阐述中华文化的历史渊源、发展脉络、基本走向及其独特创造、价值理念、鲜明特色，此举不仅是对文化自觉概念的继承与发展，而且旨在"增强文化自信与价值观自信"，② 从而明确了文化自信的概念框架及其与文化自觉的内在联系。同年，习近平指出文化软实力在国家综合实力中的核心地位，并进一步强调"要坚持道路自信、理论自信、制度

---

① 胡锦涛.在庆祝中国共产党成立九十周年大会上的讲话 [N].人民日报，2011-07-2（1）.

② 习近平.习近平谈治国理政（第一卷）[M].北京：外文出版社，2018：164.

自信，最根本的还有一个文化自信"。① 这一论述阐明了四个自信的完整体系，突出了文化自信作为基石的重要性及其在国家文化软实力构建中的凝聚作用。同年 10 月，他在文艺工作座谈会上重申了增强文化自信与坚定道路自信、理论自信、制度自信之间的紧密联系，视之为"题中应有之义"，并号召各级党委从文化强国的战略高度出发，"增强文化自觉和文化自信"。② 2016 年 5 月，习近平在哲学社会科学工作座谈会上深刻指出："道路自信、理论自信、制度自信，说到底是要坚定文化自信。文化自信是更基本、更深沉、更持久的力量。"③ 这一论述明确了文化自信作为根本精神力量的地位。同年 7 月，他在庆祝中国共产党成立 95 周年大会上深入阐释了文化自信的内涵和重要作用，即"文化自信，是更基础、更广泛、更深厚的自信""积淀着中华民族最深层的精神追求，代表着中华民族独特的精神标识"。④ 同年 11 月，习近平在中国文学艺术界联合会第十次全国代表大会、中国作家协会第九次全国代表大会开幕式上，全面而深刻地阐述了文化自信的重要性与战略价值，指出"事关国运兴衰、事关文化安全、事关民族精神独立性"。⑤ 2017 年 10 月，党的十九大报告将"文化自信"作为核心议题之一，系统阐述了其地位、作用、核心内容以及坚定文化自信的原则、立场和方法，标志着党对文化问题的认识达到了新高度，是文化自信理论成熟的重要标志。

2022 年 10 月，习近平在党的二十大报告中，对"确立和坚持马克思主义在意识形态领域指导地位的根本制度""中华优秀传统文化得到创造性转化、创新性发展""意识形态领域形势发生全局性、根本性转变"⑥ 等增强人民文化自信方面的显著成就给予了肯定。报告以"推进文化自信自强，铸就社会主义文化新辉煌"为核心，对新形势下如何发展社会主义先进文化、增

① "改革的集结号已经吹响"——习近平总书记同人大代表、政协委员共商国是纪实 [N]. 人民日报，2014-03-13（01）.
② 习近平 . 在文艺工作座谈会上的讲话 [M]. 北京：人民出版社，2015：28.
③ 习近平 . 在哲学社会科学工作座谈会上的讲话 [M]. 北京：人民出版社，2016：17.
④ 习近平 . 在庆祝中国共产党成立 95 周年大会上的讲话 [M]. 北京：人民出版社，2016：13.
⑤ 习近平 . 在中国文联十大、中国作协九大开幕式上的讲话 [M]. 北京：人民出版社，2016：6.
⑥ 习近平 . 高举中国特色社会主义伟大旗帜 为全面建设社会主义现代化国家而团结奋斗——在中国共产党第二十次全国代表大会上的报告 [M]. 北京：人民出版社，2022：10.

强文化自信进行了深入的理论分析与战略部署。党的二十大报告作为党的纲领性文献，不仅标志着文化自信理论的日益完善，也为我们党在新时代的文化发展指明了方向。2023 年 6 月，习近平在文化传承发展座谈会上指出，"在新的起点上继续推动文化繁荣、建设文化强国、建设中华民族现代文明，是我们在新时代新的文化使命"。[①] 这一重要论述进一步明确了新时代文化发展的目标和方向，为我们在新的历史起点上推动文化繁荣、建设文化强国、建设中华民族现代文明提供了根本理论依据。同年 10 月，全国宣传思想文化工作会议正式提出并系统阐述了习近平文化思想，标志着我们党对社会主义文化建设规律的认识达到了新高度，表明我们党的历史自信、文化自信达到了新高度。2024 年 7 月，习近平在党的二十届三中全会上提出："必须增强文化自信，发展社会主义先进文化，弘扬革命文化，传承中华优秀传统文化，加快适应信息技术迅猛发展新形势，培育形成规模宏大的优秀文化人才队伍，激发全民族文化创新创造活力。"[②] 这一重要论述深刻阐明了新时代文化建设的重点任务和战略方向，为我们在新的发展阶段推动社会主义文化繁荣兴盛提供了行动指南。

---

① 习近平 . 在文化传承发展座谈会上的讲话 [N]. 人民日报，2023-06-03（1）.

② 习近平 . 在中国共产党第二十届中央委员会第三次全体会议上的讲话 [N]. 人民日报，2024-07-19（1）.

第三章　新时代青年文化自信培育的现实依据

在新时代的征程中，青年文化自信培育尤为重要。这一培育工作不仅响应了文化强国的战略号召，体现了社会进步对青年文化素养的迫切需求，更承载着青年肩负起的传承与发展中华文化的历史使命。因此，加强新时代青年文化自信培育是时代赋予我们的重大责任，也是实现民族复兴的必然要求。

第一节　文化强国：全球文化竞争格局中的战略选择

在全球文化竞争日益激烈的今天，文化强国已成为国家发展战略的重要组成部分。文化自信作为文化强国的内核，不仅是应对世界变局、保持国家定力的精神源泉，更是实现中华民族伟大复兴不可或缺的精神支柱。同时，文化自信也是维护国家文化安全、抵御外部文化渗透的坚固屏障。因此，坚定文化自信，建设文化强国，是我们在全球文化竞争中赢得主动、走向胜利的必然选择。

一、文化自信是应对世界变局的定力之源

在全球化背景下，文化的交流与碰撞日益频繁，各种思想、观念和价值体系在全球范围内传播与交融。这一过程中，不仅带来了文化的多样性，也加剧了文化之间的竞争与冲突。面对这样的世界变局，一个国家或民族要保持自身的独立性和自主性，就必须拥有坚定的文化自信。文化自信作为民族精神的基石，是我们在全球文化竞争格局中站稳脚跟、赢得尊重的定力之源。

（一）世界变局之状

在 21 世纪的全球化浪潮中，世界正经历着一场前所未有的深刻变革，其复杂性和多元性前所未见。经济全球化与区域经济一体化并行发展，政治多极化趋势日益加强，社会信息化与网络化加速推进，以及文化多样性与文化冲突的并存，共同构成了当前世界变局的主要特征。

1. 经济全球化与区域经济一体化

经济全球化作为当代世界经济发展的主要趋势，它像一把双刃剑，既带来了前所未有的机遇，也伴随着严峻的挑战。随着国际贸易、资本流动、技术传播等经济活动的全球化，各国经济相互依存度日益加深，形成了"你中有我，我中有你"的紧密经济联系。然而，这种经济全球化的进程并非一帆风顺，它同时也带来了经济风险和挑战。金融危机的跨国传播、全球产业链的安全问题，以及国际经济不平衡的加剧，都是经济全球化带来的副作用。为了应对全球化的冲击，区域经济一体化作为一种有效的经济合作模式应运而生。通过区域内的经济合作与协调，区域经济一体化能够增强地区经济的稳定性和竞争力，为成员国提供更为广阔的市场和更为深化的经济合作机会。然而，区域经济一体化的并行发展也带来了全球经济格局的复杂化。一方面，它加剧了国家间的经济竞争，使得各国在争夺市场、资源和技术方面展开了更为激烈的较量；另一方面，它也推动了全球经济结构的重塑，使得区域经济集团在全球经济中的地位和作用日益凸显。

2. 政治多极化趋势

冷战的结束标志着世界政治格局从两极对抗向多极化转变。这一转变不仅体现在国际政治舞台上力量的重新分配，更体现在新兴大国的崛起和地区性力量的增强。随着中国的崛起、俄罗斯的复兴、印度的快速发展以及欧盟的整合，国际政治舞台上的力量对比变得更加均衡，多极化趋势日益明显。然而，政治多极化趋势的加强也带来了地缘政治的紧张和冲突。各国为了维护自身利益和影响力，纷纷加强了在地缘政治关键地区的布局和争夺。从东亚的岛屿争端到中东的石油争夺，从欧洲的乌克兰危机到非洲的资源开发，地缘政治的紧张和冲突成为当前国际政治的重要特征。这种紧张和冲突不仅威胁着地区的和平与稳定，也可能引发更大规模的国际冲突和危机。

3. 社会信息化与网络化

信息技术的飞速发展使得信息传播速度空前加快，社会信息化与网络化成为不可逆转的趋势。互联网、大数据、人工智能等技术的广泛应用，不仅改变了人们的生活方式和工作方式，也深刻地影响了国家的治理模式和国际关系的形态。在网络空间中，信息的流动和交换变得前所未有的便捷和迅速，这为各国提供了更为广阔的信息获取和交流的渠道。然而，社会信息化与网络化也带来了新的挑战和问题。网络空间的开放性和匿名性使得信息安全成为国家安全的重要组成部分。网络攻击、网络窃密、网络诈骗等网络安全威胁层出不穷，对国家的政治稳定、经济发展和社会秩序构成了严重威胁。同时，网络空间的虚拟化也加剧了国际关系的复杂性，使得国家间的网络战和网络外交成为新的竞争领域。

4. 文化多样性与文化冲突

在全球化的背景下，不同文化之间的交流与融合日益频繁，文化多样性得到了彰显。这种多样性不仅体现在语言、宗教、艺术、习俗等文化形式的多样性上，更体现在不同文化观念和价值体系的多样性上。然而，这种文化多样性也带来了文化冲突和摩擦。一些国家试图通过文化输出影响甚至改变其他国家的文化观念和价值体系，以达到其政治和经济目的。这种文化霸权主义行为不仅侵犯了他国的文化主权和文化尊严，也破坏了全球文化的多样性和平衡。它试图以一种文化模式来同化或取代其他文化模式，从而剥夺了其他文化发展的自主性和多样性。这种文化冲突和摩擦不仅加剧了国际关系的紧张和不稳定，也阻碍了全球文化的交流与融合。在全球化的进程中，文化多样性的保护和发展显得尤为重要。各国应该尊重彼此的文化主权和文化尊严，推动不同文化之间的交流与互鉴，促进全球文化的多样性和繁荣。同时，各国也应该加强文化合作与交流，共同应对全球化带来的文化挑战和问题，推动全球文化的和谐发展。

（二）文化自信是应对世界变局的定力之源

在探讨当今世界变局的复杂性与多样性时，文化自信作为一股深层次的精神力量，其重要性愈发凸显，成为应对这一系列变局的定力之源。

1. 文化自信为人们提供了精神支柱和思想引领

在全球化的浪潮中，世界变局呈现出前所未有的复杂性和不确定性，各国在政治、经济、文化等多个领域都面临着前所未有的挑战。在这样的背景下，人们往往会感到迷茫、焦虑甚至恐惧，需要一种强大的精神力量来支撑自己前行。文化自信正是这样一种力量，它源自对自身文化的深刻认同和坚定信念，能够为人们提供稳定的精神支柱和清晰的思想引领。文化自信的精神支柱作用体现在它能够帮助人们在面对挑战时保持坚定的信念和昂扬的斗志。在全球化进程中，不同文化之间的交流与碰撞日益频繁，各种思想观念和价值取向相互激荡，容易引发人们的思想困惑和价值迷失。而文化自信能够让人们清晰地认识到自己文化的独特价值和历史传承，从而在面对外部冲击时保持内心的坚定和从容。这种坚定的信念和昂扬的斗志是应对世界变局不可或缺的精神财富。同时，文化自信的思想引领作用也不容忽视。在全球化的背景下，各种思想观念和文化思潮交织碰撞，容易引发人们的思想混乱和价值迷失。而文化自信能够为人们提供清晰的思想导向和价值引领，帮助人们树立正确的世界观、人生观和价值观。这种思想引领不仅有助于个人成长和社会进步，更能够在国家层面形成强大的凝聚力和向心力，推动国家在全球竞争中立于不败之地。

2. 文化自信有助于增强人们的文化认同感和归属感

文化认同感和归属感作为个体对所属文化深刻认同与热爱的情感体现，是民族精神不可或缺的组成部分，它们构成了民族身份与集体记忆的核心。在全球化的浪潮中，不同文化间的交流与碰撞以前所未有的频率发生，这既促进了不同文化间的互鉴，也带来了文化认同的危机与归属感的缺失。面对外来文化的冲击，个体可能会感到本土文化的价值被削弱，甚至产生文化身份认同的困惑，进而影响民族内部的团结与和谐。文化自信作为一种积极的心理状态，通过强化人们对自身文化的深刻认同与热爱，成为抵御文化认同危机、增强文化归属感和民族自豪感的有效手段。它促使个体在全球化的大背景下，不仅认识到自身文化的独特价值与魅力，还能够在比较与鉴别中更加珍惜和传承本土文化的精髓。文化自信的培养有助于构建一个稳定的文化心理基础，使得人们在面对外部文化影响时能够保持清醒的头脑，坚守文化的根与魂，从而维护国家的文化安全与民族团结。文化认同感和归属感的增强，进一步促进了民族凝聚力和向心力的形成。在全球化的竞技场上，国家之间的竞争已不仅仅局限于经济、科技等硬实力领域，文化软实力的较量同样至关重要。一个拥有高度文化自信的民族，其成员往往能够超越个人利益，以共同的文化认同为纽带，形成强大的集体行动能力。这种凝聚力和向心力不仅体现在对内的和谐共处上，更体现在一致抵御外部挑战和威胁上。高度的文化自信是国家发展的重要精神支柱，也是在全球变局中保持定力、实现可持续发展的关键力量。

3. 文化自信有助于提升人们的文化素养和审美能力

文化自信在提升人们的文化素养和审美能力方面扮演着至关重要的角色。文化素养和审美能力作为个体认知和品鉴文化的核心要素，不仅体现了个人对文化的深刻理解和欣赏水平，更在宏观层面上成为应对全球化背景下世界变局所不可或缺的重要素质。文化自信的本质是对本民族文化价值的坚定信念与自豪感，能够潜移默化地引导人们更加深入地探寻和领悟文化的深层内涵。当人们对自己的文化持有强烈的自信时，他们会更倾向于主动地学习、传承和创新，从而在这一过程中不断提升自身的文化素养。这种提升不仅表现在对传统文化知识的丰富上，更体现在对现代文化动态的敏锐捕捉和对未来文化趋势的深刻洞察上。同时，文化自信也能极大地促进人们审美能力的提升。在多元文化的交流碰撞中，拥有文化自信的人们能够以更加开放和包容的心态去审视和欣赏不同的文化表达。他们不仅能够领略到各种文化形式所蕴含的独特美感，更能在比较与鉴别中形成自己独到的审美见解和品位。这种审美能力的提升，不仅丰富了人们的精神世界，也为他们在国际舞台上展示本民族的文化魅力提供了有力支撑。因此，文化自信所孕育出的文化素养和审美能力，无疑成为提升国家文化软实力和增强民族凝聚力的重要保障，为国家在激烈的国际文化竞争中占据有利地位奠定了坚实基础。

二、文化自信是实现中华民族伟大复兴的精神支柱

文化自信作为一种深植于民族与国家内部的原动力，是支撑其不断发展壮大的"更基本、更深沉、更持久的力量"。在中华民族伟大复兴的征程中，文化自信扮演着至关重要的角色，并承载着不可推卸的历史责任。

（一）文化自信：伟大事业的精神支撑

文化自信作为民族或国家成员共有的相对稳定的文化心理与特质，不仅是对自身文化价值的深刻认同，更蕴含了对民族未来发展前景的坚定信念。这种信念在中华民族伟大复兴的历史进程中扮演着不可或缺的角色，为这一伟大事业提供了坚实的精神支撑与智力支持。中国特色社会主义道路、理论、制度与文化，这四大支柱紧密相连、相互作用，共同构建了中国特色社会主义伟大事业的稳固基石。其中，文化自信作为"四个自信"中最为基础、最为根本的一环，其重要性不言而喻。文化自信之所以成为"四个自信"中的基石，是因为它深植于中华文化的沃土之中，为其他三个自信提供了坚实的文化底蕴与根本的精神支撑。中国特色社会主义道路、制度、理论，无一不是建立在对中华文化的深刻理解和传承之上。文化自信使中国人民在道路选择、理论创新、制度建设等方面更加坚定自信，从而更加自觉地为中国特色社会主义事业贡献力量。这种自信，源自对中华文化的深厚底蕴的自豪，对民族文化价值的充分肯定，以及对民族文化生命力的坚定信念。从根本上讲，"四个自信"实质上都是对中国特色社会主义及其远大前景的坚定信念。道路自信，是对中国特色社会主义道路的正确性和必然性的确信；理论自信，是对中国特色社会主义理论体系的科学性和真理性的坚信；制度自信，是对中国特色社会主义制度的优越性和先进性的坚定信念。而文化自信，则是这一切自信的源泉和根基。没有文化自信，道路自信、理论自信、制度自信就难以持久和深入。文化自信以其独特的魅力，汇聚了全体人民的力量，成为推动中国特色社会主义伟大事业前进的"更基本、更深沉、更持久的力量"。

在新时代背景下，中华民族复兴伟业与中国特色社会主义事业具有内在的一致性，这不仅是中国共产党的初心与使命，也是中华民族的深切期盼。"一个民族的复兴需要强大的物质力量，也需要强大的精神力量"。[①] 文化自信以其内蕴的核心价值观与崇高理想信念，为这一伟大事业提供了强大的

---

① 中共中央文献研究室. 习近平关于社会主义文化建设论述摘编 [M]. 北京：中央文献出版社，2017：7.

精神动力。社会主义核心价值观是文化的灵魂，它引领着社会风尚，凝聚着社会共识，激励着人们为实现共同理想而努力奋斗。文化自信通过对社会主义核心价值观的坚守和弘扬，使全体人民在思想上更加统一、在行动上更加一致，从而汇聚成推动民族复兴的强大力量。此外，文化自信还促进了中华文化的创新与发展。在全球化背景下，各种文化思潮相互激荡，文化交流日益频繁。文化自信使中国人民在保持民族文化独立性的同时，积极吸收借鉴世界优秀文化成果，推动中华文化的创新与发展。这种创新与发展，不仅丰富了中华文化的内涵，也增强了其吸引力和影响力，为中华文化的国际传播和交流提供了有力支撑。

（二）文化自信：社会和谐稳定的精神引领

中华民族伟大复兴不仅体现在国家层面的宏观战略与辉煌成就，更深深植根于社会和谐稳定这一微观层面的坚实基础之中。稳定和谐的社会局面不仅是国家长治久安的重要保障，也是民族复兴的重要标志。在中华民族伟大复兴的过程中，文化自信以其独特的魅力，发挥着不可或缺的精神引领作用。中华民族自古以来便向往"讲信修睦"的大同理想与和谐稳定的社会局面。这种向往，与共产主义理想有着深刻的内在契合性，二者共同构成了推动社会进步与文明发展的重要动力。在新的历史发展方位下，习近平总书记深刻洞察到社会和谐稳定对于民族复兴大局的重要性，强调要"不断促进社会公平正义，形成有效的社会治理、良好的社会秩序"。[1]这一重要论述，不仅为我们指明了民族复兴的方向，也凸显了文化自信在促进社会和谐稳定中的关键作用。

文化自信在促进社会和谐稳定方面发挥着多重作用。首先，它是维护社会和谐稳定的精神保证。从历史唯物主义的视角来看，意识形态作为思想上层建筑的核心，对"决定文化前进方向和发展道路"[2]具有重要作用。文化自信作为对自身文化价值的深刻认同与坚定信念，从更深层次和更广泛的层面

① 习近平. 决胜全面建成小康社会　夺取新时代中国特色社会主义伟大胜利——在中国共产党第十九次全国代表大会上的报告 [M]. 北京：人民出版社，2017：45.
② 习近平. 决胜全面建成小康社会　夺取新时代中国特色社会主义伟大胜利——在中国共产党第十九次全国代表大会上的报告 [M]. 北京：人民出版社，2017：41.

支撑着意识形态的稳固与发展。它赋予意识形态强大的引领力与凝聚力，使人们在面对各种思想挑战与价值观冲突时，能够坚守文化根基，保持思想定力，从而维护社会的和谐稳定。其次，文化自信能够有效化解社会矛盾。尽管社会矛盾的解决往往依赖于物质力量的推动，但精神层面的价值引领同样不可或缺。在快速的社会变迁中，各种利益冲突与价值观念碰撞层出不穷。文化自信通过提供丰富的精神资源与价值指引，帮助人们树立正确的世界观、人生观和价值观，从而在面对矛盾与冲突时能够保持理性与平和，寻求合理的解决途径。同时，文化自信还能够消解功利主义、实用主义等社会思潮的负面影响，引导人们关注精神层面的追求与满足，促进社会矛盾的缓和与化解。最后，文化自信发挥着巩固共同思想基础的功能。社会主义核心价值观作为当代中国价值观念的凝练概括与中国特色社会主义文化的价值表达，是创建社会和谐稳定局面的共同思想基础。文化自信内蕴着丰富的社会和谐思想资源与先进的文化价值理念，这些理念与资源从深层文化心理上支撑着社会主义核心价值观的培育与践行。通过文化自信的传播与弘扬，人们能够更加深刻地理解和认同社会主义核心价值观，从而形成共同的价值追求与行为准则，为社会的和谐稳定提供坚实的思想基础。

（三）文化自信：激发全民创造活力的历史使命

在新时代背景下，习近平总书记继承并发展了历史唯物主义关于"人民群众是历史的创造者"的理论，深刻指出："上下同欲者胜，只要我们 14 亿多人民和衷共济……就一定能够走好我们这一代人的长征路"。[①]这一论述不仅强调了人民群众在历史进程中的主体地位，也揭示了文化自信在激发全民创造活力、推动民族复兴中的历史使命。文化自信，就其本质而言，是人民对中国特色社会主义文化的坚定信念与深刻认同。它不仅包含对悠久民族文化的自豪与传承，更蕴含对当代中国特色社会主义价值观念的自信与坚守。这种自信，源于对中华文化深厚底蕴的深刻认识，对中国特色社会主义实践成就的充分肯定，以及对未来文化发展道路的坚定信念。文化自信能够凝聚中国精神、中国力量，形成一种磅礴的精神力量，推动中华民族伟大复

---

① 习近平.习近平主席新年贺词（2014—2018）[M].北京：人民出版社，2018：9.

兴的实现。中国精神，是以爱国主义为核心的民族精神和以改革创新为核心的时代精神的统一。文化自信通过弘扬中国精神，激发全体人民的爱国热情与创新活力，使人们在思想上更加团结一致，在行动上更加奋发有为。这种精神力量的汇聚，不仅为国家的繁荣富强提供了强大的精神支撑，也为民族复兴伟业注入了不竭的动力源泉。习近平总书记曾强调："拥有 14 亿中国人民聚合的磅礴之力……具有无比深厚的历史底蕴……中国人民应该有这个信心……说到底是要坚定文化自信。"①这一论述揭示了文化自信与民族复兴之间的内在联系。文化自信在更深层次和广泛的精神层面支撑着中国特色社会主义的自信，它不仅是民族精神的体现，也是国家软实力的核心。通过坚定文化自信，我们能够更好地弘扬中国精神、凝聚中国力量，激发全体人民的创造活力，为民族复兴伟业提供根本的精神动力。

　　文化自信在激发全民创造活力方面所扮演的角色至关重要，其影响力深远且多维度。首先，文化自信显著激发了人们的创新意识与创造潜能。在深厚的文化自信的引领下，个体与集体更加勇于突破传统思维的束缚，敢于挑战既定框架，积极探索未知领域。这种探索精神不仅体现在科技创新上，推动科学技术不断突破边界，引领科技前沿；也体现在文化艺术的创新与发展中，鼓励艺术家们深入挖掘传统文化的精髓，同时结合现代审美与表达方式，创作出既具有时代特色又蕴含深厚文化底蕴的艺术作品。此外，文化自信还激发了社会各界在制度、管理、教育等多个领域的创新实践，为社会的全面进步提供了源源不断的动力。其次，文化自信在促进社会和谐稳定与繁荣发展方面发挥着不可替代的作用。通过弘扬社会主义核心价值观，文化自信强化了人们对共同价值理念的认同，增强了社会凝聚力。同时，通过传承中华优秀传统文化，不仅让人们深刻认识到自身文化的独特价值与魅力，还促进了不同文化之间的交流与融合，减少了文化冲突与误解，为社会的和谐稳定奠定了坚实的基础。此外，文化自信还激发了人们对美好生活的向往与追求，推动了经济社会的繁荣发展。在文化自信的引领下，人们更加注重精神文化的满足与提升，促进了文化产业的蓬勃发展，为经济增长注入了新的活力。最后，文化自信在提升国家文化软实力与国际影响力方面发挥了关键

---

①　习近平. 在哲学社会科学工作座谈会上的讲话 [M]. 北京：人民出版社，2016：16-17.

作用。在全球化背景下，文化自信使中国更加自信地走向世界舞台中央，积极展示中华文化的独特魅力与深厚底蕴。通过国际文化交流与合作，中国不仅向世界传递了和平、发展、合作、共赢的理念，还促进了不同文明之间的对话与互鉴，增进了世界各国人民对中国文化的了解与认同。这种文化交流与互鉴不仅提升了中国的国际形象与地位，还为中国在国际事务中发挥更大作用提供了有力支撑。文化自信成为中国与世界沟通的重要桥梁，为构建人类命运共同体贡献了中国智慧与中国方案。

三、文化自信是维护国家文化安全的重要保障

在全球化浪潮中，文化日益成为国家核心竞争力的重要组成部分。一个国家、一个民族的强盛，总是以文化兴盛为支撑，而文化的衰落则往往预示着国家或民族的衰微。因此，文化自信不仅关乎文化自身的繁荣发展，更是维护国家文化安全、保障国家长治久安的重要基石。

（一）文化自信与国家文化安全

文化自信不仅关乎一个民族的精神独立和价值观念，更直接关系到国家的文化主权、意识形态安全以及网络文化安全等多个层面。

1. 文化自信与文化主权安全

文化主权是一个国家独立自主发展本国文化的重要权利，是国家主权的重要组成部分。在全球化的浪潮中，文化主权面临着前所未有的挑战，这些挑战既来自外部的文化霸权与文化渗透，也源于内部的文化认同危机与文化自信缺失。西方国家凭借其强大的经济实力和文化影响力，往往通过文化霸权和文化渗透的方式，试图改变他国的文化，从而削弱他国的文化主权。这种文化霸权不仅体现在对发展中国家文化资源的掠夺上，更体现在对其文化价值观的强制输出上。同时，一些跨国文化企业和媒体也利用其在全球文化市场的垄断地位，通过文化产品的输出，对发展中国家的文化主权构成潜在威胁。

面对这些挑战，坚定文化自信成为维护国家文化主权安全的关键。文化自信是对自身文化价值的深刻认同与自豪，是对中华文化独特魅力和深厚底蕴的坚定信念。只有当我们对自己的文化有着深刻的理解和坚定的信

念时，才能在全球文化竞争中保持清醒的头脑，有效抵御外来文化的干涉和侵蚀。坚定文化自信，不仅能够增强我们在文化领域的自主权和话语权，更能够激发全民族的文化创造力和创新活力，为国家的文化主权安全提供坚实的文化支撑和精神动力。因此，在全球文化竞争的激烈背景下，必须深刻认识到文化自信与文化主权安全之间的紧密联系，坚定文化自信，守护好我们的文化主权，确保国家文化的独立性和自主性不受侵犯。这是维护国家文化安全、促进文化繁荣发展的必然要求，也是实现中华民族伟大复兴的必由之路。

2. 文化自信与意识形态安全

意识形态安全是维护国家政治稳定、促进社会和谐发展的关键要素，是国家文化安全的重要组成部分。而文化自信是意识形态安全的坚固基石，其为意识形态的稳固提供了深厚的文化土壤和精神支撑。文化自信的核心体现在对中华优秀传统文化的强烈认同和高度自信上。中华民族拥有五千多年的悠久文明史，创造了璀璨夺目的中华文化，这是我们的精神命脉，也是我们的独特文化标识。这份宝贵的文化遗产，不仅蕴含着中华民族的智慧和创造力，更承载着我们的历史记忆和文化基因。坚定文化自信，就是要在内心深处深刻认同和珍视这份文化遗产，自觉承担起传承与发展的历史使命，让中华文化在新时代焕发出更加绚丽的光彩。

然而，在全球文化竞争日益激烈的今天，意识形态安全面临着前所未有的挑战。西方国家凭借其强大的文化软实力，往往通过文化渗透、价值输出等手段，试图削弱他国的文化认同和意识形态安全。这种文化渗透往往以隐蔽的方式进行，力度之大、范围之广，对发展中国家的文化安全构成了严重威胁。在这种情况下，坚定文化自信显得尤为重要。只有当我们对自己的文化有着深刻的理解和坚定的信念时，才能在全球文化的激荡中保持定力，有效抵御外来文化的冲击和渗透，从而维护国家的意识形态安全。因此，文化自信与意识形态安全紧密相连、相辅相成。坚定文化自信是维护意识形态安全的必然要求，而意识形态的安全稳定，又为文化自信提供了更加广阔的空间和更加坚实的保障。在全球文化竞争的浪潮中，我们必须深刻认识到这一点，坚定文化自信，守护好我们的意识形态安全，是为国家的长治久安和民族的繁荣复兴奠定的坚实文化基础。

3. 文化自信与网络文化安全

在大数据时代的背景下，文化自信与网络文化安全呈现出前所未有的紧密联系。随着互联网技术的飞速发展，网络空间已成为人类社会生活不可或缺的新环境，网络文化安全也随之成为国家文化安全体系中不可或缺的一环。截至 2023 年，中国网民规模已突破 10 亿大关，互联网普及率持续攀升，这一庞大的数字背后，是无数个体在网络空间中活动、交流、创造，形成了复杂多变的网络文化生态。网络空间虽为虚拟，但其主体——网民，却是实实在在的社会成员。他们的文化背景、价值观念、意识形态倾向，无不深刻地影响着网络文化的走向与安全。在网络这个开放、多元、匿名的平台上，各种思想文化交流交融交锋更加频繁，不同文明之间的碰撞与融合日益加深，这既为文化的创新与发展提供了无限可能，也为网络文化安全带来了前所未有的挑战。正是在这样的背景下，文化自信对于维护网络文化安全的重要性愈发凸显。文化自信是对自身文化价值的深刻认同与坚定信念，它不仅能够为网民提供正确的价值导向，引导他们以积极、健康、理性的态度参与网络文化交流，还能够有效抵制不良信息的传播和扩散，维护网络空间的清朗与秩序。同时，文化自信还能激发网民的文化创造力与创新活力，推动网络文化的繁荣发展，为国家文化安全提供坚实的网络支撑和丰富的文化内涵。因此，在大数据时代，必须深刻认识到文化自信与网络文化安全之间的内在联系，坚定文化自信，守护网络文化安全，让网络空间成为传播正能量、弘扬主旋律、促进文化交流互鉴的重要平台，为构建网络强国、维护国家文化安全贡献智慧和力量。

（二）文化自信在维护国家文化安全中的具体作用

文化自信在维护国家文化安全中发挥着重要作用。它不仅能够增强国家和民族的文化认同与凝聚力、抵御外部文化威胁与渗透，还能够提升国家文化软实力与国际影响力

1. 增强文化认同与凝聚力：构建共同的精神家园

文化自信作为国家文化安全的内在支撑，其首要作用在于增强国家和民族的文化认同与凝聚力。文化认同是指个体或群体对某一文化的归属感与认同感，它是维系社会团结、促进社会稳定的重要力量。在全球化日益

加深的今天，各种文化思潮相互激荡，不同国家和民族间的文化认同面临着前所未有的挑战。文化自信能够激发人们对自身文化的热爱与自豪，从而增强文化认同感和归属感，构建共同的精神家园。当一个国家和民族对自己的文化充满自信时，人们会更加珍视和传承这种文化，将其视为自己的精神寄托和价值追求。这种强烈的文化认同感不仅能够促进民族内部的团结与和谐，还能够抵御外部文化的冲击和渗透。在全球化的浪潮中，西方国家的文化霸权和文化渗透试图通过文化输出和价值观推广来削弱他国的文化主权和意识形态安全。然而，具有强烈文化自信的国家和民族，能够更加坚定地维护自己的文化独立性和自主性，不轻易受到外部文化的干扰和影响。此外，文化自信还能够促进文化的传承与发展。文化传承是文化认同的重要体现，也是文化发展的重要基础。当人们对自己的文化充满自信时，就会更加积极地参与文化的传承与创新，推动文化的繁荣发展。这种文化传承与创新的过程，不仅能够增强文化的生命力和活力，还能够为国家的文化安全提供坚实的保障。

2. 抵御外部文化威胁与渗透：构建坚固的文化防线

在全球化背景下，西方国家的文化霸权和文化渗透对许多国家的文化安全构成了严重威胁。文化自信作为抵御外部文化威胁与渗透的有效手段，其重要性愈发凸显。文化自信能够增强人们对外部文化威胁的警觉性和抵抗力，形成抵御文化霸权和文化渗透的坚固防线。一方面，文化自信能够提升人们的文化自觉意识。文化自觉是指个体或群体对自身文化的深刻理解和认识，以及对文化发展方向的主动把握。当人们对自己的文化充满自信时，就会更加关注文化发展的动态和趋势，及时察觉外部文化的渗透和威胁，更加主动地维护自己的文化主权和意识形态安全，有效抵御外部文化的冲击和渗透。另一方面，文化自信还能够促进国际文化交流与合作，增进不同文化之间的理解和友谊。在全球化时代，文化交流与合作已成为推动世界文明进步的重要力量。文化自信能够鼓励人们积极参与国际文化交流活动，展示自己文化的独特魅力和价值，同时吸收借鉴其他文化的优秀元素，推动文化的互鉴与融合。参与文化交流与合作不仅能够提升国家文化的国际影响力，还能够为构建人类命运共同体贡献智慧和力量。通过增进不同文化之间的理解和友谊，我们可以共同抵御文化霸权和文化渗透的威胁，维护世界文化的多样性和繁荣发展。文化自信在抵御外部文化威胁与渗透方面的作用还体现在对文化安全战略的制定与实施上。一个具有强烈文化自信的国家和民族，能够更加清晰地认识到自己的文化安全需求和挑战，制定出更加符合自身实际情况的文化安全战略。同时，文化自信还能够激发人们的爱国热情和民族自豪感，为文化安全战略的实施提供强大的精神动力和支持。

　　3. 提升国家文化软实力与国际影响力：塑造良好的国际形象

　　文化自信不仅能够增强国家和民族的文化认同与凝聚力、抵御外部文化威胁与渗透，还能够提升国家文化软实力与国际影响力。文化软实力是一个国家综合实力的重要组成部分，它体现在文化吸引力、文化创新力、文化传播力等多个方面。文化自信能够激发人们的文化创造力和创新精神，推动文化的繁荣发展，从而提升国家文化的吸引力。首先，文化自信能够激发人们的文化创造力和创新精神。文化创造力和创新精神是推动文化发展的重要动力源泉。当人们对自己的文化充满自信时，就会更加敢于尝试新的文化形式和内容，推动文化的创新与发展。这种文化创新不仅能够丰富人们的文化生活，提升人们的文化素养，还能够为国家的文化软实力注入新的活力。其次，文化自信能够提升国家文化的吸引力。文化的吸引力是指一个国家或民族的文化对其他国家或民族产生的吸引力和影响力。当人们对自己的文化充满自信时，就会更加积极地展示和传播自己的文化，吸引更多的人了解和关注。这种文化吸引力的提升不仅能够增强国家文化的国际竞争力，还能够为国家的外交政策和国际形象塑造提供有力的支持。最后，文化自信能够促进国际文化交流与合作，推动中国文化走向世界舞台中央。在全球化时代，国际文化交流与合作已成为推动世界文明进步的重要力量。文化自信能够鼓励人们积极参与国际文化交流活动，展示中国文化的独特魅力和价值，同时吸收借鉴其他文化的优秀元素，推动文化的互鉴与融合。这种国际文化交流与合作不仅能够提升中国文化的国际影响力，还能够为构建人类命运共同体贡献中国智慧和力量。

第二节　社会进步：发展动力中的深层支撑

在新时代的浪潮中，社会进步不仅是经济科技的飞速发展，更是深层次文化自信的觉醒与强化。文化自信作为社会进步的深层支撑，为发展道路提供深厚底蕴，为理论创新注入不竭动力，为制度完善构筑坚实支撑。

一、文化自信为道路自信提供深厚底蕴

文化自信是民族精神的脊梁，是国家发展的灵魂。它根植于悠久的历史文化土壤之中，汲取着中华民族五千多年文明史的精华，为新时代中国特色社会主义道路自信提供了深厚的文化底蕴。

（一）文化自信与道路自信的关系

文化作为民族精神的载体与灵魂，深深植根于每一个国家、每一个民族的历史长河之中，它不仅是人民精神家园的根基，更是国家软实力的核心体现。文化自信，这种基于对本民族文化深刻认同和由衷自豪的情感，是民族自尊心、自豪感和归属感的集中展现。与之相呼应，道路自信则是对一个国家或民族所选择的发展路径的坚定信念与深切信赖，它关乎国家的未来走向、民族的兴衰存亡。在中国特色社会主义的伟大实践中，文化自信与道路自信之间构建起了紧密相连、不可分割的内在联系，共同构筑起中华民族伟大复兴的精神基石。

其一，从中国特色社会主义道路的生成逻辑来看，它绝非凭空产生，而是深深植根于中华优秀传统文化的沃土之中。这条道路不仅凝聚了中华民族数千年的智慧结晶与创造力，更承载着中国人民对美好生活的向往与追求。中华文化的深厚底蕴，如儒家的仁爱之道、道家的自然和谐、墨家的兼爱非攻等思想，为中国特色社会主义道路提供了丰富的哲学思想和价值观念，使其成为一条既符合中国国情又具有深厚文化底蕴的发展之路。因此，对这条道路的坚定信心必然源自对中华文化的深刻领悟与由衷认同。缺乏文化自信，就如同失去了灵魂的躯壳，难以对中国特色社会主义道路产生真挚而持久的信念与信心。

其二，文化自信为道路自信提供了不可或缺的精神支撑。中华文化博大精深、源远流长，其蕴含的价值观、道德观、人生观等思想精髓，为中国特色社会主义道路的探索与实践提供了宝贵的思想资源与智慧启迪。这些文化资源不仅激发了人民的创造力与奋斗精神，使他们在面对困难与挑战时能够保持坚韧不拔的意志和勇往直前的勇气；同时，也为解决发展道路上的各种难题提供了有力的思想武器和行动指南。例如，中华文化中的"天行健，君子以自强不息"精神，激励着中国人民在社会主义现代化建设的征程中不断开拓创新、锐意进取；"和而不同"的理念，则为处理国内外关系、推动构建人类命运共同体提供了重要的思想基础。

其三，文化自信与道路自信之间的相互作用还体现在它们对彼此的不断丰富与发展上。一方面，中国特色社会主义道路的成功实践不断验证着中华文化的时代价值与生命力，使文化自信得以在实践中得到增强和升华。另一方面，文化自信的提升又为进一步探索和完善中国特色社会主义道路提供了更加广阔的思想空间和更加深厚的文化底蕴。这种良性互动不仅增强了中国人民对中国特色社会主义道路的认同感和归属感，也为世界社会主义运动提供了宝贵的经验和启示。

（二）文化自信为道路自信提供深厚底蕴的缘由

文化自信作为民族精神的基石，其深厚底蕴的根源在于中华民族悠久而灿烂的文化传统，以及在此基础上发展起来的革命文化和社会主义先进文化，还有中国特色社会主义的伟大实践。这些因素共同构成了文化自信为道路自信提供坚实支撑的内在逻辑。

1.中华优秀传统文化的滋养

中华民族作为一个拥有五千年文明史的伟大民族，其历史长河中孕育的中华优秀传统文化，无疑是民族精神的瑰宝，也是人类文明史上的璀璨明珠。这些文化不仅塑造了中华民族独特的精神面貌，更为世界文明的多样性贡献了独特的智慧与力量。中华优秀传统文化的核心思想理念，如儒家的仁爱之道，强调以仁爱之心待人接物，追求人际关系的和谐；道家的自然和谐观，倡导顺应自然、无为而治，追求人与自然的和谐共生；墨家的兼爱非攻思想，则主张普遍的爱与和平，反对战争与暴力。中华优秀传统文化所蕴含的思想理念共同构成了中华民族独特的价值观体系，影响着世代中国人的思维方式和行为准则。传统美德如诚信、孝顺、节俭等，是中华优秀传统文化的重要组成部分，它们至今仍然是维系社会和谐、促进个人成长的重要道德规范。诚信作为社会交往的基石，是人与人之间建立信任、维护社会秩序的关键；孝顺则体现了对长辈的尊敬与关爱，是家庭伦理的核心；节俭则倡导珍惜资源、勤劳致富，是中华民族勤劳勇敢、自强不息精神的体现。这些传统美德不仅在过去发挥了重要作用，而且在现代社会依然具有强大的生命力，它们为我们提供了处理人际关系、构建和谐社会的基本准则。人文精神是中华优秀传统文化的又一重要特征，它强调尊重人的价值、追求真理和智慧。在中华优秀传统文化中，人的尊严与价值拥有至高无上的地位，追求真理和智慧被视为人生的重要目标。这种人文精神不仅激励了无数中国人追求知识、探索未知，也为中华民族提供了源源不断的精神动力，推动了社会的进步与发展。在全球化背景下，中华优秀传统文化的独特魅力更加凸显，成为我们与世界对话、交流的重要桥梁，让世界更加了解中国、理解中国文化。同时，中华优秀传统文化也为我们坚持中国特色社会主义道路提供了深厚的文化底蕴，只有坚持自己的文化根基，才能在全球化的浪潮中保持独立与自主，走出一条符合自己国情的发展道路。

2. 革命文化和社会主义先进文化的凝结升华

党领导人民在进行革命、建设、改革中创造的革命文化和社会主义先进文化既是中华优秀传统文化的凝结升华，也是中国共产党人和中国人民伟大创造精神的生动体现。革命文化以爱国主义、革命英雄主义为核心，记录了中华民族在争取民族独立、人民解放过程中的英勇斗争和无私奉献精神。这种精神不仅激励了无数革命先烈为国家和民族的解放事业奋斗终生，也为后人树立了光辉的榜样，激励我们在新时代的征程中继续前行。社会主义先进文化则以社会主义核心价值观为引领，倡导富强、民主、文明、和谐，自由、平等、公正、法治，爱国、敬业、诚信、友善等价值观念。这些价值观念体现了中华民族在新时代追求国家富强、民族复兴、人民幸福的美好愿景，也为我们提供了评判是非、选择行为的价值标准。社会主义先进文化不仅继承了中华优秀传统文化的精髓，还吸收了世界文明的优秀成果，实现了传统文化的现代化与创新发展。革命文化和社会主义先进文化不仅激励全党全国各族人民奋勇前进，更为我们坚定文化自信、坚持中国特色社会主义道路提供了不竭的动力源泉。它们体现了中华民族在现代化进程中的自我更新和自我超越，展现了中华民族在新时代的精神风貌和创造力量，不仅为我们提供了强大的精神支撑，也为我们提供了理解世界、改造世界的独特视角和方法。

3. 中国特色社会主义的伟大实践

改革开放以来，中国坚定不移地走中国特色社会主义道路，取得了举世瞩目的成就。这一伟大实践不仅证明了中国特色社会主义道路的正确性和优越性，也为中华优秀传统文化的发展提供了广阔的舞台和深厚的土壤。在这个过程中，其不仅实现了自我更新和发展，还在与世界文化的交流中展现出了独特的魅力和强大的生命力。中国特色社会主义的伟大实践使得中国文化更加丰富多彩、生机勃勃。它既有传统文化的深厚底蕴，又吸收了现代文化的创新元素；既有民族文化的独特魅力，又融入了世界文化的广泛影响。这种文化的多元性与包容性，使得中国文化在全球化的大背景下更加自信、更加开放。同时，中国特色社会主义的伟大实践也为文化自信提供了坚实的现实基础。我们看到，在中国特色社会主义道路的指引下，中国经济持续快速发展，社会全面进步，人民生活水平不断提高。这些成就不仅证明了中国特色社会主义道路的正确性，也为我们坚定文化自信提供了最有力的证明。实践成果的反哺效应使得文化自信更加坚实，进而为道路自信提供了最为直接且深厚的底气。我们坚信，只有坚持中国特色社会主义道路，才能不断推动中国文化的发展繁荣；只有不断增强文化自信，才能为中华民族的伟大复兴提供强大的精神支撑。在未来的发展中，我们将继续坚持中国特色社会主义道路，不断推动文化的创新与发展，让中国文化在世界舞台上绽放出更加璀璨的光芒。

二、文化自信为理论自信注入强大动力

文化自信根植于深厚的历史底蕴，是民族精神的璀璨瑰宝，为理论自信注入强大动力。它不仅是中华民族复兴的强大支撑，更是推动理论创新、发展不竭的源泉。只有坚定文化自信，才能不断激发理论创新的活力，推动中国特色社会主义理论体系在继承中发展，在创新中辉煌，展现出独特的魅力

和强大的生命力。

（一）文化自信与理论自信的关系

文化自信是更基础、更深沉、更持久的自信，其内涵丰富而深远。它不仅涵盖了物质文明所创造的丰富物质成果，体现了人类对自然界的改造能力和智慧；还包含了政治文明所确立的制度体系、价值观念和社会秩序，反映了人类对政治生活的理解和追求；更蕴含了精神文明所创造的精神财富，如哲学思想、道德观念、文学艺术等，体现了人类对精神世界的探索和升华。文化自信的这种全面性，使其成为一个民族或国家自信的根基和灵魂，是民族精神的璀璨瑰宝。文化自信之所以如此重要，是因为它关乎文化自身的繁荣与发展，更关乎一个国家或政党实现自身价值、推动社会进步的能力。一个拥有高度文化自信的民族或政党，能够深刻认识到自身文化的独特价值和魅力，从而更加自觉地传承和弘扬优秀文化传统，推动文化的创新与发展。文化自信不仅为文化的繁荣提供了强大的精神动力，也为社会的进步和发展提供了深厚的文化底蕴。理论自信则是在特定文化背景下，对某种理论或思想体系的认同和信赖。它是指导实践、推动工作的思想武器和精神支柱，是人们在认识和改造世界过程中所形成的理性认识和思想体系。理论自信的建立，需要人们对某种理论或思想体系有深刻的理解和认同，相信它能够指导实践、解决问题，推动社会的进步和发展。

文化自信与理论自信之间存在着密切的联系。一方面，文化自信为理论自信提供了深厚的精神支撑。一个拥有高度文化自信的民族或政党，往往能够更加深入地理解和认同自身的文化传统和价值观念，从而更加自觉地运用这些文化传统和价值观念去构建和发展符合自身实际的理论体系。文化自信不仅为理论自信提供了丰富的思想资源和精神动力，也为理论的创新和发展提供了广阔的舞台和深厚的土壤。另一方面，理论自信也在实践中不断验证和丰富着文化自信的内涵。当一种理论在实践中展现出强大的生命力和指导意义时，人们对其的自信也会进一步增强。这种自信不仅体现在对理论本身的认同和信赖上，更体现在对理论所蕴含的文化传统和价值观念的坚定信仰和传承上。因此，理论自信的实践成果不仅验证了理论的正确性和有效性，也进一步丰富了文化自信的内涵和层次。

文化自信与理论自信的相互依存和相互促进关系，体现了文化与理论之间的深刻内在联系。文化作为理论产生和发展的土壤和源泉，为理论提供了丰富的思想资源和精神动力；理论作为文化的理性表达和思想结晶，又不断推动着文化的创新和发展。在文化自信与理论自信相互依存和相互促进的过程中，共同构成了推动社会进步和文明发展的重要力量。

（二）文化自信为理论自信注入强大动力的缘由

文化自信作为民族精神的内核与灵魂，不仅为个体提供了坚定的精神支撑，更为理论自信的形成与发展注入了不竭的动力。这种动力源自文化自信对理论创新的促进、对理论认同感的增强以及对理论传播与实践的助力，三者共同构成了文化自信与理论自信之间紧密而深刻的联系。

首先，文化自信提供了一种强大的精神支撑，这是理论自信得以确立和巩固的基石。文化自信所蕴含的对本民族文化的深刻认同和自豪感，使得人们在面对外部挑战和内部困境时，能够保持坚定的信念和昂扬的斗志。这种精神力量不仅激励个体不断追求卓越，更为集体行动提供了统一的思想基础和价值取向。在文化自信的氛围中，人们更加勇于探索未知，敢于挑战传统，这种勇于创新的精神正是理论创新所必需的。因此，文化自信为理论自信提供了源源不断的精神动力，使得理论能够在不断的探索和创新中保持其生命力和指导意义。

其次，文化自信促进了理论的创新与发展，为理论自信提供了坚实的理论基础。在文化自信的背景下，人们更加敢于质疑现有理论，勇于探索新的理论路径。这种质疑和探索不仅是对现有理论的反思和超越，更是对新理论的孕育和诞生。文化自信所激发的创新精神，使得理论能够不断地自我完善和创新发展，从而更好地解释现实、指导实践。这种理论与实践的紧密结合，不仅增强了理论的实用性和有效性，也进一步提升了人们对理论的自信和认同。因此，文化自信成为理论创新的重要推动力量，为理论自信提供了坚实的理论基础和支撑。

再次，文化自信增强了人们对理论的认同感，为理论自信提供了深厚的情感基础。当人们深刻认识到自身文化的价值和魅力时，会更加自觉地接受和传播与之相适应的理论体系。这种认同感不仅源自对文化传统的尊重和传承，更源自对理论所蕴含的智慧和价值的认同。在文化自信的氛围中，人们更加容易形成共同的价值观念和理想信念，这种共同性为理论的传播和实践提供了广泛的群众基础和社会支持。同时，这种认同感也使得人们在面对各种质疑和挑战时，能够保持坚定的信念和立场，从而进一步增强理论自信。

最后，文化自信助力理论的传播与实践，为理论自信提供了广阔的舞台和空间。一个拥有高度文化自信的民族或政党，其成员会更加积极地向外展示和推广本民族的优秀文化及其蕴含的理论智慧。这种推广和传播不仅扩大了理论的影响力，也吸引了更多的有志之士加入理论研究和实践探索的行列。在这个过程中，理论得到了更广泛的传播和更深入的实践，从而进一步验证了其正确性和有效性。同时，文化自信也促使人们在实践中不断探索和完善理论体系，使其更好地服务于社会发展需要。这种理论与实践的良性互动，不仅增强了理论的实用性和指导意义，也进一步提升了人们的理论自信。

三、文化自信为制度自信构筑坚实支撑

文化自信是制度自信的深厚根基，它根植于中华民族五千多年的文明历史之中，蕴含了丰富的哲学思想、道德观念和价值取向。这种自信不仅彰显了民族文化的独特魅力，更为制度自信提供了强大的精神支撑。只有坚定文化自信，才能确保制度自信不摇不动，才能在全球化的大背景下，坚守本民族的优秀传统，推动社会制度的不断完善与发展。

（一）文化自信与制度自信的关系

文化自信与制度自信作为民族精神和社会制度两大核心要素，它们之间存在着深刻而复杂的关系。这种关系不仅体现在两者相互依存、相互促进的层面上，更在于它们共同构成了一个国家、一个民族发展的内在动力和外在保障。从文化自信作为制度自信的基础这一角度来看，文化作为民族的精神家园，是历史沉淀与时代创新的结晶，它深深植根于人们的思想观念和行为方式之中。一个民族的文化自信是对自身文化传统、价值观念、道德规范的深刻认同和坚定信仰。文化自信不仅体现了民族的自尊心和自豪感，更为社会制度的建立和发展提供了坚实的文化土壤。因为，任何社会制度都是建立

在一定的文化基础之上的，都是对特定文化传统的继承和发展。只有当人们对自己的文化有深厚的自信时，他们才能对建立在这种文化基础上的社会制度产生坚定的信念和认同，从而为社会制度的稳固和发展提供强大的精神支撑。反过来，制度自信也是文化自信的重要保障。完善、合理、有效的社会制度，能够满足人民的需求，维护社会的公平和正义，促进国家的繁荣和稳定。当这样的制度得到人民的广泛认可和支持时，它就会进一步巩固文化自信，激发人们对本民族文化的自豪感和归属感。因为，人们会深刻感受到，正是这种文化所蕴含的智慧和力量，塑造了这样优秀的社会制度，使得他们能够在这样的制度下自由、平等、幸福地生活。对制度的认同和自豪，又会反过来增强人们对自身文化的自信和热爱，形成文化自信与制度自信之间相互促进的良性循环。

具体来说，文化自信为制度自信提供的支持，不仅体现在对制度合理性的认同与接受上，更体现在对制度的发展方向、价值目标以及面对挑战时的韧性等多个层面。这使得文化自信与制度自信之间的关系更加紧密且深刻，共同构成了一个国家社会结构稳固与文化繁荣的基石。

其一，文化认同促进对制度的接受。文化自信作为个体或集体对自身文化传统深刻理解和积极评价的心理状态，不仅能够激发人们对本土文化的热爱与自豪，更重要的是，它能够转化为对建立在本土文化基础上的社会制度的深刻理解和积极评价。当人们深信并珍视自己的文化传统时，他们更倾向于认为，那些源于并反映这一文化传统的社会制度是合理且值得拥护的。这种基于文化认同的制度接受性，不仅增强了制度的合法性基础，也提高了制度执行的社会效率。因为，当制度与文化传统相契合，成为人们文化身份和民族认同的一部分时，人们更愿意自觉遵守和维护这些制度，从而促进了制度的有效运行和持续发展。

其二，文化价值引领制度方向。文化作为社会精神的集中体现，它蕴含着丰富的价值观念、道德准则和行为规范，这些构成了社会制度发展的内在逻辑和价值导向。文化自信正是对这些文化价值的深刻认同和积极践行，它为社会制度的发展提供了明确的方向指引。在文化自信的引领下，人们能够更清晰地认识到，社会制度应当追求哪些价值目标，如公平正义、自由平等、和谐共生等，以及如何通过制度改革和完善来实现这些目标。这种对制度发展方向的明确认识，不仅为制度的创新和发展提供了思想保障，也为制度在实践中不断调整和优化提供了动力源泉。

其三，文化底蕴增强制度韧性。文化底蕴作为文化自信的重要组成部分，它包含了民族历史、文化传统、哲学思想等多方面的智慧和资源。这些智慧和资源不仅为制度提供了坚实的文化根基，也为制度在面对外部冲击和内部变革时提供了强大的精神支撑。因为，文化是一种具有深厚历史积淀和广泛社会基础的精神力量，它能够激发人们对制度的忠诚和信仰，增强制度的社会认同感和稳定性。同时，文化底蕴所蕴含的文化价值观念，如坚韧不拔、自强不息、和而不同等，这些都是制度在面对挑战时能够保持稳定性和连续性的重要精神支柱。基于文化底蕴的制度韧性不仅确保了制度在变革中的连续性和稳定性，也为社会的长期稳定和持续发展提供了有力保障。

（二）文化自信为制度自信构筑坚实支撑的缘由

文化自信与制度自信作为民族精神和社会治理结构的两大支柱，它们之间的内在联系和相互作用构成了国家稳定和社会发展的坚实基石。尤其值得深入探讨的是，文化自信为何能够为制度自信提供如此坚实的支撑。这一问题的解答，不仅需要从文化自信的内在特质出发，还需结合其在社会制度构建、运行及完善过程中的多重作用进行综合分析。

其一，文化自信是制度自信的内在基石，这一论断揭示了文化自信在制度自信形成中的根本性作用。文化自信作为民族精神的深层次体现，不仅仅是对本民族文化传统的简单尊重和传承，更是一种深刻的文化自觉和文化认同。文化自觉和文化认同，源于对民族文化历史、哲学思想、价值观念等的全面理解和高度评价，构成了人们精神世界的重要组成部分。因此，当人们对自己的文化充满自信时，他们也会对社会制度产生深刻的信任和坚守。文化自信的内在动力和精神源泉，为制度自信的形成和维持提供了坚实的文化基础。

其二，文化自信能强化制度认同感。文化自信通过激发人们对本民族文化的归属感和自豪感，使人们更加珍视和认同与自己文化紧密相连的社会制度。这种认同感，不仅体现在对制度本身的认可和接受上，更体现在对制度所蕴含的文化价值观念的认同和践行上。当人们认为自己的文化与制度相辅相成、密不可分时，他们会更愿意积极参与制度的维护和完善，将其视为自己生活和工作的重要组成部分。这种强烈的制度认同感，不仅增强了制度的合法性和权威性，也提高了制度执行的社会效率和效果。

其三，文化自信可提升制度效能。文化自信所蕴含的价值观念、道德规范等，作为社会文化的核心组成部分，它们对于维护社会秩序、促进社会和谐具有不可替代的作用。这些文化元素渗透到社会制度的各个环节中，不仅为制度的制定和执行提供了明确的价值导向和道德约束，也提高了制度的执行效率和公信力。同时，文化自信还能够激发人们的积极性和创造力，鼓励人们勇于探索和创新，为推动制度创新和发展提供不竭的动力。这种文化自信的力量，使得制度在应对社会变革和挑战时更加灵活和有效，从而更好地满足人民的需求和期望。

其四，文化自信可塑造良好的制度环境。文化自信不仅是对本民族文化的自我肯定和弘扬，更是一种积极向上的精神状态和文化追求，有助于营造健康、文明、和谐的社会环境，为制度的有效运行提供良好的外部条件和土壤。在良好的社会环境中，人们更加注重规则意识、法治精神等现代治理理念的培育和践行，更加尊重和维护制度的权威性和公正性。同时，文化自信所倡导的开放包容、多元共生的文化理念，也有助于促进社会不同群体之间的沟通和理解，减少社会矛盾和冲突，为制度的完善和发展创造更加有利的社会氛围。

第三节　青年使命：文化传承创新中的时代担当

在新时代的浪潮中，青年作为文化传承与创新的主力军，肩负着不可推卸的历史使命。文化自信不仅是青年成长成才的精神钙质，更是他们引领社会风尚、激发创新创造活力的源泉。青年一代应以坚定的文化自信为基石，勇担文化传承的时代重任，积极投身文化创新实践，为中华文化的繁荣与发展贡献青春力量。

一、文化自信是青年成长成才的精神钙质

文化自信是一个国家、一个民族对自身文化价值的充分肯定，是对自身文化生命力的坚定信念，是一个国家、一个民族发展中更基本、更深沉、更持久的力量。在新时代的背景下，文化自信不仅是国家文化软实力的重要组成部分，更是青年成长成才不可或缺的精神钙质。青年是国家的未来和民族的希望，他们的成长成才直接关系到国家的繁荣富强和民族的伟大复兴。因此，培育青年的文化自信，对于促进青年的全面发展、推动社会的进步具有深远的意义。

（一）文化自信塑造青年身份认同，奠定成长基石

身份认同作为个体内心深处对自我归属的深刻确认，是连接个人情感与集体记忆、历史传承与未来愿景的桥梁。对于正处于人生观、价值观形成关键时期的青年而言，文化自信不仅是他们构建稳固身份认同的基石，更是寻找精神归宿、确立人生方向的灯塔。中华文化以其博大精深的历史底蕴、深邃独特的哲学思想和丰富多元的价值观念，为青年提供了一片广阔的精神沃土，滋养着他们的心灵，塑造着他们的灵魂。通过深入学习和理解中华文化，青年能够穿越时空的界限，与古人的智慧对话，感受先贤的情怀，从而清晰地认识到自己是中华民族血脉相承的一员，肩负着传承与发展中华文化的神圣使命。这种深刻的文化认同，不仅让青年在全球化的大潮中找到了自己的根与魂，更赋予了他们强烈的民族自豪感和文化自信心。当面对多元文化冲击时，这份文化自信如同航海中的灯塔，指引着青年在波涛汹涌的文化海洋中保持定力，不迷失于纷繁复杂的文化现象之中，坚守本土文化的精髓，形成独特的文化身份认同。文化身份认同不仅是外在的文化符号或标签，更是内在的精神气质和价值追求，它让青年在面对困难和挑战时，能够从中汲取力量，以更加坚韧不拔的意志和勇往直前的精神，去攀登人生的高峰、实现自己的梦想。因此，文化自信不仅是青年身份认同的基石，更是他们成长道路上的精神支撑和动力源泉。

（二）文化自信激发青年创新能力，培育成才之翼

创新是推动民族进步、促进国家发展的不竭动力。在全球化竞争日益

激烈的今天，创新能力已成为衡量一个国家综合实力和国际竞争力的重要指标。而文化自信，正是激发青年创新能力、培育成才之翼的关键所在。中华文化中蕴含的"天人合一""和而不同"等哲学思想，不仅揭示了人与自然、人与社会的和谐共生之道，更为青年提供了广阔的思考空间和创新的灵感源泉。这些思想鼓励青年追求和谐、尊重差异，在多元中求同，在同中寻异，为创新思维提供了无限的可能。同时，中华文化中的诗词歌赋、书法绘画等艺术形式，以其独特的审美魅力和深厚的文化底蕴，激发了青年的审美情趣和创作灵感，为他们的艺术创作和科技创新提供了丰富的素材和灵感来源。文化自信还赋予了青年勇于突破传统束缚、敢于挑战权威的勇气和力量。在文化自信的基础上，青年不再盲目崇拜权威，不再拘泥于传统观念，而是敢于质疑、敢于创新、敢于实践。他们自信地表达自己的观点和想法，不畏失败，勇于尝试，这种勇于探索的精神，正是青年成长成才过程中不可或缺的宝贵品质。它促使青年在科研领域不断探索未知，在艺术领域不断追求创新，在商业领域不断寻求突破，从而推动社会的进步和发展，为国家的繁荣富强贡献自己的力量。

（三）文化自信培育青年道德品质，铸就成才之魂

道德品质作为个体精神世界的内核，是支撑人格完善、促进社会发展的关键要素。对于青年而言，道德品质的培养不仅关乎个人修养的提升，更是其成长为社会有用之才的基石。而文化自信作为连接传统与现代、自我与世界的桥梁，为青年道德品质的培育提供了深厚的土壤和丰富的养分。中华文化以其悠久的历史和深厚的底蕴，孕育了仁爱、诚信、礼义廉耻等一系列传统美德，这些美德构成了中华民族精神的核心，也为青年提供了道德行为的典范和准则。在文化自信的光芒照耀下，青年通过深入学习和传承这些传统美德，不仅能够形成正确的道德认知，更能在实践中逐步养成良好的道德习惯，将道德原则内化为个人的行为准则，从而成为有担当、有责任感的公民。这种基于文化自信的道德教育，不仅塑造了青年的道德品质，更铸就了他们成才之魂，为他们在未来的人生道路上提供了坚实的道德支撑。文化自信还进一步促使青年将个人的道德追求与社会责任相结合，关注社会、关爱他人。在文化自信的影响下，青年能够深刻认识到自己作为社会成员的责任

与使命，他们不再局限于个人的小天地，而是将目光投向更广阔的社会空间。他们积极参与公益活动，关注弱势群体，用实际行动践行社会主义核心价值观，展现出新时代青年的道德风貌和人文情怀。这种基于文化自信的社会责任感，不仅提升了青年的道德境界，更促进了社会的和谐与进步。

（四）文化自信拓展青年国际视野，铺设成才之路

在全球化的浪潮中，国际视野已成为青年成长成才不可或缺的重要素质。而文化自信作为青年走向世界的底气和力量，为他们拓展国际视野、提升国际竞争力提供了坚实的支撑。中华文化中的"和而不同"思想，是青年拓展国际视野、促进文明交流互鉴的重要理念。在文化自信的影响下，青年能够尊重文化差异，理解并欣赏不同文化的独特魅力，以开放和包容的心态走向世界。在国际舞台上，他们自信地展示中华文化的博大精深，讲述中国故事，传播中国声音，不仅增进了国际社会对中国的了解和友谊，也展现了新时代青年的国际风采和文化自信。文化自信还促使青年积极参与国际事务，提升国际竞争力。在全球化的竞争中，青年需要具备国际视野和跨文化交流能力，才能在国际舞台上脱颖而出。而文化自信正是青年提升这些能力的关键所在，它使青年更加自信地参与国际竞争，敢于展现自己的才华和实力。他们通过留学、交换、实习等多种方式，走出国门，拓宽国际视野，了解不同国家的文化和社会制度，提升跨文化交流能力。这种基于文化自信的国际经历，不仅丰富了青年的知识结构和人生体验，更提升了他们的国际竞争力，为未来的职业发展奠定了坚实的基础。

二、文化自信是青年引领风尚的时代责任

文化自信作为青年精神风貌的内在基石，不仅是个人成长的必要条件，更是引领时代风尚、推动文化繁荣的时代责任。

（一）文化自信是青年文化自觉的体现

文化自信是一个民族、一个国家对自身文化价值的深刻认识和积极践行，是对其文化生命力持有的坚定信念。对于青年而言，文化自信不仅是对自身文化传统的认同和尊重，更是一种文化自觉的体现。文化自觉意味着青年能够主动认识和理解自身文化的内涵和价值，能够清晰地认识到自身文

在全球文化竞争格局中的位置和作用。在全球化背景下，青年面临着前所未有的多元文化冲击和挑战。互联网技术的飞速发展，使得世界各地的文化信息以前所未有的速度传播和交融。青年作为最具活力和开放性的社会群体，自然成为这股文化交融潮流中的先锋。他们有机会接触到来自不同国家和民族的文化，拓宽了视野，增长了见识。然而，这种文化的多元性也带来了文化认同的困惑和选择。在纷繁复杂的文化信息中，青年如何保持清醒的头脑，坚守自己的文化立场，成为一个亟待解决的问题。正是在这种背景下，文化自信成为青年文化自觉的重要体现。只有坚定文化自信，青年才能在多元文化的冲击中保持定力，不被外来文化所同化或侵蚀。文化自信使青年能够深刻认识到自身文化的独特价值和魅力，从而增强对民族文化的认同感和自豪感，是青年在全球化背景下坚守文化立场、传承和发展民族文化的重要动力。文化自信还促使青年主动探索和理解自身文化的内涵和价值，通过学习和研究中华优秀传统文化、革命文化和社会主义先进文化，青年能够深入了解这些文化的历史渊源、精神实质和价值追求。深入了解中华优秀传统文化不仅有助于青年形成正确的世界观、人生观和价值观，还能够激发他们对民族文化的热爱和传承意识。在文化自信的基础上，青年能够更加自觉地担当起传承和发展民族文化的历史使命。

（二）文化自信是青年价值引领的基石

青年是社会发展的生力军，他们的价值取向和行为方式对社会风尚的形成具有重要影响。文化自信作为青年价值引领的基石，能够引导青年树立正确的世界观、人生观和价值观，从而引领社会风尚的健康发展。首先，文化自信使青年能够深入理解和认同中华优秀传统文化。中华优秀传统文化蕴含着丰富的历史智慧和道德观念，是中华民族的精神命脉和文化根基。青年通过学习和传承中华优秀传统文化，能够深入了解中华民族的历史和文化传统，增强对民族文化的认同感和自豪感。同时，中华优秀传统文化中的道德观念和价值取向，如仁爱、诚信、礼义廉耻等，也能够为青年提供正确的道德指引和行为规范，帮助他们树立正确的世界观和人生观。其次，文化自信使青年能够深刻认识和传承革命文化。革命文化是中国共产党领导人民在革命实践中创造的文化形态，它蕴含着中国共产党人的革命精神和优良传统。

青年通过学习和传承革命文化，能够深入了解中国革命的历史进程和伟大成就，增强对中国特色社会主义道路、理论、制度、文化的自信。同时，革命文化中的英勇奋斗、无私奉献等精神品质，也能够激励青年为实现中华民族伟大复兴的中国梦而努力奋斗。最后，文化自信使青年能够积极践行社会主义先进文化。社会主义先进文化是以马克思主义为指导，面向现代化、面向世界、面向未来的，民族的科学的大众的社会主义文化。青年作为社会主义事业的建设者和接班人，应该积极践行社会主义先进文化，树立社会主义核心价值观，弘扬社会正能量。通过践行社会主义先进文化，青年能够不断提升自己的思想道德素质和科学文化素质，为社会发展贡献自己的力量。

（三）文化自信是青年坚定文化立场的内在需求

文化自信是对自身文化价值的充分肯定和积极践行，它源于对文化历史的深刻理解与认同，以及对未来文化发展的积极期待与信念。文化自信对于青年而言尤为重要。在信息爆炸的时代，青年作为社会的中坚力量，他们面临着前所未有的多元文化冲击和交融。一方面，互联网的普及和全球化的发展使得世界各地的文化以前所未有的速度传播和交流，为青年提供了拓宽视野、增长见识的宝贵机会；另一方面，外来文化的渗透也可能对青年的文化认同和价值观产生冲击，导致文化自卑心理的产生，甚至迷失在多元文化的海洋中。因此，培育青年的文化自信，成为他们坚定文化立场、抵御外来文化冲击的内在需求。文化自信使青年能够深刻认识到自身文化的独特价值和魅力，增强对民族文化的认同感和自豪感，是青年在多元文化交融中保持清醒头脑、不迷失方向的重要支撑。通过文化自信，青年能够坚守自己的文化根基，抵御外来文化的侵蚀，从而在全球化的背景下保持文化的独立性和自主性。文化自信还促使青年主动探索和理解自身文化的内涵和价值，更加深入地挖掘和传承中华优秀传统文化的精髓，理解其背后的历史渊源和精神实质，不仅有助于青年形成正确的世界观、人生观和价值观，还能够激发他们对民族文化的热爱和传承意识，为文化的传承和发展贡献自己的力量。

（四）文化自信是青年应对文化挑战的盾牌

在全球化不断深入发展的今天，青年面临着来自不同文化的挑战和冲击。这些挑战和冲击不仅来自外部世界，也来自青年自身的文化认同和选择。文化自信作为青年应对文化挑战的盾牌，发挥着不可替代的作用。其一，文化自信使青年能够坚守自己的文化立场和价值观。在全球化的背景下，不同文化之间的交流和碰撞日益频繁，青年在接触和了解外来文化的过程中，难免会遇到文化认同的困惑和选择。通过增强文化自信，青年能够清晰地认识到自身文化的价值和意义，坚守自己的文化立场和价值观，不被外来文化所同化或侵蚀。这种坚守不仅是对自身文化的尊重和保护，也是对全球文化多样性的贡献和尊重。其二，文化自信能够提升青年的文化鉴别力和免疫力。在文化自信的基础上，青年能够理性看待不同文化之间的差异和冲突，学会辨别和抵制不良文化的侵蚀和影响，面对外来文化的冲击和挑战，能够保持冷静和理智，不盲目崇拜外来文化，而是根据自身文化的特点和需求进行有选择的吸收和借鉴。文化自信为青年带来的文化鉴别力和免疫力不仅有助于保护青年的文化安全和身心健康，还能够为维护国家的文化安全和社会稳定贡献力量。其三，文化自信还能够激发青年的文化创新活力。在文化自信的基础上，青年能够敢于尝试新事物、新思想，勇于挑战传统观念和陈规陋习，推动文化的不断创新和发展。这种创新不仅体现在文化内容的丰富和多样上，也体现在文化传播方式和手段的更新和变革上。通过文化创新，青年能够创造出具有时代特色和文化底蕴的文化产品和文化现象，丰富人们的精神文化生活，推动社会文化的繁荣发展。

三、文化自信是青年创新创造的力量源泉

青年是社会的活力所在，也是创新创造的主力军。文化自信作为青年精神世界的坚固基石，不仅是他们认识世界、改造世界的内在动力，更是激发他们创新创造潜能的力量源泉。

（一）文化自信激发青年的创新灵感与思维

文化自信这一源于对自身文化深刻认同与自豪的情感，在激发青年创新灵感与思维方面扮演着至关重要的角色。中华文化作为世界上最为古老且连续不断的文明之一，其博大精深之处体现在哲学思想、道德观念、艺术形式和科技成就等多个维度，这些丰富的文化元素为青年提供了无尽的创意素材和灵感源泉。其一，文化自信使青年在文化传承中勇于发现问题、提出疑

问，进而推动创新。在中华文化的广阔天地里，青年可以深入挖掘那些被历史尘封的文化瑰宝，通过现代视角的审视和解读，赋予其新的生命力和时代价值。例如，在艺术创作领域，众多青年艺术家正是通过将传统文化元素与现代审美理念相结合，创作出了一系列既具有深厚文化底蕴又符合当代审美需求的艺术作品，这些作品不仅在国内外艺术展览中屡获佳绩，更在文化传播与交流中发挥了重要作用。文化自信带来的创新不仅体现在艺术形式上，更在于艺术内涵的拓展与深化，展现了文化自信对青年创新思维的强大推动力。其二，文化自信促进了青年思维的多元化发展。在全球化的背景下，不同文化的交流与融合成为常态，青年在接触和学习外来文化的过程中，不可避免地会对本民族文化产生深刻的反思和重新认知。这种跨文化的交流与思考，不仅拓宽了青年的视野，更培养了他们的多元思维能力和创新精神。青年开始学会从多个角度审视问题，用更加开放和包容的心态去接纳和理解不同文化的差异与共性。这种思维的多元化，不仅有助于青年在创新过程中打破传统束缚，更能够激发他们提出新颖、独到的见解和观点，为社会的进步与发展贡献智慧和力量。其三，文化自信在激发青年创新灵感与思维方面的作用还体现在对青年创新意识的塑造上。当青年对自身的文化充满自信时，他们更加敢于尝试新事物、挑战新领域，这种勇于探索、敢于创新的精神正是推动社会进步的重要动力。因此，文化自信不仅是青年创新的基础，更是他们持续创新的动力源泉。

（二）文化自信提升青年的创新能力和素养

文化自信在提升青年创新能力和素养方面同样发挥着不可替代的作用。其一，深厚的文化底蕴为青年提供了丰富的知识储备和人文素养，这是进行创新所必需的基石。在中华优秀传统文化的熏陶下，青年能够形成独特的文化视角和思维方式，这有助于他们在创新过程中发现新的问题、提出新的解决方案。同时，人文素养的提升也使青年更加注重人文关怀和社会责任，在创新过程中更加关注人类福祉和社会进步。其二，文化自信有助于培养青年的批判性思维和独立思考能力。在面对传统与现代、本土与外来文化的交融时，青年能够保持清醒的头脑，独立分析、判断和选择，形成自己独特的见解和观点。其批判性思维和独立思考能力，对于青年在创新过程中避免盲目跟风、坚持独立思考具有重要意义。同时，它也有助于青年在复杂多变的社会环境中保持清醒的认知和判断，为创新提供坚实的思想基础。其三，文化自信还激励着青年不断学习和进步。在快速变化的时代背景下，知识更新速度日益加快，青年需要不断更新自己的知识和技能以适应社会发展的需求。文化自信促使青年保持对学习的热情和对新知识的渴望，通过持续学习提升自己的创新能力。例如，在科技领域，许多青年科学家正是基于对中华科技的深厚自信，勇于挑战前沿科技难题，不断取得新的突破和成果。他们对学习的热爱和对创新的追求，正是文化自信在提升青年创新能力和素养方面的具体体现。

（三）文化自信塑造青年的创新品格与气质

文化自信在塑造青年创新品格与气质方面同样发挥着重要作用。其一，文化自信使青年在面对困难和挑战时保持坚定的信念和不屈不挠的精神。在创新过程中，难免会遇到各种挫折和困难，但文化自信能够帮助青年保持冷静、坚定信心，勇往直前地追求自己的目标。这种坚定的信念和不屈不挠的精神，是青年在创新道路上不断前行的重要支撑。其二，文化自信塑造了青年开放包容、敢于担当的气质。在全球化的大背景下，青年需要具备开放的心态和包容的态度来面对不同文化和思想的碰撞与交流。文化自信使青年更加勇敢地表达自己的观点和想法，敢于承担责任和义务，以积极向上的态度参与到社会创新中去。这种开放包容、敢于担当的气质，不仅有助于青年在创新过程中形成更加广泛的社会支持网络，更能够激发他们为社会的进步与发展贡献智慧和力量的热情与决心。其三，文化自信还有助于培养青年的团队精神和合作意识。在创新过程中，团队合作和协作是至关重要的。文化自信使青年更加注重团队合作的重要性，愿意与他人分享自己的想法和资源，共同为实现创新目标而努力。团队精神和合作意识的形成，不仅有助于提升创新效率和质量，更能够在青年之间建立起深厚的友谊和信任关系，为未来的合作与发展奠定坚实的基础。

第四章　新时代青年文化自信培育的核心要义

新时代青年文化自信培育的核心要义，在于明确文化自信培育的目标方向、基本原则、主要内容，引导青年深刻认同并坚定文化自信，为中华民族伟大复兴贡献青春力量。

第一节　新时代青年文化自信培育的目标方向

新时代青年文化自信的培育是一个系统工程，涉及多维度、多层次的目标方向维度，至少包括知情意行四个方面的内容，即文化的全面认知、情感认同、开放态度、实践要求等。

一、建立全面深入的文化认知

青年对于文化的认知程度是衡量青年文化建设的重要评价标准，也是新时代青年文化自信培育的首要衡量标准。文化认知概念最早是由美国语言学家萨皮尔（Sapir）提出，一般是指个人或群体对于文化现象、文化价值、文化传统和文化实践等问题的综合性理解和认识，个人或集体一定的文化行为选择和价值形成都是建立在对于文化的知性认知基础上。全面深入的文化认知能够帮助青年建立起对民族和文化的客观认识，增强对先进文化和落后文化的甄别能力，从而在先进文化选择、自我价值观塑造、文化创新创造过程中保持理性判断和清醒抉择。具体来看培育文化认知主要包括以下内容。

（一）青年文化认知的重要价值

培养青年的文化认知对于青年文化自信培育具有以下重要的价值。

一是提高青年文化认知能力有利于建立青年群体身份认同。青年群体存在圈层化的特征，青年群体普遍追求个性表达和个人价值实现，通过个性符号语言创制特有的文化圈层。这样的小众文化圈层尽管帮助青年实现个性化表达和个人归属感的实现，但是也使得青年的群体认同相对分散。通过对文化认知目标的培育能够缩小文化认知差异，实现青年群体整体文化身份认同。

二是提高青年文化认知能力有助于影响青年个体文化选择。青年文化呈现出多样化、复杂化的特点。信息化、数智化的强势席卷，使青年的文化选择更加丰富，但是文化良莠不齐，只有建立了相对理性和正确的文化认知，青年才能更好地抵制不健康文化侵蚀，自觉选择先进健康文化。

三是提高青年文化认知能力有利于增强青年文化创新创造能力。青年思维活跃、受教育水平较高，提高文化认知有助于青年传承和发展优秀传统文化，激发创新思维，推动文化传承和文化创新。正确的文化认知也有助于引导青年自觉坚持社会主义先进文化，可以以易于青年人接受的方式传播社会主义先进文化。

（二）青年文化认知的现状特点

文化认知本质上就是以文化作为学习对象进行的学习和把握，这种认知植根于社会活动，随着认知主体年龄、阅历等的发展而变化，因此，青年的文化认知具有群体性特征。理解和把握青年文化认知的现状和特点有助于我们有针对性地开展对青年文化认知目标的引导和培育。

首先，青年群体文化认知具有开放性和多样性特征。青年一代是在网络环境中成长起来的，对于网络信息使用程度较高，普遍对于各种文化的接受度较高，呈现出多样性和开放性的特点。这样的认知特点一方面使得青年群体在文化发展过程中善于吸收借鉴各种先进文化的优势和长处，另一方面使得青年容易受到形形色色文化的冲击和影响。同时，由于青年群体的文化选择更为多样，呈现多元化态势，因此，他们对于传统节日、传统艺术节目的接收程度与重视程度相对不高。

其次，青年群体文化认知具有圈层化特征。青年群体通过创制符号化话语和建构圈层文化来彰显自我和表达个性，并根据兴趣爱好自发建构了不同的亚文化群落。这些圈层是青年在小众文化中获得群体认同、个人归属感和实现自我价值的重要场域。

再次，青年群体文化认知具有理性化特征。随着教育的普及和信息技术的发展，青年群体能够通过多种渠道获取文化讯息，对于各种文化的认识更为全面；而受教育程度提高，也使得青年群体对于文化的认知能力相对较高。因而，青年群体在面对西方文化时，更多展现出理性化和批判性态度，不再盲目崇拜西方文化，能够从多元化视角去审视和评价外来文化，强调文化多样性和平等。此外，由于当代青年的成长环境基本和我国经济社会迅速发展的时期同步，随着中国经济发展和国际地位的提升，青年对于西方文化的态度更加理性，反映出对西方文化霸权的反思。

最后，青年群体文化认知具有浅层次特征。青年群体尽管受教育程度较高，文化视野较为广泛，但是由于受制于现有的知识结构、社会阅历和理解能力等，对于西方文化的隐蔽的渗透手段识别能力不足，对于不健康文化的自觉抵制和自我约束能力不足。我们尤其应该注重对青年这方面能力的知识普及和能力培养。

（三）青年文化认知的培育内容

青年的文化认知主要是要帮助青年加强对中华优秀传统文化、社会主义先进文化、革命文化、外来文化的知识学习，增强对各种文化的理解能力、吸收能力和判断能力。

1. 对优秀传统文化认知

中华优秀传统文化是文化自信的沃土。中华优秀传统文化是中华民族共同的精神家园，能够增强民族认同和民族凝聚力，是民族团结、社会稳定和国家发展的巨大精神动力，也是青年增强个人道德修养、锤炼个人品格的宝贵资源。习近平总书记在二十大报告中强调要增强中华文明传播力影响力，坚守中华文化立场，提炼展示中华文明的精神标识和文化精髓，加快构建中国话语和中国叙事体系，讲好中国故事、传播好中国声音，展现可信、可爱、可敬的中国形象。加强国际传播能力建设，全面提升国际传播效能，形成同我国综合国力和国际地位相匹配的国际话语权。深化文明交流互鉴，推动中华文化更好走向世界。青年增强文化认知就需要需要加强对中华优秀传统文化学习和了解。然而，青年群体对于中华优秀传统文化的认知水平仍有待加强，对于中华传统文化经典文献的重视程度不足、对传统节日的重视程度不够。因此，在针对青年群体的文化自信培育时，要特别注重加强对中华国学经典的教育力度，改进培育的方式方法，提升中华传统文化学习的吸引力和感染力，引导青年知识分子群体形成学习中华优秀传统文化的动力。

2. 对社会主义先进文化的认知

社会主义先进文化是文化自信的灵魂。社会主义先进文化以马克思主义为指导，以社会主义核心价值观、中国精神、中国特色社会主义共同理想等为具体内容，其中社会主义核心价值观是社会主义先进文化的精髓，是决定社会主义先进文化性质和方向的深层次因素。社会主义先进文化也是当代青年的精神支柱，不仅能够极大推动社会进步和促进社会和谐稳定，而且能够引导青年树立正确的世界观、人生观和价值观，增强青年群体的文化自信，通过文化力量吸引青年积极参与社会治理。要使得青年树立文化自信，积极参与公众事务，提高文化素质，就需要加强对社会主义先进文化的学习、体悟和实践。在对青年群体关于社会主义先进文化的认知情况调查中，反映出青年对于社会主义先进文化认知的现实状况：一是不同职业的青年对于社会主义核心价值观的掌握程度有所不同，青年通过课程学习和实践研学，对于社会主义核心价值观的熟悉程度更高。二是对于社会主义先进文化重要精神符号的认知更明晰，特别是青年知识分子党员的党性觉悟较高，在关乎中国特色社会主义事业发展和社会主义先进文化前进问题上比共青团员、民主党派成员和普通群众要积极一些。对此，在培育青年群体社会主义先进文化认知的过程中要重点依托学校课程学习帮助青年群体建立系统性认知，同时也要通过媒体宣传和文化活动增强青年群体的文化体悟。

3. 对革命文化的认知

革命文化是文化自信的重要源头。革命文化是中国共产党人在领导中国人民进行革命的丰富实践中形成和积累起来的，是引导青年群体坚定理想信念、厚植爱国情怀、激扬凛然斗志、涵养浩然正气的宝贵文化财富。对革命文化的学习和掌握，以及在此之上形成的系统性、全面性认知，是青年文化认知目标的内容之一。

由于近些年党史教育的深入贯彻和学习，当前青年对红色革命文化的认识和了解整体向好，但仍存在不足。对此，在青年群体关于党的革命文化的认知培育过程中要注重帮助和引导青年建构起全面系统的文化认知。一是要注意通过各种宣传方式，增强革命文化的吸引力和感染力，利用融媒体传播方式等，以故事化的方式呈现革命文化，增强青年的革命文化学习的参与感。二是构建数据网络学习资源，建立完整丰富的革命文化资源数据库。随着智能化时代的来袭，数字资源具有的智能化、交互化、即时化能够更好发挥革命文化的育人作用。通过线上革命文化资源数据库建设，实现文化资源的共享，能够帮助青年群体建立对革命文化更为广泛、全面、系统的文化认知。在进行各种类型的优质革命文化知识的输出和教育过程中，要注意将地方革命文化资源和线上文化资源相结合，形成既具地方特色，又融于革命文化整体脉络的宏大叙事。

4. 对外来文化的认知

外来文化的吸收和借鉴是文化自信的重要资源。对外来文化认知教育是当代青年文化自信培育的重要内容，直接影响着青年的价值观教育和文化自信培育效果。他山之石，可以攻玉。诚然，世界上的其他文明创造了丰富多样的文化，其中不乏值得我们学习和借鉴的内容，但是也要警惕外来文化尤其是强势文化对青年思想带来的冲击。当前世界文化交流日趋频繁，网络信息传播媒介手段日益迅速，使得来自外来文化的信息和影响不可避免，青年文化自信培育风险与挑战并存。面对信息化、数智化时代的浪潮，我们对于青年外来文化的认知的引导就不能采取"堵"的方式，而要侧重于"疏"。因此，对青年对外来文化的认知培养主要包括以下两个方面的内容。

一是拓展对外来文化本身的认识和了解。从培养认知的角度来说，要帮助青年拓展对外来文化的基本认知，形成对世界文化知识的掌握，引导青年尊重外来文化的优势和长处，并善于和本民族文化进行比较和借鉴。二是要加强对外来文化的甄别能力。外来文化良莠不齐，其中尽管有值得吸收和借鉴的部分，但是也存在着外来文化特别是强势文化依靠文化传播能力、国家影响力强势输出文化价值观，因此要帮助青年建立起对外来文化特别是强势文化对外传播和渗透方式、方法和动机的认识，增强对外来文化的风险防范意识，引导青年对外来文化保持客观理性的态度。

因此，在青年对外来文化认知的培育方面，一是要注意对外来文化的筛选，做好文化渗透防范工作，抵制不良外来文化的渗透。在文化安全领域，我们面临着不小的挑战，特别是西方借助经济霸权和政治霸权推行文化霸权主义，在全世界范围内兜售各种极端主义文化、不健康文化、民族分裂主义文化。信息技术的发展和互联网络的普及，使得文化渗透方式表现得更为隐蔽，往往通过不易察觉的方式对目标国广大青年群体进行蓄意影响和渗透，严重影响文化安全。可以说，文化安全领域是没有硝烟的战场，我们要增强对外来文化渗透的防范工作，注意对外来文化进行筛选，坚决抵制文化渗透。二是要注意培养青年对外来文化的认知能力，加强对文化安全的信息和知识普及，帮助青年理解西方文化渗透的主要方式、根本意图、恶劣影响等，引导青年识别文化渗透，透过现象认识本质，自觉抵制不良外来文化的侵害。

二、培养深厚真挚的文化情感

文化情感是指文化主体对于自身所属文化形态的情感体验和反应，是感知、理解和认同文化所产生的情感状态。通过文化教育和影响，使得新时代青年产生真挚的文化情感体验，促使文化认知进一步转化为更深层次的文化认同。文化认同是文化自信的核心，因此文化情感的培养对于新时代青年文化自信的培育至关重要。

（一）青年文化自信的情感生成

情感作为特定历史、文化和社会的产物，既作用于个人的思想和行为，也影响国家、民族、政党的价值取向和目标追求。[①]文化情感是指文化主体对自身所属文化形态的情感体验和反应，它是感知、理解和认同文化所产生的情感状态，包括文化自豪感和归属感、情感参与和投入、文化价值情感评价以及文化依恋感和文化敬畏感等。

一是文化情感受文化情景影响，存在积极体验和消极体验。作为一种对文化的情感反应，青年在文化情景中的情感反映存在积极和消极两种情感状态。当个体对所属文化拥有积极的情感体验和状态时，就会对文化产生依恋与敬畏感，文化则成为个体的积极心理资源，使个体在获得认同感、幸福感

---

① 陈金龙.从情感维度诠释中国共产党为什么能 [J].社会主义核心价值观研究，2017，7（3）：16-19.

和安全感。然而，如果个体产生消极的文化情感体验，就会在文化中产生失落感、焦虑感和不安全感，导致个体与文化之间不可避免地产生冲突、文化排斥和文化剥夺感。因此，我们要积极创设良好的文化情景，积极引导青年获取积极文化情感体验，形成对文化的认同感和安全感。

二是文化情感受文化认知影响，具有可生性和可塑性特征。文化情感的形成基于情感的可生性特征，其可生性意味着文化情感是伴随着文化认知而必然形成的一种心理倾向，不只是一种简单的心理反应。同时，文化情感的培育又基于可塑性特征，其可塑性意味着在青年文化情感的培育过程中其文化情感背后的心理倾向具有可调节性，可以通过正面的文化情景、文化体验、文化认识来加以塑造。而文化的可生性和可塑性也意味着文化情感具有变动性的特点，会在具体的社会生活中，经历新的文化经历，产生新的文化情感，具有动态特征。因此对于文化情感的塑造也不能一成不变，要积极把握青年群体思想特征，持续不断塑造积极文化情感。

1. 青年文化情感的重要价值

文化情感是人们对文化影响的一种心理反应和心理倾向，对个人文化行为、文化认同至关重要。

第一，文化情感是文化认同的内在动力。文化情感能够将文化影响从外部驱动转变为内部驱动，形成文化认同和文化自觉。文化情感作为一种情感体验，包括对文化的热爱、自豪感、认同感以及情感依恋等方面的体验。它涉及个体对于自己的文化背景、传统、价值观和符号等方面的情感反应。以文化情感激发个体对于文化保护、传承和创新的意愿，个体能够更加深入地认知和体验自己所属的文化，提升对文化的自觉程度，从而加深对文化的理解，促进文化的交流与互鉴，生成文化自觉。文化自觉反过来进一步唤醒文化主体的文化情感，使文化主体产生对文化的依恋和接纳。

第二，文化情感为文化认知提供了行为动力。积极的情绪情感能够促进个体积极学习和了解文化知识，促进个体价值行为选择。当青年对传统文化形成良好的理性认知时，他们的情感也会有所递进，显现出一种包含满意、喜爱、自豪、赞美等积极自觉的态度倾向。由于青年在这一过程中是主动和积极的，他们所获得的认知越多，就越能从心灵上接受并愿意积极汲取文化滋养，继承文化品格，传承文化基因，进而丰富精神世界，启迪智慧，陶冶情操。由此，形成文化情感和文化认知上的良性循环和良性互动关系。

2. 青年文化情感的现实要求

文化情感的生成，源于推动文化繁荣、建设社会主义文化强国、建设中华民族现代文明的现实要求，反映出新时代青年文化使命。新时代，青年群体的精神文化生活需求日益增长，既求真求知，也求善求美，更加追求权利尊严、自由平等、自我实现等情感体验，对获得感、幸福感、安全感的情感需求也愈发强烈。

第一，文化认知是文化情感和文化信念转化的基础和前提。文化认知能够转化为文化情感，可以使青年对中国特色社会主义理论体系、社会主义核心价值等中国特色社会主义文化的感知、理解、判断和评价从感性认识上升到理性认识。文化的感知和理解是大众对文化的主观反映，属于事实性认知；而文化判断和评价是大众对文化的评价性认识，属于价值性认知。只有在事实性认知和价值性认知基础上，形成对文化的基本认识和理解，才能够对文化体系的本质产生理性的判断和评价，从而产生一定的认同倾向和文化情感。

第二，创设文化情景，丰富青年正向文化经历。文化是一个潜移默化影响人的过程，适当合理的文化情景能够带给青年正向积极的文化经历和文化体验。因此，青年的文化情感培养要尤其注重创设文化情景。要通过各种各样的实践活动，符号化的文化标志潜移默化地创设文化情景，帮助青年培育文化情感。

三、形成开放包容的文化态度

在新时代的背景下，文化自信已成为国家发展的重要基石，而青年作为国家的未来和希望，其文化自信的培养尤为重要。在文化自信培育的过程中，形成开放包容的文化态度不仅是实现文化自信的重要途径，更是新时代青年成长的必然要求。

（一）开放包容的文化态度是全球化时代的必然要求

全球化进程的加速使得世界各国的文化交流达到了前所未有的深度和广度。青年作为社会的活跃群体，通过互联网、留学、旅游等多种方式，能够接触到不同国家的文化。这种跨文化的交流为青年提供了拓宽文化视野的宝贵机会。开放包容的文化态度使青年能够以更加开放的心态去接纳和理解其他文化，从而跳出自身文化的局限，看到更加广阔的世界。一方面，开放包容的文化态度有助于青年增强对不同文化的理解和尊重。在全球化时代，文化差异不再是障碍，而是促进文化交流和理解的桥梁。青年通过开放包容的态度，能够深入了解其他文化的历史背景、价值观念和社会习俗，从而消除文化误解和偏见。这种对不同文化的理解和尊重，不仅有助于增进国际友谊，还能够为文化的创新与发展提供新的灵感和动力。另一方面，开放包容的文化态度有助于促进文化交流与互鉴。文化交流是推动文化发展的重要途径，而开放包容的文化态度则是文化交流的前提和基础。青年具备开放包容的文化态度，能够积极参与国际文化交流活动，与不同文化背景的人进行深入的沟通和交流。这种交流不仅有助于推动文化的多元化发展，还能够促进世界和平与发展。通过文化交流，各国青年能够增进相互了解和友谊，共同应对全球性挑战，推动构建人类命运共同体。

（二）开放包容的文化态度是文化创新的重要源泉

文化创新是推动文化繁荣发展的不竭动力，而开放包容的文化态度则是文化创新的重要源泉。青年作为文化创新的生力军，其开放包容的文化态度对于推动文化创新具有重要意义。其一，开放包容的文化态度有助于青年汲取不同文化的精华。在文化交流的过程中，青年能够接触到不同文化的独特魅力和深厚底蕴。这些文化中的优秀元素和先进理念，可以为青年的文化创新提供丰富的素材和灵感。通过学习和借鉴其他文化的优秀元素，青年可以不断丰富自己的文化内涵和表现形式，推动传统文化的现代化转型和新文化形态的产生。其二，开放包容的文化态度有助于激发青年的创新思维和创造力。在开放包容的文化氛围中，青年能够摆脱传统思维的束缚，以更加自由和开放的心态去探索未知领域和尝试新的文化表现形式。这种创新思维可以激发创造力的释放，将为文化创新提供源源不断的动力和支持。青年可以通过跨界融合、技术革新等手段，创造出具有独特魅力和广泛影响力的文化产品，推动文化的繁荣与发展。其三，开放包容的文化态度有助于培养青年的全球视野和跨文化交际能力。在全球化时代，具备全球视野和跨文化交际能力已经成为青年必备的基本素质。开放包容的文化态度使青年能够更加敏锐地洞察国际文化发展趋势，把握文化创新的机遇和挑战。同时，青年还能够通过跨文化交流，增强自己的语言沟通能力和文化适应能力，为未来的国际竞争与合作打下坚实基础。

（三）开放包容的文化态度是文化发展的现实选择

"文明因交流而多彩，文明因互鉴而丰富。文明交流互鉴，是推动人类文明进步和世界和平发展的重要动力。"[①] 文明交流互鉴有赖于开放包容的文化态度，开放包容的文化态度是文化发展和文化传承的活力源泉。只有在交流和互鉴当中，文化才能够吸收各国文化的优秀内容，为文化的创新创造提供灵感启发，才能够实现"彩云常在推新篇"。同时，批判吸收外来文化能够引导青年树立正确的文化发展观念，坚定文化自信，从而更好地传承和发展本土文化。面对文明交流和文化隔阂、文明互鉴与文明冲突、文明共存与文明优越之间的分歧，要推动不同文明之间展开交流对话，为人类文明发展贡献中国智慧，需要以人类进步为情感取向的理论引导。

一方面，必须引导学生客观地对待中华优秀传统文化，树立科学的世界观和价值观，主动挖掘、继承和发扬先进内容，摒弃、改造消极落后的文化内容。还应该客观、包容看待外来文化，不能盲目排斥，要汲取其先进因素，实现与中华优秀文化的有机融合。同时，主动推行文化"走出去"战略，提高文化国际传播能力，向世界讲好中国故事、中国共产党的故事，促进人类文明交流互鉴。坚持以开放和包容的态度看待外来文化。我们面对的世界是一个开放的世界，外国文明如潮水般涌来。所以要引导青年以开放包容的态度看待世界，自我封闭的文化态度会限制文化视野，只有树立正确的文化态度，才能客观、全面、科学地看待和比较本土文化和外来文化，从而树立正确的文化价值观。习近平总书记指出："应该科学对待民族传统文化，科学对待世界各国文化，用人类创造的一切优秀思想文化成果武装自己。"[②] 另

---

① 习近平. 习近平著作选读（第一卷）[M]. 北京：人民出版社，2023：228.

② 习近平：在纪念孔子诞辰 2565 周年国际研讨会暨国际入学联合会第五届会员大会开幕会上从讲话 [N]. 人民日报，2014-09-24（01）.

一方面，培养青年开放包容的文化态度，不能简单地用主观、片面的态度看待世界文化，而应该不断吸收和消化一切可以转化为自身精神食粮的优秀文化，正确培养对于各种文化的吸收能力。随着全球化进程的加快，青年要树立开放包容的文化态度，这是建设文化强国的要求，更是实现中华民族伟大复兴的基础。随着中国文化与外来文化的相互交流日益增多，保持开放、包容的文化态度可以彰显中国的民族文化自信。要引导青年了解和掌握世界各民族文化的特点，密切关注各国文化的发展趋势，树立开放包容、合作共赢的文化心态，推动世界各国文化实现共同发展、共同繁荣，推进人类文明相互交融。

（四）开放包容的文化态度是青年个人成长的需要

在快速变化且日益全球化的社会环境中，青年作为社会的中坚力量，其个人成长与发展不仅关乎自身的前途命运，更与国家的未来息息相关。在这一过程中，开放包容的文化态度显得尤为重要，它不仅是青年适应复杂多变社会环境的必备素质，更是推动其个人全面发展的重要动力。一方面，开放包容的文化态度有助于青年培养全球视野和跨文化交际能力。在全球化日益加深的今天，世界已经变成了一个"地球村"，各国之间的经济、政治、文化交流日益频繁。青年作为未来的主人翁，必须具备全球视野，了解世界的发展动态和趋势，才能更好地融入国际社会，参与全球竞争与合作。而开放包容的文化态度则是培养全球视野的基石。通过接触和了解不同文化，青年能够拓宽自己的视野，跳出狭隘的地域和民族限制，以更加开放和包容的心态去看待世界。同时，跨文化交际能力也是全球化时代青年必备的基本素质之一。青年通过开放包容的文化态度去学习和掌握不同文化的交际规则和礼仪，能够更好地与来自不同文化背景的人进行沟通和交流，从而在国际社会中更加自如地表达自己、展示自己。另一方面，开放包容的文化态度有助于青年增强自我认知和自我提升。在开放包容的文化氛围中，青年能够更加客观地认识到自己的优点和不足。这种自我认知不仅来自对自身的深刻反思，更来自与他人的比较和交流。通过与不同文化背景的人进行互动和沟通，青年能够发现自己在思维方式、行为习惯等方面的差异和不足，从而有针对性地进行改进和提升。同时，开放包容的文化态度还能够激发青年的学习热情和求知欲望。在接触和了解不同文化的过程中，青年会遇到许多新奇有趣的事物和观点，这些新事物和新观点能够激发青年的好奇心和探索欲，促使他们不断学习和进步，不断完善知识结构和能力体系，为未来的个人发展奠定坚实的基础。

四、促进积极自觉的文化实践

新时代的背景下，文化自信作为民族精神的核心要素，对于国家的繁荣发展和青年的健康成长具有不可估量的价值。青年作为国家的未来和民族的希望，其文化自信的培养不仅关乎个人素养的提升，更关乎国家文化软实力的增强和民族精神的传承。因此，促进青年积极自觉的文化实践成为新时代青年文化自信培育的目标方向，这一方向的选择具有深远的战略意义和现实意义。

（一）积极自觉的文化实践是文化自信的内在要求

文化自信不仅仅是对自身文化的认同和尊重，更是一种主动的文化实践和创造。它要求青年不仅要了解、掌握和传承中华优秀传统文化，还要在实践中不断创新和发展，使文化焕发新的生机和活力。积极自觉的文化实践，是文化自信从理念到行动、从认知到实践的桥梁，是青年将文化自信内化于心、外化于行的关键步骤。

1. 文化传承与创新的需要

文化传承作为文化自信的根基，是连接过去与未来的桥梁，是民族精神的血脉延续。在新时代背景下，青年作为文化传承的主要力量，承载着将中华优秀传统文化中的精髓传递给后世的重任。这一过程不仅仅是知识的传递，更是情感的共鸣与价值观的认同。青年通过积极参与文化实践活动，如学习经典文献、参与传统节日庆典、体验传统手工艺等，能够亲身感受到中华文化的博大精深与独特魅力，从而增强对本土文化的认同感和自豪感。在文化传承的过程中，青年不仅是接受者，更是创新者。面对快速变化的社会环境和多元化的文化需求，青年应当具备创新思维，将传统文化与现代元素相结合，创造出既具有传统韵味又符合时代精神的新文化形态。这种创新不仅体现在文化内容的更新上，更体现在文化表达方式的革新上。例如，利用数字技术复原历史场景、通过现代艺术形式演绎传统故事、将传统文化元素融入时尚设计等，都是青年在文化创新方面的积极探索。这些创新实践不仅丰富了文化表现形式，也拓宽了文化传播渠道，使传统文化在现代社会中焕发出新的生机与活力。文化传承与创新的过程，实质上是对文化自信的不断深化和升华。青年在参与这一过程中，不仅加深了对本土文化的理解和认同，也增强了对自身文化价值的自信。这种自信不仅体现在对传统文化的坚守上，更体现在对文化创新的勇敢尝试上。当青年能够自信地将传统文化与现代元素相结合，创造出具有独特魅力的新文化产品时，他们便成为文化自信的传播者和践行者。

2. 文化自觉与自省的要求

文化自觉是指生活在一定文化中的人对其文化有自知之明，对他人的文化有识人之明。对于青年而言，文化自觉不仅是文化认知状态，更是文化态度和文化行为。它要求青年在深入了解自身文化的基础上，具备开放的心态和包容的精神，尊重和理解其他文化。文化自觉不仅有助于青年拓宽文化视野，增强跨文化交流能力，更有助于深化对本土文化的理解和认同，从而增强文化自信。在全球化日益加深的今天，青年面临着多元文化的冲击和挑战。面对外来文化的涌入，青年应保持清醒的头脑和理性的态度，既不过度崇拜外来文化，也不盲目排斥本土文化。通过积极的文化实践，青年可以在实践中不断反思和自省，深化对文化的理解和认同。例如，通过参与国际文化交流活动、学习外语、了解外国历史和文化等方式，青年可以拓宽国际视野，增强对不同文化的理解和尊重。同时，通过对比和分析不同文化的异同点，青年可以更加清晰地认识到本土文化的独特价值和优势所在，从而更加坚定文化自信。文化自觉与自省的过程是一个不断学习和成长的过程。青年在这一过程中需要不断提升自己的文化素养和跨文化交流能力，以更加开放和包容的心态面对多元文化。通过积极参与文化实践、不断反思和自省、深化对文化的理解和认同等方式，青年会逐渐产生对本土文化的深厚情感和对其他文化的尊重理解，从而成为具有文化自信的新时代青年。文化自信不仅体现在对本土文化的坚守和传承上，更体现在对多元文化的包容和尊重上，是青年在全球化背景下保持文化定力、推动文化交流互鉴的重要力量。

（二）积极自觉的文化实践是青年成长成才的必由之路

青年时期作为个体生命历程中的黄金阶段，不仅是人生观、价值观形成的关键时期，也是文化素养提升的重要阶段。在这一阶段，青年通过积极自觉的文化实践，不仅能够丰富自身的精神世界，提升文化素养和审美能力，更能在实践中锻炼能力、增长才干，为未来的成长成才奠定坚实的基础。这一过程不仅是青年个人发展的需要，也是社会进步和国家繁荣的必然要求。

1. 提升文化素养与审美能力：文化实践的内在价值

实践作为青年接触和了解文化的重要途径，具有不可估量的内在价值。通过参与丰富多彩的文化活动，如阅读经典著作、欣赏艺术作品、参与传统节日庆典等，青年能够拓宽文化视野，深入了解不同文化的精髓，感受不同文化的魅力。这种深入的文化接触，不仅能够提升青年的文化素养，使其具备更加广博的知识面和更加深厚的文化底蕴，还能够培养青年的审美能力，使其能够欣赏和鉴别不同文化形式的美感和价值。文化素养的提升，对于青年而言，意味着更加开阔的视野和更加深刻的思想，使青年能够超越个人的局限，以更加宏观和全面的视角审视世界，理解不同文化的独特性和多样性。同时，审美能力的提升，可以使青年能够更加敏锐地感知和体验美，从而在文学、艺术等领域中寻找到心灵的慰藉和精神的寄托。文化素养和审美能力的双重提升，不仅有助于青年更好地理解和欣赏文化，更有助于增强其对本土文化的自信和自豪，为文化自信的培养奠定坚实基础。

2. 锻炼实践能力与创新能力：文化实践的外部效应

文化实践不仅是对文化的学习和传承，更是一种实践和创新的过程。在参与文化实践的过程中，青年需要运用所学知识解决实际问题，这不仅能够锻炼其实践能力，还能够激发其创新思维和创造力。例如，在参与文化志愿服务活动时，青年需要组织策划活动、协调各方资源、解决实际问题等，这些过程都能够锻炼其组织协调能力和团队协作能力。同时，在参与文化创新项目时，青年需要运用创新思维和方法，创造出具有独特魅力的新文化产品，这不仅能够激发其创造力和想象力，还能够培养其创新意识和创业精神。实践能力和创新能力的锻炼，对于青年未来的成长成才具有至关重要的作用。在日益激烈的社会竞争中，具备实践能力和创新能力的青年更能够脱颖而出，成为社会的栋梁之材。通过文化实践，青年不仅能够将所学知识应用于实际问题的解决中，更能够在实践中不断探索和创新，从而不断提升自己的综合素质和竞争力。实践能力和创新能力的双重提升，将为青年未来的职业生涯和人生发展奠定坚实基础。

3. 培养社会责任感与使命感：文化实践的社会价值

文化实践往往与社会现实紧密相连，通过参与文化志愿服务、公益文化活动等，青年能够深入了解社会现实，培养社会责任感和使命感，具有深远的社会价值。它使青年能够认识到自己作为社会成员的责任和使命，积极投身社会公益事业，主动为社会进步和发展贡献自己的力量。在参与文化志愿服务的过程中，青年能够深入了解社会弱势群体的需求和困境，通过提供文化援助和精神支持等方式，帮助他们改善生活状况和提升文化素养。这种服务社会的行为，不仅能够使青年感受到助人的快乐和成就感，更能够培养其关爱他人、奉献社会的良好品质。同时，在参与公益文化活动时，青年能够积极传播正能量和先进文化，引导社会公众树立正确的价值观和道德观，为构建和谐社会贡献力量。社会责任感和使命感的培养，对于青年未来的成长成才具有重要意义。它使青年能够具备更加宽广的胸怀和更加深远的目光，关注社会发展和人类命运，积极投身社会公益事业和国家建设事业。文化实践对于责任感和使命感的培养，将为青年未来的职业生涯和人生发展注入强大的精神动力和价值追求。

（三）积极自觉的文化实践：推动文化繁荣发展的强大动力

文化作为一个国家、一个民族的灵魂，不仅是其历史传承的重要载体，更是其未来发展的精神支柱。文化的繁荣发展，不仅关乎国家软实力的提升，更关乎民族精神的传承和发扬。青年作为文化传承与创新的主力军，其积极自觉的文化实践是推动文化繁荣发展的强大动力。

1. 促进文化交流与互鉴

青年作为文化交流的重要使者，通过积极的文化实践，能够增进对不同文化的了解和尊重，进而促进文化交流与互鉴。这种交流与互鉴，不仅有助于拓宽青年的文化视野，使其能够更加全面、深入地理解不同文化的精髓和魅力，还有助于丰富文化内涵，推动文化的多元化发展。在全球化的今天，不同文化间的交流与互鉴已经成为不可逆转的趋势。青年通过参与国际文化交流活动、学习外语、了解外国历史和文化等方式，能够直接接触和体验不同文化的独特魅力。这种跨文化的交流，不仅能够增进青年对不同文化的理解和尊重，还能够激发其创新思维和创造力，为文化的创新与发展提供新的灵感和动力。同时，青年在文化交流中的积极参与，也能够展示中华文化的独特魅力和深厚底蕴，提升中华文化的国际影响力和竞争力。

2. 推动文化产业创新与发展

文化产业作为文化繁荣发展的重要支撑，其创新与发展对于提升国家文化软实力具有重要意义。青年作为文化创新的生力军，通过积极自觉的文化实践，可以推动文化产业的创新与发展，为文化产业注入新的活力和动力。随着科技的迅猛发展和社会的快速变革，文化产业正面临着前所未有的机遇和挑战，青年凭借其敏锐的洞察力和创新的思维方式，能够准确把握市场需求和文化发展趋势，为文化产业的创新与发展提供新的思路和方向。例如，在数字文化领域，青年可以运用现代科技手段，推动传统文化与数字技术的深度融合，创造出具有独特魅力和广泛影响力的数字文化产品。这种创新不仅能够丰富文化产业的内涵和外延，还能够提升文化产业的竞争力和影响力，为文化产业的繁荣发展注入新的活力。

3. 增强国家文化软实力：提升国际影响力，助力国家发展

文化自信是国家文化软实力的重要体现。青年通过积极自觉的文化实践，可以增强对中华文化的认同和自信，进而提升国家文化软实力。这种软实力的提升，有助于增强国家的国际影响力和竞争力，为国家的繁荣发展提供有力支撑。在全球化的背景下，国家之间的竞争已经不仅仅是经济、军事等硬实力的较量，更包括文化、价值观等软实力的比拼。青年作为国家的未来和希望，其文化自信的提升对于增强国家文化软实力具有重要意义。通过积极的文化实践，青年可以更加深入地了解中华文化的精髓和魅力，增强对中华文化的认同和自豪感。这种认同和自豪感将转化为推动国家文化软实力提升的强大动力，使中华文化在国际舞台上展现出更加独特的魅力和影响力。同时，青年在文化交流中的积极参与和表现，也能够展示中国青年的良好形象和风采，提升国家的国际形象和声誉。

第二节　新时代青年文化自信培育的基本原则

　　培育新时代青年文化自信要遵循思想政治工作规律、教书育人规律、学生成长规律，也要不断总结青年文化自信培育的实践经验，在此基础上形成青年文化自信培育的基本原则。

一、历史性和时代性相统一

　　新时代青年文化自信的培育要坚持历史性和时代性相统一，坚持守正创新，既要传承传统又要善于把握时代脉搏。历史性即是强调要坚持对中华优秀传统文化和革命文化的传承和弘扬，强调对文化传统的精髓和内核进行充分挖掘和继承弘扬。时代性强调要坚持青年文化自信培育的时代特征，创造发展社会主义先进文化，在文化实践中不断形成对现有文化的创造和突破。

　　一是要坚守文化传统。文化是在历史中不断形成的，放弃文化传统，文化自信就会沦为无根之木、无源之水。文化自信的培育是建立在对文化的传承和创新基础之上的，因而不能脱离传统而存在。文化自信本身蕴含着传统文化的优秀成分和优良的革命传统，凝聚着历史与文化的精华，并且对于今天的社会仍然产生着影响。因此，在青年文化自信的培育中坚持传统性的原则，就是要充分挖掘我国传统文化和革命文化的精髓，继承中华民族的传统美德，弘扬优良的革命传统，将传统意义上的文化自信培育经验与现代教育手段相融合，引导当代青年做优秀传统文化和优秀革命文化的继承者、弘扬者和践行者。一是要传承优秀的传统文化。中华传统文化博大精深，经过历史长河的不断发展、充实和完善，已经成为中华民族珍贵的精神食粮，铸就了中华民族自强不息的精神。培养文化自信离不开中华优秀传统文化的支持和保障。中华优秀传统文化中蕴含着深刻的价值观意蕴，是文化自信的根本源泉，也是青年道德价值观念培养的宝贵资源。新时代背景下，重视引导青年群体自觉传承中华优秀传统文化，就是要推进中华优秀传统文化教育，让中华优秀传统文化融入血液、浸入心灵、嵌入灵魂，提升青年的思想觉悟、道德修养、精神境界和综合素质，以实现青年的全面发展。二是要传承特色的革命文化。革命文化是在特殊的中国革命斗争及其实践过程中积累和孕育产生的特色的文化形态，既是对中华传统文化的继承，又是对社会主义先进文化的弘扬。培养青年的文化自信，就是要引导青年在革命文化中锤炼理想信念、不忘革命传统、涵养浩然正气，引导青年自觉继承和弘扬革命文化。

二是要彰显时代性。文化自信本身是历史与现实的存在，随着时代的不断发展，文化自信的培育必须与时俱进，直接回应思想、观念、文化交融、碰撞的现实问题，要彰显时代性，富有创造性。一是文化自信的培育内容要与时俱进。当代青年文化自信的培育顺应经济社会的发展趋势，契合我国社会主义现代化建设总体目标，赋予培育内容鲜明的时代特征，引导青年在实践中大力弘扬和践行。二是文化自信的培育方式要不断创新。当今时代，网络的快速普及和发展极大地改变了人们的思维模式、生活方式和话语体系。当代青年作为时代的新生力量，表现出思维方式多元化、生活方式自主化、话语体系个性化的鲜明特征。这势必要求青年的文化自信培育要融入新的时代元素，拓展培育空间，丰富培育渠道，更新话语体系，融合现代传播手段，实现对培育内容的创造性转化和培育方式的创新性发展。

三是坚持传统性和时代性相结合。文化自信融合了传统与现代的双重属性，表现为这两者的和谐融合。在培养文化自信的过程中，必须遵循结合传统与现代的原则，并妥善处理两者之间的关系。首先，要在传承中融入现代元素。文化自信不仅是对历史文化遗产的延续，也是对当前社会发展水平的反映。对于青年而言，培养文化自信既要坚守传统，也要展现现代性和前瞻性，实现古典与当代的和谐融合。这需要深入挖掘传统与现实中的生动素材，坚持先进的教育理念，开拓多样化的教育途径，利用有效的教育平台，采用科学化的方法和手段，强化教育内容的现代感和吸引力，不断创新青年文化自信的培养实践，以提升青年的文化自信水平和促进其全面发展。其次，在强调现代性的同时，也要坚守传统。文化自信的培养必须符合时代发展的需求，展现时代的进步，同时尊重历史，基于对传统的坚持，否则文化自信的培养将失去其根基。因此，要引导当代青年深刻理解中华民族的优秀传统，并在新时代的发展实践中不断传承和实践。

二、主导性和主体性相结合

在对青年的文化自信的培育方面要坚持主导性和主体性相结合的原则。在现实生活中，每个人对文化自信的认识和理解都是一个逐步发展的过程，从无意识到有意识，从简单到复杂。在个体成年之前，尤其是在接受正规教育之前，他们对文化的理解和认知往往是零星和自发的，需要通过系统的教育来提高他们的文化自觉性。因此，在青年文化自信的培养过程中，教育者不仅要发挥其引导作用，还要激发受教育者的主动性，坚持主导与主体相结合的原则。具体来说，教育者应充分利用其影响力，通过教育活动来指导和激励学生，学生则需要积极参与，发挥主观能动性。这种教育方式旨在通过双方的互动，促进学生对文化的深入理解和认同，从而建立起坚定的文化自信。

第一，发挥主导性。主导是一个与作用相关的概念。"所谓主，指事物的主体部分，或者说是事物的主要矛盾或矛盾的主要方面。所谓导，是指疏通引导、启发开发、教习传导以及选择、导向的意思。""所谓主导，就是引导、选择的主要方向、方面及重点。"[①] 当代青年文化自信培育要发挥主导性。青年文化自信的培养坚持主导性原则，主要是从思想政治教育中主体与客体的关系出发，强调教育者在思想政治教育中的主导作用。教育者作为教育主体，在青年文化自信的培养中扮演着关键角色，具有指导和示范的双重职能。首先，教育者的导向作用至关重要。作为思想政治教育的核心，教育者负责收集、整理和传递信息，组织教育活动，调控教育环境，是青年文化自信培养的主导力量。在这一过程中，教育者的个人文化素养、责任感和创新精神对于坚持正确的教育方向、营造适宜的教育氛围、把握教育内容、运用有效教育手段以及激发受教育者主动性等方面都有着直接影响。其次，教育者的示范作用不容忽视。作为学生精神世界的塑造者，教育者不仅要传授知识，更要承担起育人的使命。他们的言行举止、价值观念和行为模式都会对学生产生深远影响。教育者通过自身的模范行为，能够为学生树立正确的价值观和行为准则，从而在青年心中树立起坚定的文化自信。综上所述，教

---

① 郑永延.现代思想道德教育理论与方法[M].广州：广东高等教育出版社，2000：110-111.

育者在青年文化自信的培养中发挥着不可替代的作用，他们的导向和示范作用对于学生形成正确的文化认同和自信具有决定性意义。因此，坚持主导性原则，充分发挥教育者的积极作用，是培养青年文化自信的关键所在。

第二，激发主体性。主体是相对于客体而言的，一般指有健全意识、能够主动地进行认识与实践活动的人。所谓主体性，是指作为主体的人在其对象性活动中表现出来的功能特性。坚持在培养青年文化自信的过程中，激发青年的主体性是至关重要的一环，这涉及个体自我发展和实现的过程。其一，要重视青年在文化自信培养中的主体作用。文化自信培养需要尊重青年的主体地位，并全面激发他们的主体意识，这样才能充分调动他们的积极性，最大限度地激发学习动力和潜能，促进青年在自我成长、发展和完善的过程中建立起坚定的文化自信。其二，要强调青年在文化自信培养中的中心地位。文化自信的培养应从传统的单向教育模式转变为互动交流模式，坚持以青年群体为中心的教育观念，确保青年在教育实践中的主体作用得到充分发挥，形成自觉的文化自信思想和行动。其三，要激发青年在文化自信培养中的主体意识。真正的教育是自我教育的实现。青年自我教育的成效取决于他们在学习和获取知识时的自我意识强度，以及在接受教育时主体作用的发挥程度。因此，培养青年文化自信的核心在于引导他们树立自我发展的意识，主动进行自我教育，在自我学习和自我感悟中深化对文化内涵的理解，增强文化认同感，坚定文化发展信念，并自觉地参与文化传承。

第三，坚持主导性和主体性相结合。主体性和主导性是相互促进、相互联系的两个方面。在培养青年的文化自信方面，教育者和受教育者的角色都至关重要，需要将教育者的引导作用与受教育者的主动参与相结合，确保这一原则在整个培养过程中得到体现。其一，教育者的引导作用与青年的主体地位应当相互补充。在整个青年的文化自信的培养过程中，教育者应持续发挥其引导作用，同时全面激发青年的主体性，将这两种原则有机结合，确保它们贯穿于培养过程的每个阶段。其二，在教育者发挥引导作用的同时，应强调青年的主体性。鉴于青年的心理和认知发展还在成长中，他们可能难以准确把握文化自信实践的方向、严肃性和科学性，因此，在培养实践中必须坚持主导性原则，充分发挥教育者的引导功能。同时，要充分考虑青年的特点和成长规律，尊重他们的主体性，创造性地探索适合青年的培养方法，通过寓教于乐的方式，使文化自信的理念深入人心，成为他们的基本素质。其三，在激发青年的主体性的同时，也要坚持教育者的主导性。青年文化自信的培养需要充分调动他们的自我教育积极性，激发他们接受教育的主动性，使他们成为教育的主体，自觉地增强文化自信。强调青年的主体作用，并不意味着忽视教育者的主导作用，而是要求教育者根据时代发展的要求不断提升自身素质，在青年文化自信的培养中更好地发挥引导作用。

三、民族性和世界性相融合

文化的民族性和世界性相融合的原则是指在全球化的背景下，各种文化之间相互交流、借鉴和融合，既保持各自文化的独特性和多样性，又促进全球文化的共同发展和进步。

第一，坚持突出民族性。文化自信是中华民族的传统优势，它具有持久不变的特性。民族特色是文化自信的核心要素，强烈的文化自信对于激发中华民族的自尊和自豪感至关重要。因此，在培养青年的文化自信时，必须全面贯彻和反映民族特色的基本原则。一方面，要继承和发扬中华民族的杰出文化遗产。从根本上讲，杰出的文化遗产是培养文化自信的基石。另一方面，要以科学的方法正确处理民族传统文化。在处理民族传统文化时，既不能全盘接受儒家思想体系，也不能全盘肯定传统甚至陷入盲目自大，而应平衡批判与继承，引导青年从辩证唯物主义和历史唯物主义的角度出发，建立对民族优秀传统文化的正确看法，理性认识民族传统文化，使其成为青年文化自信形成的思想基础。

第二，强调全球视野。文化自信的培养需要遵循全球性的原则，这是由文化的开放本质所决定的。文化是历史与现实不断演进的产物，其本质在于与外来文化的持续交流、自我革新与优化。任何文化体系都是开放的系统。在培养青年的文化自信时，坚持全球性原则意味着要以开放的心态进行具体的实践，既要保持本土传统文化的优势，也要积极吸收西方发达国家的先进文明成果，推动中西方文化的融合，实现传统文化与现代文化的有机结合，积累青年文化自信培养的资源和动力。首先，要打开国际视野。在当今这个开放的时代，国家间的联系日益紧密，文化交流日益频繁。各国在民族文化的传承和弘扬，尤其是在青少年民族文化自信的培养方面，有许多成熟的做法和经验，值得我们学习和借鉴。因此，青年的文化自信培养应在开放中拓宽视野，通过更新理念、优化目标、完善内容、创新方法、健全评价机制等手段，确保培养工作的实际成效。其次，要保持中国特色。在培养青年的文化自信时，既要有吸收外来文化的态度，借鉴世界各国的先进经验，又要保持中国特色，满足我国文化建设的实际需求。因此，在开展青年文化自信的培养工作中，我们既要以中华优秀文化为核心，又要拓宽视野，以开放的心态对优秀传统文化进行创新和传承。

第三，坚持民族性与世界性相结合。既要坚持本民族文化特色，又要在世界文化交流互鉴中进行借鉴和发展，吸收外来文化成果。青年文化自信的培育既要坚守民族性的根本，又要引入世界性的活力，在坚守中激发开放的活力，在开放中坚守民族的底色，实现二者的协调统一，最终实现中华文化影响力的不断提升和生命力的不断增强。一是在坚持民族性中体现世界性。中华民族历经几千年所形成的传统文化，本身不是孤立的，也不是自我封闭的，而是对外来文化中有益成分的兼容并包，是与各种不同文化相互交流融合的产物。随着全球化进程的加快推进和当今社会现代化程度的不断提升，如何使传统文化适应时代的发展要求，符合现代文明的发展趋势，是培育青年文化自信的题中应有之义。这就要求青年的文化自信培育既要注重传承和发扬中华民族自身优秀的传统文化，又要积极学习世界各国的优秀文明成果，以更加广阔的视野，在使中华文化不断走向世界和走向未来的过程中坚定文化自信。二是在坚持世界性中坚守民族性。任何一种文化的发展和繁荣，都不可回避开放性的发展规律，又都必须坚守自身的独特个性和价值。因此，任何一个时代进行文化自信的培育，都必须是在开放中吸收其他民族文化的精华、摒弃自身文化中陈旧落后的成分。通过对文化的不断整合、优化，促进文化的发展与创新，形成文化自信培育的牢固基础。此外，要在坚持世界性要求的同时坚持民族性的根本，保持自身传统文化的特色，以中华优秀传统文化为主体和主导，顺应时代的发展趋势，将优秀传统文化持久传承和发扬。

四、理论性与实践性相促进

在培育青年文化自信的过程中不仅要注意对文化知识的理论性教育，

还要注意在文化实践中实现对文化自信的再认识，坚持理论性与实践性相促进。

一是坚持理论性原则。在理论层面上，文化自信是中华民族文化的意识形态体现，它属于社会的上层建筑，既是社会生产方式的反映，也对社会生产活动产生能动的影响。任何伟大的事业都离不开先进理论的指引。中华民族的文化理论是确保新时代中国特色社会主义有序发展的关键工具。从理论层面来看，新时代的青年知识分子坚定文化自信，表现为对中国特色社会主义理论体系的自信。文化自信既坚持了马克思主义的指导地位，又将理论与中华民族的实际情况相结合，是一种经过实践检验的科学和真理性的理论，从根本上解决了方向和旗帜的问题。正如马克思所言："全部社会生活在本质上是实践的。"中国特色社会主义理论体系是中国特色社会主义先进文化的重要组成部分，代表了新时代中华民族最生动的马克思主义实践。特别是习近平新时代中国特色社会主义思想，作为党的最新理论成果，从理论层面增强了文化自信，确保了文化自信发展的正确方向，从而更加坚定了青年知识分子的文化自信。

二是坚持实践性原则。坚定文化自信不能止步于坐而论道，必须体现在文化建设的行动上。如习近平总书记所强调的，坚定文化自信的首要任务是立足中华民族伟大历史实践和当代实践，用中国道理总结好中国经验，把中国经验提升为中国理论。文化自信的实践性原则要求我们在实践创造中进行文化创造，在历史进步中实现文化进步。这意味着要不断推动文化繁荣发展，激发全民族文化创新创造活力。在面对各种风险挑战时，文化自信可以成为重要的精神力量源泉。通过实践，文化自信能够在风雨中迸发出强大的精神力量，使青年的文化自信更加坚定。通过文化实践，不断提升国家文化软实力和中华文化影响力，为全面建设社会主义现代化国家、全面推进中华民族伟大复兴提供坚强思想保证、强大精神力量、有利文化条件。要积极引导青年参与文化活动，利用各种形式的实践活动，增强文化体验，践行实践性原则。

三是坚持理论性和实践性原则相统一。这是推动文化事业繁荣发展的重要指导方针。一方面要深化文化理论以更好指导文化实践。要不断深化文化理论的研究和探索，以更加科学、系统、全面的理论体系来更好地指导文化实践。这意味着需要持续关注文化领域的最新动态和发展趋势，不断吸收新的理论成果和实践经验，对现有的文化理论进行不断的修正和完善，确保其能够紧密贴合时代需求，为文化实践提供有力的理论支撑和指导。另一方面，必须在丰富的文化实践中深化对文化理论的认识。实践是检验真理的唯一标准，只有通过实践，才能更加深刻地理解文化理论的内涵和价值。要鼓励和支持各种形式的文化实践活动，如艺术创作、文化交流、文化传承等，从中挖掘和提炼出具有普遍性和规律性的文化现象和经验，进而丰富和发展我们的文化理论。同时，还要注重将文化理论与实践相结合，通过实践来验证和修正理论，推动文化理论的不断创新和发展。总之，坚持理论性和实践性原则相统一，是推动文化事业发展中必须遵循的基本原则。只有不断深化文化理论研究，同时注重实践探索，才能实现文化理论的创新与发展，为文化事业的繁荣发展提供坚实的理论支撑和实践基础。

第三节　新时代青年文化自信培育的主要内容

新时代青年文化自信的培育是个复杂的系统性工程，旨在全面提升青年的文化素养和文化认同感。主要内容涵盖了培养"四个自信"系统教育、弘扬中华优秀传统文化、加强革命文化和社会主义先进文化教育、培养文化创新意识和能力以及强化文化安全教育等多个方面，有助于提升青年的文化素养和文化认同感，为中华民族的伟大复兴贡献力量。

一、"四个自信"系统教育

中国特色社会主义道路自信、理论自信、制度自信、文化自信是新时代青年文化自信培育的内容之一，其中道路自信是文化自信培育的坚实基础，理论自信是文化自信培育的行动纲领，制度自信是文化自信的有力支撑，"四个自信"相互关联，相互影响，共同促进青年文化自信的树立。

（一）中国特色社会主义道路自信是文化自信培育的坚实基石

发展道路的选择是否正确，是探寻出稳健前行路径的关键所在，并深刻影响着中国未来发展的整体趋势。中国特色社会主义道路根植于对中华优秀传统文化的承继、对中华民族历史进程的深刻反思、对现代化建设的不懈探索以及改革开放的伟大实践中。这一道路基于我国社会主义初级阶段的基本国情，既坚定不移地以经济建设为中心，又全面推动经济、政治、文化、社会和生态文明"五位一体"的协调发展，旨在构建一个发展中和强盛中的中国。中国特色社会主义道路紧密围绕解放和发展生产力的社会主义根本任务，是契合中国实际发展需求、顺应时代潮流并回应中国人民对美好生活向往的实践探索。历史实践充分证明，中国所走的这条发展道路，不仅与国情相符，能够适应社会生产力的发展要求，而且有助于实现共同富裕的目标，是引领国家走向富强、人民走向幸福的康庄大道。在文化自信培育的过程中，以中国特色社会主义道路作为根基，意味着要教育并引导当代青年深入理解这一发展道路的经济本质，同时从政治、文化及理想信念等维度全面把握其丰富内涵与独特属性。这实质上体现了经济、政治与文化之间的高度统一与相互支撑。进一步而言，需引导青年明确中国特色社会主义道路与文化自信之间的内在联系，认识到道路自信是文化自信的现实支撑，而文化自信则是道路自信的精神源泉。唯有在实践中不断深化对道路的认同，坚定道路自信，方能更有效地树立并增强文化自信。

（二）中国特色社会主义理论自信是文化自信培育的行动纲领

为了有效培育青年的文化自信，并为他们将来投身社会主义建设事业凝聚起强大的精神动力，关键在于引导青年认同、内化并弘扬中国精神和中国价值。中国特色社会主义理论体系作为这一系列精神与价值的核心理论支撑，扮演着至关重要的角色。从理论维度审视，中国特色社会主义理论体系蕴含着丰富且不断进化的先进价值理念，这些理念构成了社会主义核心价值观的深厚思想基础，是推动青年思想解放的强大精神引擎，不仅体现了对马克思主义理论的继承与发展，还融入了中华优秀传统文化的精髓，展现了鲜明的时代特征和中国特色。从实践层面来看，中国特色社会主义理论体系是马克思主义中国化的重要成果，标志着马克思主义在改革开放和现代化建设实践中的历史性飞跃。它是中国化的马克思主义在时代发展中的创新与发展，是经过实践检验、与时俱进的理论体系，为中国改革开放的战略部署提供了科学的理论指导。当前，中国特色社会主义已步入新的发展阶段，中国的改革与发展开启了新的征程。在新时代背景下，需要进一步研究文化育人问题，培育和强化青年文化自信的重要历史使命。因此，加强文化育人体系的构建，培育青年的文化自信，必须坚持以中国特色社会主义理论为指导，通过理论武装和共识凝聚，帮助青年形成坚定的理想信念和卓越的思想品质，为他们承担时代责任、完成历史使命奠定坚实的理论基础和明确的行动指南。

（三）中国特色社会主义制度是文化自信培育的有力支撑

中国特色社会主义制度是理论与实践相结合的产物，是在现代化建设的实践中逐步形成、创新发展并日臻完善的，与中国特色社会主义理论体系一脉相承，为坚持中国特色社会主义道路保驾护航，是中国特色社会主义文化的具体体现，因而是我国改革开放和社会主义现代化建设中必不可少的保障。历史和实践都充分证明，中国特色社会主义制度集中体现了社会主义的优越性，紧密结合中国的基本国情，充分体现了人民的期待和诉求，已经成为当代中国发展进步和未来实现伟大复兴的根本制度保障。因此，教育引导当代青年对中国特色社会主义制度深刻理解并真正认同，必然能够增强对国家的信赖和对文化的认同，必然能够主动增强承担社会责任和履行社会义务的思想和行动自觉。新时代背景下，如何进一步坚定中国特色社会主义制度自信是一个新的时代命题。关于新时代加强中国特色社会主义制度建设，习近平曾强调指出："坚定制度自信，不是要故步自封，而是要不断革除体制机制弊端，让我们的制度成熟而持久。"只有与时俱进地建立科学完善的制度体系，真正体现公平正义的原则，切实树立制度的权威性，才能提升人们对制度的认同程度，并自觉内化为行为准则，逐步形成充分的制度自信。以中国特色社会主义制度作为文化自信培育的根本原则，就是要教育引导青年树立远大理想，明确自身作为社会主义事业建设者和接班人的使命担当；增强公平正义意识，正确行使各项权利的同时自觉履行自身应尽的义务；深刻理解制度自信与文化自信的关系，不断坚定制度自信与文化自信。

二、中华优秀传统文化教育

"中华优秀传统文化源远流长、博大精深，是中华文明的智慧结晶，其中蕴含的天下为公、民为邦本、为政以德、革故鼎新、任人唯贤、天人合一、自强不息、厚德载物、讲信修睦、亲仁善邻等，是中国人民在长期生产生活中积累的宇宙观、天下观、社会观、道德观的重要体现。"[①] 这些富有深意的思想观念与道德规范，历经千年仍熠熠生辉，不仅塑造了中华民族独特的精神世界，也为新时代青年提供了丰富的精神滋养。通过深入开展中华优秀传统文化教育，引导青年一代深刻领悟其精髓与真谛，能够有力促进他们文化自信的培育，使之成为传承与弘扬民族文化的中坚力量。，是新时代青年文化自信培育的重要内容。在新时代背景下，加强对青年一代的中华优秀传统文化教育，不仅有助于提升他们的人文素养，更是文化传承与创新、顺应时代发展潮流的必然要求。

（一）中华优秀传统文化教育有助于提升青年人文素养

人文素养是新时代青年全面发展的关键要素之一，它涵盖了道德品质、审美情趣、创新能力等多个层面。中华优秀传统文化中蕴含的人文资源，为提升青年的人文素养提供了肥沃的土壤。诗词歌赋、书法绘画、音乐舞蹈等艺术形式，不仅是中华民族的艺术瑰宝，也是青年陶冶情操、提升审美能力的有效途径。通过学习古典诗词，青年可以领略到古人对自然、人生、社会的深刻洞察与独特表达，从而培养细腻的情感体验和高尚的审美情操。书法与绘画则通过笔墨的挥洒与线条的勾勒，让青年在静谧与专注中感受艺术的魅力，提升审美鉴赏力与创造力。同时，中华优秀传统文化中的哲学思想与道德观念，如儒家的仁爱、礼义、诚信，道家的自然无为、顺应天道，以及佛家的慈悲为怀、普度众生等，都为青年提供了宝贵的精神财富。这些思想不仅有助于青年树立正确的世界观、人生观和价值观，还能引导他们在复杂多变的社会环境中保持内心的宁静与坚定，培养高尚的道德情操和强烈的社会责任感。此外，中华优秀传统文化中的历史故事、民间传说等，也是提升青年人文素养的宝贵资源。这些故事和传说不仅生动有趣，而且蕴含着深刻的历史经验和人生哲理。通过学习这些故事，青年可以了解中华民族的历史

[①] 习近平．高举中国特色社会主义伟大旗帜 为全面建设社会主义现代化国家而团结奋斗 [N]．人民日报，2022-10-17（02）．

进程和文化传承，增强民族自豪感和文化自信，同时也能从中汲取智慧和力量，为个人的成长与发展提供借鉴和启示。

（二）中华优秀传统文化教育是传承与创新的需要

新时代是文化传承与创新的时代，青年作为文化传承的主力军，肩负着传承与发展中华优秀传统文化的重任。加强传统文化教育，不仅是为了让青年了解和掌握本民族的文化遗产，更是为了激发他们的创新精神和创造力，推动传统文化与现代文明的深度融合。在传承方面，中华优秀传统文化中的经典著作、传统节日、民俗习惯等，都是青年需要深入了解和学习的重要内容。通过系统学习和实践体验，青年可以深入理解传统文化的内涵与价值，感受传统文化的魅力与力量，从而树立对传统文化的认同感和归属感。这种认同感和归属感是文化传承的基础，也是推动文化创新的动力。在创新方面，青年可以将传统文化与现代科技、现代审美相结合，创造出具有时代特色的新文化形态。例如，利用数字技术复原古代文化遗产、将传统艺术形式与现代音乐元素融合创作新作品等。这些创新实践不仅有助于拓展传统文化的表现形式和传播渠道，还能激发青年的创造力和想象力，推动传统文化的活态传承与发展。通过传承与创新相结合的方式，中华优秀传统文化能够在新时代焕发出新的生机与活力，为中华民族伟大复兴的中国梦提供强大的精神支撑和文化动力。

（三）中华优秀传统文化教育符合时代发展潮流

随着社会的不断进步和科技的迅猛发展，人们对于精神文化生活的需求也日益增长。中华优秀传统文化作为满足人们精神需求的重要资源之一，其教育价值也日益凸显。加强传统文化教育不仅是时代发展的潮流，更是回应了人民群众对于美好生活的向往与追求。在全球化背景下，文化交流与融合日益频繁，但文化的多样性和差异性仍然存在。中华优秀传统文化作为世界文化多样性的重要组成部分，具有独特的魅力和价值。通过加强传统文化教育，可以让青年更加深入地了解和认识自己的民族文化，增强文化自信和民族自豪感。同时，也能促进不同文化之间的交流与互鉴，推动构建人类命运共同体。此外，随着数字技术的快速发展和普及应用，传统文化资源的数字化、网络化传播成为可能，为传统文化教育提供了新的平台和机遇。通过数字化手段展示和传播传统文化资源，可以打破时间和空间的限制，让更多人了解和接触传统文化，同时，也能激发青年对传统文化的兴趣和热情，促进传统文化的传承与发展。在新时代背景下，加强中华优秀传统文化教育不仅有助于提升青年的人文素养和创新能力，还能推动传统文化的传承与创新发展。这不仅是青年个人成长的需要，也是国家文化软实力提升和民族复兴的必然要求。因此，我们应该高度重视中华优秀传统文化教育在青年培育中的重要作用，采取有效措施加强这一领域的教育工作。

三、革命文化教育

在新时代背景下，文化自信已经成为国家发展、民族振兴的重要精神支撑。青年作为国家的未来和民族的希望，其文化自信的培育尤为关键。革命文化作为中国特色社会主义文化的重要组成部分，承载着党的优良传统和革命精神，是新时代青年文化自信培育的重要内容。

（一）革命文化的内涵

革命文化作为中国共产党领导人民在漫长而艰苦的革命斗争中凝结而成的精神瑰宝，其内涵深远且丰富，涵盖了革命理论、革命理想、革命精神、革命道德、革命情操等多个维度。这一文化形态不仅是中国共产党人的精神谱系，更是中华优秀传统文化与革命实践相结合的产物，具有鲜明的时代特征和深厚的历史底蕴。革命理论是革命文化的思想基础，它指导着革命的方向和道路。中国共产党在革命过程中，将马克思主义基本原理同中国具体实际相结合，形成了具有中国特色的革命理论体系，为革命斗争提供了科学的理论指导。革命理想则是革命文化的灵魂，它激励着共产党人和广大人民群众为追求民族独立、人民解放而英勇奋斗。这种理想超越了个人私利，体现了对国家和民族未来的深切关怀和崇高追求。革命精神是革命文化中最具活力的部分，它包括了坚定信念、艰苦奋斗、无私奉献、勇于牺牲等多种品质。这些精神品质在革命战争年代得到了充分的体现和锤炼，成为中国共产党人和广大人民群众共同的精神财富。革命道德和革命情操则是革命文化在道德层面的体现，强调忠诚、正直、勇敢、节俭等美德，为革命者提供了行为准则和精神支柱。伟大建党精神、井冈山精神、长征精神、延安精神等，都是革命文化中的重要组成部分，它们构筑起了中国共产党人优良的革命传统和崇高的革命品质。这些精神品质不仅是中国共产党人在革命斗争中锤炼而成的，也是新时代青年应该学习和传承的宝贵财富。

（二）革命文化的深远价值

革命文化在新时代具有深远的意义和价值，它不仅是中国特色社会主义伟大事业的精神动力，也是加强社会主义道德建设的重要资源，更是坚定中国特色社会主义文化自信的重要源泉。首先，革命文化是推进中国特色社会主义伟大事业的精神动力。革命文化所蕴含的崇高理想和坚定信念，激励着新时代青年为实现中华民族伟大复兴的中国梦而努力奋斗。这种精神动力能够激发青年的爱国热情和民族自豪感，使青年们更加坚定地信仰中国特色社会主义道路、理论、制度和文化，从而为中国特色社会主义事业的发展贡献自己的力量。其次，革命文化是加强社会主义道德建设的重要资源。中国革命道德作为中国共产党和人民群众在革命中形成的优良品德，具有鲜明的时代特征和民族特色，强调了忠诚、正直、勇敢、节俭等美德，为新时代青年提供了行为准则和道德典范。通过学习和传承革命道德，青年能够树立正确的世界观、人生观和价值观，成为有理想、有道德、有文化、有纪律的社会主义建设者和接班人。最后，革命文化是坚定中国特色社会主义文化自信的重要源泉。革命文化所蕴含的崇高理想和坚定信念，为新时代青年提供了强大的精神支撑和动力源泉。革命文化对文化自信的深远价值不仅源自青年对革命历史的深刻认识和革命精神的深刻理解，也源自其对中华文化深厚底蕴和独特魅力的深刻认同。通过学习和传承革命文化，青年能够更加坚定地认同和传承中华文化，从而增强文化自信，为中华民族的伟大复兴贡献自己的力量。

（三）革命文化教育在新时代青年文化自信培育中的作用

革命文化教育作为新时代青年文化自信培育的重要途径，其深远意义不仅在于传承红色基因、弘扬革命精神，更在于通过这一教育过程，增强文化认同感和文化自信，培养创新精神与创造活力，以及塑造高尚的人格品质和提升综合素质。

1. 传承红色基因，弘扬革命精神

革命文化教育作为连接过去与未来的桥梁，通过详尽而生动的历史叙述，将中国共产党的光辉历程和革命先烈的英勇事迹展现在新时代青年面前。这一过程不仅是对历史的回顾，更是对革命精神的传承与弘扬。中国共产党在长期的革命斗争中，形成了诸如坚定信念、艰苦奋斗、无私奉献、勇于牺牲等一系列优良传统和革命精神，这些精神构成了中国共产党人的精神谱系，是中华民族宝贵的精神财富。青年通过学习这些历史，能够深刻体会到革命先辈们为国家和民族独立所付出的巨大牺牲，以及他们坚定的理想信念和不懈的奋斗精神。这种情感的共鸣与认同是文化自信的重要基础，它使青年在心灵深处种下对国家和民族的深厚情感，更加珍惜来之不易的和平与发展环境，从而激发出强烈的爱国热情和民族自豪感。这种情感的力量，激励着青年积极投身于国家的建设和发展，为实现中华民族伟大复兴的中国梦贡献自己的力量，同时也为文化自信提供了坚实的历史根基和深厚的文化底蕴。

2. 增强文化认同，树立文化自信

在全球化日益深入的今天，多元文化的冲击和挑战对青年的文化认同构成了前所未有的考验。革命文化教育通过深入挖掘和展示中华文化的深厚底蕴和独特魅力，让青年可以获得重新审视和认识中华文化的视角。这种视角不仅仅停留在对传统文化精髓的领悟上，更重要的是对革命文化所蕴含的崇高理想和坚定信念的认同。革命文化作为中华文化的重要组成部分，其蕴含的精神品质和价值观念，如忠诚、勇敢、正义、奉献等，为青年提供了强大的精神支撑和动力源泉。通过学习革命文化，青年能够更加深刻地理解中华文化的独特价值和历史贡献，从而增强对中华文化的认同感和自豪感。文化认同是新时代青年成长成才的重要基石，它不仅使青年在面对多元文化挑战时能够保持定力，坚守自己的文化立场，还为推动国家文化繁荣发展提供了强大的内在支撑。

3. 培养创新精神，激发创造活力

革命文化所蕴含的勇于探索、敢于创新的精神品质，是新时代青年应当继承和发扬的宝贵财富。革命历史中的创新实践和经验教训，如农村包围城市的战略选择、抗日战争中的游击战术等，都是革命先辈们勇于探索、敢于创新的生动例证。这些历史经验不仅展示了革命先辈们的智慧和勇气,更为新时代青年提供了宝贵的启示和借鉴。通过学习这些历史,青年能够深刻体会到创新精神的重要性,从而培养起强烈的创新意识和创造活力。同时,革命文化教育还能够培养青年的批判性思维和独立思考能力,使他们更加善于发现问题、分析问题和解决问题。这种创新精神和创造活力,不仅是新时代青年文化自信的重要组成部分,更是推动国家创新发展和科技进步的重要力量。它使青年在面对未来挑战时能够保持敏锐的洞察力和旺盛的创造力,为国家的繁荣富强贡献自己的智慧和力量。

4. 塑造人格品质,提升综合素质

革命文化教育在塑造青年的人格品质和提升综合素质方面具有不可替代的作用。通过学习革命历史中的英雄人物和先进事迹,青年能够深刻感受到英雄们的崇高精神和伟大品质,如忠诚、正直、勇敢、节俭等。这些品质不仅是革命先辈们留下的宝贵遗产,更是新时代青年应当学习和效仿的榜样。革命文化教育通过生动的历史故事和感人的人物形象,使青年在情感上产生共鸣,在思想上受到启迪,在行动上得到激励。同时,革命文化教育还能够培养青年的团结协作精神和集体主义观念,使他们更加懂得如何与他人合作、为集体利益着想。此外,革命文化教育还能够提升青年的道德素质和人文素养,使他们更加懂得如何尊重他人、关爱社会、热爱祖国。高尚的人格品质和综合素质不仅是新时代青年文化自信的重要体现,更是他们成长为社会主义建设者和接班人的重要保障。它使青年在追求个人发展的同时,也能够承担起社会责任和历史使命,为国家的繁荣富强和民族的伟大复兴贡献自己的力量。

四、社会主义先进文化教育

社会主义先进文化作为一种新兴且充满活力的文化形态,不仅是对中华优秀传统文化的创新性继承和发展,更是对革命文化核心的传承与丰富。这一文化形态直接反映了社会先进生产力的发展要求,深刻且全面地诠释了当代中国文化的本质特征,引领着当代文化发展的潮流。它实现了文化民族性与时代性的完美结合,为中华民族伟大复兴提供了强大的精神动力,并指引着文化自觉、文化自信和自强的道路。正如胡锦涛所强调:"要坚持社会主义先进文化前进方向，树立高度的文化自觉和文化自信，向着建设社会主义文化强国宏伟目标阔步前进。"①

（一）社会主义先进文化的内涵及其发展

社会主义先进文化，是在中国特色社会主义伟大实践中形成和发展起来的，具有鲜明时代特征和中国特色。它继承了中华优秀传统文化的精髓，如儒家的仁爱、道家的自然、法家的法治等，同时结合现代社会的实际需求，进行了创新性发展。此外，社会主义先进文化还传承了革命文化的核心，如坚定的理想信念、勇于牺牲的革命精神等，并在实践中不断丰富和拓展了革命文化的内涵。随着改革开放和社会主义现代化建设的深入推进，社会主义先进文化的内涵日益丰富。"五位一体"总体布局、"四个全面"战略布局、"五大发展"理念等，都是社会主义先进文化在新时代的生动体现。这些理念不仅为中国特色社会主义事业的发展提供了科学指导，也为坚定文化自信提供了坚实的支撑。

（二）社会主义先进文化教育与青年文化自信的关系

在全球化与文化多元化的今天，青年一代的文化自信对于国家的发展和民族的未来具有不可估量的价值。社会主义先进文化教育作为培育青年文化自信的重要途径，不仅承载着传承与创新中华文化的重任，更是塑造青年文化认同、激发文化自豪感和提升文化创新力的关键所在。

1. 增强文化认同感

社会主义先进文化教育通过深入挖掘和阐释中华文化的历史脉络、精神内涵和价值体系，为青年提供了一幅清晰而丰富的文化图谱。这种教育不仅让青年了解到中华文化的悠久历史和辉煌成就，更重要的是，它帮助青年理解这些文化元素如何在当代社会中继续发挥作用，如何与当代生活紧密相连。通过社会主义先进文化教育，青年能够更深入地认识到中华文化的独特性和价值，从而增强对中华文化的认同感。文化认同感是文化自信的基础。当青年对自己的文化有了深刻的理解和认同，他们就能在面对各种外来文化

---

① 胡锦涛. 坚定不移沿着中国特色社会主义道路前进　为全面建成小康社会而奋斗 [M]. 北京：人民出版社，2012：30.

和思潮时保持清醒的头脑，坚守中华文化立场，自觉抵制那些试图削弱或替代中华文化的错误思潮和言论。文化认同感不仅有助于维护国家的文化安全，更能激发青年对中华文化的热爱和传承意愿，为中华文化的传承和发展注入新的活力。

2. 培养文化自豪感

社会主义先进文化教育不仅关注中华文化的传承，更注重展示中国特色社会主义文化的独特魅力和优越性。通过介绍中国在科技、经济、文化等领域的成就，以及中国特色社会主义制度在保障人民权益、促进社会公平正义等方面的优势，教育引导青年深刻认识到中国特色社会主义文化的先进性和生命力。这种文化自豪感的培养对于青年在国际交往中展现自信、传播中华文化具有重要意义。在全球化的今天，青年是国际交流的重要力量。具备文化自豪感的青年能够更加自信地介绍和传播中华文化，促进不同文化之间的理解和尊重。同时，他们也能在国际舞台上更加坚定地捍卫中华文化的尊严和权益，为提升国家文化软实力和国际影响力贡献力量。

3. 提升文化创新力

社会主义先进文化教育鼓励青年在继承传统文化的基础上进行创新，推动中华文化的创造性转化和创新性发展。文化创新力是文化自信的重要体现，也是青年为中华文化注入新活力的关键。在教育过程中，注重培养青年的创新意识和创新能力，引导他们关注社会现实和时代需求，结合现代科技手段和艺术形式，对传统文化进行创造性转化和创新性发展。例如，通过数字技术对传统文化进行保护和传承，利用新媒体平台传播中华文化等。这些创新实践不仅有助于丰富中华文化的内涵和形式，更能激发青年对中华文化的兴趣和热爱，为中华文化的传承和发展注入新的活力。此外，社会主义先进文化教育还注重培养青年的批判性思维和跨文化交流能力。通过对比分析不同文化之间的差异和共性，引导青年以开放包容的心态看待世界多元文化，同时坚持中华文化的主体地位和独特价值。这种跨文化交流能力的培养有助于青年在国际交流中更加自信地展示中华文化魅力，促进不同文化之间的理解和尊重。

五、社会主义核心价值观教育

文化自信作为民族精神的内在支撑，是国家软实力的重要组成部分，它不仅体现在对传统文化精髓的深刻领悟与传承，更体现在对当代文化价值的积极认同与创新实践。在文化自信培育中，社会主义核心价值观以其独特的理论魅力和实践价值，成为新时代青年文化自信培育的核心内容与精神支柱，为青年的精神世界构筑起坚实的基石与高耸的灯塔。

（一）社会主义核心价值观是文化自信的核心内容

社会主义核心价值观作为当代中国精神的集中凝练，不仅是对中国特色社会主义道路、理论、制度、文化优越性的深刻体现，也是引领青年树立正确价值观念、增强文化自信的关键所在。其内涵丰富，涵盖国家、社会、个人三个维度，为青年提供了全面而系统的价值坐标。

国家层面的价值目标，即富强、民主、文明、和谐，不仅描绘了中国特色社会主义现代化建设的宏伟蓝图，也为青年指明了奋斗的方向。青年通过学习这些目标，深刻理解国家发展的战略意图和民族复兴的伟大梦想，从而在内心深处种下对国家未来的坚定信念，这种信念是文化自信的政治根基，激励着青年为实现中华民族伟大复兴的中国梦贡献力量。

社会层面的价值取向，即自由、平等、公正、法治，是社会主义社会本质属性的集中体现，也是青年成长成才的社会环境保障。青年在践行这些价值取向的过程中，能够亲身体验到社会主义制度的优越性，感受到公平正义的社会氛围，从而增强对社会主义制度的认同感和归属感，这种认同和归属是文化自信的社会土壤，滋养着青年对社会主义道路的坚定信仰。

个人层面的价值准则，即爱国、敬业、诚信、友善，是社会主义公民的基本道德规范，也是青年塑造良好品德、成就人生价值的基石。青年通过内化这些准则，能够树立正确的世界观、人生观、价值观，形成积极向上的人格特质，这种内在的道德力量是文化自信的道德基石，让青年在多元文化的激荡中保持清醒的头脑和坚定的立场。

（二）社会主义核心价值观是文化自信的精神支柱

文化自信作为民族精神的灵魂，不仅是对自身文化价值的深刻认同与积极肯定，更是一种内在的精神力量，它激励着人们坚守文化立场，推动文化创新，促进文化繁荣。在构建文化自信的过程中，社会主义核心价值观以其独特的理论深度和实践广度，成为支撑青年精神世界、引领文化发展方向的精神支柱，为青年提供了坚实的价值基础与精神动力。

其一，社会主义核心价值观具有强大的凝聚力和感召力。社会主义核心价值观以其深邃的内涵和广泛的包容性，成为连接不同地域、民族、信仰人们的精神纽带。它倡导的共同价值追求和行为规范，如富强、民主、文明、和谐的国家目标，自由、平等、公正、法治的社会理想，以及爱国、敬业、诚信、友善的个人品德，超越了地域、民族和文化的界限，成为全社会普遍认同的价值共识。这种共识如同强大的磁场，将人们紧紧凝聚在一起，形成了强大的民族凝聚力和社会向心力。对于青年而言，这种凝聚力和感召力尤为重要。在全球化背景下，多元文化交织碰撞，青年面临着前所未有的文化选择和文化挑战。社会主义核心价值观的凝聚力和感召力，为青年提供了文化坐标和精神灯塔，帮助他们在多元文化的海洋中保持方向，坚守本心，不被外来文化的表象所迷惑，从而坚定文化自信，成为中华文化的忠实传承者和积极传播者。

其二，社会主义核心价值观具有鲜明的时代性和前瞻性。社会主义核心价值观不仅植根于深厚的文化土壤，更紧跟时代发展的步伐，展现出鲜明的时代性和前瞻性。它不是一成不变的教条，而是随着社会发展而不断丰富和完善的动态体系。这种时代性和前瞻性，使得社会主义核心价值观能够敏锐捕捉时代变迁的脉搏，及时回应社会发展的新需求，为青年提供了与时俱进的价值引领。青年是时代的先锋，是文化创新的主体。在学习和践行社会主义核心价值观的过程中，青年能够不断汲取新的精神营养，拓宽视野，提升境界，保持对文化发展的敏感性和前瞻性。他们敢于探索，勇于创新，将社会主义核心价值观与时代发展紧密结合，创造出具有时代特色的文化成果，为文化自信注入了新的活力和内涵。

其三，社会主义核心价值观具有深厚的文化底蕴和历史传承。社会主义核心价值观的深厚文化底蕴和历史传承，是其成为文化自信精神支柱的重要基础。它根植于中华优秀传统文化的沃土之中，汲取了革命文化的精髓，是对中华民族精神血脉的继承和创新。这种文化底蕴和历史传承，不仅赋予了社会主义核心价值观深厚的文化内涵和历史底蕴，也使其具有强大的生命力和影响力。青年在学习和践行社会主义核心价值观的过程中，能够深刻理解和认同中华文化的独特魅力和价值追求。他们通过阅读经典文献、了解历史典故、感受文化精髓等方式，增强对中华文化的认同感和自豪感。这种认同感和自豪感是文化自信的重要来源，激励着青年积极投身于文化传承和创新的伟大实践中，为中华文化的繁荣和发展贡献自己的力量。

第五章　新时代青年文化自信培育的现状分析

　　青年是民族的希望、祖国的未来。新时代青年的文化自信程度关系着国家和民族的前途和命运。通过深入分析当前青年文化自信的现实状况，可以发现，青年在文化自信方面的总体表现是积极的、值得肯定的，但也不同程度存在着文化自信缺失的现象，值得引起我们的高度关注。因此，深入分析青年文化自信缺失的主要原因，不断消除青年文化自信缺失的不利影响，对于加强对青年文化自信的培育是十分必要和紧迫的现实课题。

第一节　新时代青年文化自信培育的积极成效

　　在新时代背景下，青年文化自信培育取得了显著成效。国家层面对文化自信的重视程度显著提升，学校教育体系日益完善，社会文化氛围愈发浓厚，青年文化认同不断增强。这些积极变化不仅体现了国家对文化传承与创新的高度重视，也彰显了青年群体在文化自信培育中的主体地位和积极作用。

一、国家重视程度显著提升

　　近年来，国家对于文化自信的重视程度显著提升，将其视为国家发展的战略基石，并反复强调其在中华民族伟大复兴进程中的关键作用。这一战略定位，不仅体现在理论层面的深刻阐述，更通过一系列重大会议和政策文件的出台，得以具体化和实践化。

　　2017年1月，中共中央办公厅、国务院办公厅联合印发了《关于实施中华优秀传统文化传承发展工程的意见》。这一文件的出台，标志着中华优秀传统文化传承发展已正式纳入国家战略层面的顶层设计，成为树立文化自觉与文化自信的关键环节。该意见从理论和实践两个层面，深入阐述了传承发展的重要性、指导思想、基本原则和总体目标，为中华优秀传统文化在新时代的传承与发展提供了明确的指导和方向。这一举措不仅彰显了国家对传统文化的重视，也体现了对文化自信战略的深刻理解和坚定执行。随着时间的推移，国家对文化自信的关注愈发强烈。

2021年8月，中共中央办公厅、国务院办公厅联合印发了《关于进一步加强非物质文化遗产保护工作的意见》。这份意见的出台，标志着我国非物质文化遗产保护工作迈入了新的阶段。非物质文化遗产作为中华民族历史文化的重要载体，承载着丰富的历史信息和文化基因，是延续历史文脉、坚定文化自信、推动文明交流互鉴、建设社会主义文化强国的重要基石。党和政府一直以来都高度重视非物质文化遗产的保护工作，特别是在党的十八大以来，在以习近平同志为核心的党中央坚强领导下，我国非物质文化遗产保护工作取得了显著成绩。这份意见的出台，进一步明确了非物质文化遗产保护工作的方向和目标，为加强非物质文化遗产的保护、传承和利用提供了有力的政策保障。

2023年10月，全国宣传思想文化工作会议的召开，更是将文化自信战略推向了新的高度。会议上正式提出并系统阐述了习近平文化思想，这一思想的提出标志着我们党对社会主义文化建设规律的认识达到了新高度，同时也表明我们党的历史自信和文化自信达到了新高度。文化自信作为更基础、更广泛、更深厚的自信，被提升到前所未有的战略高度，成为推动国家发展的重要力量。同年11月，中共中央办公厅、国务院办公厅又印发了《关于推进实施国家文化数字化战略的意见》。这份意见的出台，旨在推动文化数字化战略的实施，加快构建文化数字化基础设施和服务平台，形成线上线下融合互动、立体覆盖的文化服务供给体系。到"十四五"时期末，基本建成文化数字化基础设施和服务平台；到2035年，更是要建成物理分布、逻辑关联、快速链接、高效搜索、全面共享、重点集成的国家文化大数据体系，实现中华文化全景呈现和数字化成果全民共享。这一战略的实施，将极大地推动中华文化的传承和发展，增强民族自豪感和文化自信。

2024年7月，党的二十届三中全会审议并通过了《中共中央关于进一步全面深化改革、推进中国式现代化的决定》。在这份重量级的文件中，明确提出了"增强文化自信，发展社会主义先进文化，弘扬革命文化，传承中华优秀传统文化"的重要任务，并将文化建设纳入了中国特色社会主义"五位一体"总体布局之中，进一步提升了文化自信在国家战略中的显赫地位。这一决策，无疑为青年文化自信培育提供了坚实的制度保障和明确的方向指引。同年10月，中共中央办公厅、国务院办公厅联合印发了《"十四五"文化发展规划》。这份规划为"十四五"时期文化事业的发展绘制了宏伟蓝图，明确了文化发展的总体要求、重点任务和保障措施。它的出台，无疑为文化自信的提升和青年文化自信培育提供了更加具体的行动指南和有力支撑。

二、社会文化氛围愈发浓厚

步入新时代，文化建设已被置于国家战略发展的显要位置，成为增强提升文化自信的历史性号角。经过一系列的建设举措，文化自信已深深植根于人民群众的日常生产生活之中，表现为人民群众对中华优秀文化的自觉弘扬与积极创新。在这一进程中，中华文化在新时代焕发出了更加耀眼的光芒。

从《中国诗词大会》在中国大地上掀起学习中华传统文化诗词的浪潮开始，我们越来越多地感受到了中华优秀传统文化在新时代被认可、被热爱的强劲势头。这股热潮不仅体现了人民群众对中华优秀传统文化的热爱与认可，更彰显了国家层面对于文化传承与弘扬的高度重视。在国家的大力提倡下，中华优秀传统文化焕发出了新的光彩，成为新时代文化自信的重要源泉。《中国诗词大会》《国家宝藏》《经典咏流传》等一系列文博综艺节目的热播，无疑是中华优秀传统文化复兴的重要标志。这些节目以新颖的形式和丰富的内容，让中华优秀传统文化的风采再一次展现在世人面前。人民群众通过这些节目，不仅对中国诗词的韵律之美、器物文化的独特魅力有了更深入的了解，更在心灵深处感受到了中华优秀传统文化的深厚底蕴和无穷魅力。这些节目如同一股清新的春风，滋养了人们的心灵，愉悦了人们的身心，成为新时代文化生活中的一道亮丽风景线。

近年来，以汉服热为代表的传统文化复兴现象层出不穷，从国潮动漫中传统文化元素的巧妙融入，到故宫文创产品的走红，再到《唐宫夜宴》的实力"出圈"，中国风已经牢牢吸引了人们的注意力。这些现象不仅体现了人民群众对中华优秀传统文化的热爱与追求，更激发了人们对传统文化研究的热情。在新时代的背景下，文化自信已经在润物细无声中取得了实效，成为推动社会发展的重要力量。

以中华优秀传统文化为背景的文化综艺类节目在人民群众中获得极大好评，其根本原因在于节目本身触及了观众的文化心理，契合了公众对于有价值、有内容的优质公共文化服务的需求。这些节目不仅展现了中华优秀传统文化的独特魅力，更折射出当下人民群众日益高涨的民族自豪感和日益增强的文化自信。在新时代的征程中，文化自信成为推动国家发展、民族复兴的重要精神支撑。

新时期，国家不仅通过综艺类的节目弘扬中华文化的价值，还在影视、歌曲等领域推动了中华文化的创新发展。在影视方面，中国打破了以往由西方把持的科幻电影一方独大的局面，创作出了一系列具有中国特色的科幻电影作品。其中，《流浪地球》的成功无疑是一个里程碑式的成就。该电影不仅获得了超过 20 亿元的电影票房，更证明了中国作者也能写出具有瑰丽想象的科幻剧本，用实力展现了中国电影工业体系在打造好莱坞级别特效方面的能力。这一成就不仅体现了中国电影人的才华与努力，更证明了文化自信已经深深嵌入人民群众的心中。《流浪地球》等科幻电影的成功，不仅在于其震撼的视觉效果和扣人心弦的故事情节，更在于其所弘扬的中国特色社会主义核心价值观。这些电影所展现的团结互助、勇往直前、不畏艰难等精神品质，完全契合了广大人民群众对美好生活的向往和追求。同时，这些电影在审美需求上也符合了大众的期望，成功跳脱出了西方科幻片的导入模式，展现出了许多不同于西方的文化元素。这种独特的文化表达方式和新时代的气象风貌，无疑为中华文化的传承与发展注入了新的活力。与科幻题材完全不同的中国革命历史题材电影，在新时代也同样受到了年轻一代的追捧。以《觉醒年代》为代表的革命历史剧，以新奇的表现手法和独特的视角，真实演绎了历史事实，让人们深切感受到那个壮怀激烈年代在中华民族觉醒和复兴之路上的分量。这些剧集不仅塑造了有血有肉、有温度的革命人物形象，更在青年一代中引起了较大的反响。网民们用诸如"震撼、榜样、精神享受、触动、理想主义、热血青年、使命感"等词语来表达观剧感受，足见这些革命历史剧在年轻人心中所激起的强烈共鸣。许多年轻人被故事里的人物所感动，激发了他们了解那个时代人和事的热情。通过这些革命历史剧，年轻人不仅更加深入地了解了中国的革命历史，更在心灵深处感受到了革命先烈的崇高精神和伟大情怀。这种情感的共鸣和精神的传承，无疑是新时代文化自信在人民群众中不断升华的表现。《觉醒年代》《理想照耀中国》等文艺作品在当代年轻人中的流行，充分体现了我国在革命文化传承上的不断创新发展。这些作品通过精心打磨和深入挖掘，成功打通了连接年轻人的文化隧道，拉近了主流文化和青年一代之间的距离。它们被誉为"党史学习教育电视剧形态的优秀教科书"，不仅让年轻人更加深入地了解了党的历史和革命精神，更在潜移默化中增强了他们的爱国主义情怀和对革命先烈的缅怀之情。

三、学校文化育人成效凸显

学校作为国家文化建设的重要阵地，在青少年群体中培养高度的文化自信，对于中国文化战略的实现具有决定性作用，同时也是提升国家综合竞争力的重要基石。青少年是国家的未来和希望，他们的自信与自强是国家自信与自强的体现。因此，如何使下一代更好地继承优秀传统文化、传承革命文化、创造社会主义先进文化，成为国家文化战略中需要重点考虑的问题。在国家大力开展文化自信建设的背景下，文化自信已经与学校思想政治教育紧密结合，形成了强有力的发展动力。思想政治教育是培养国家发展建设者和接班人的伟大事业，青少年作为未来国家建设的主力军，他们对中华文化的认可和自信是新时代文化自信提升的关键。习近平总书记明确指出："一个民族的文明素养很大程度上体现在青年一代的道德水准和精神风貌上。"[①]文化自信的培养是实施文化强国战略的重要举措。

近年来，党中央对中华文化在学校思想政治教育中的融入进行了有力部署，文化自信建设在学校教育中广泛开展。传统文化进校园、党史教育融入小学思想政治教育、美育教育加强、课堂主阵地的充分利用等多渠道融会贯通，将文化自信贯穿于教育各个环节，取得了显著成效。2021年教育部印发了《中华优秀传统文化进中小学课程教材指南》和《革命传统进中小学课程教材指南》（以下简称"两个指南"），对文化自信在学校思想政治教育中的融入进行了更加详尽的指导，推动了文化自信与学校思想政治教育的融合

---

① 习近平.习近平谈治国理政（第一卷）[M].北京：外文出版社，2018：52.

发展。"两个指南"中明确了小学、初中、高中三个不同阶段的要求，强调中华优秀传统文化的融入以"语文、历史、道德与法治三科为主，艺术（音乐、美术等）、体育与健康学科有重点地纳入，其他学科有机渗透，'3+2+N'全科覆盖"，从青少年抓起、从学校教育入手，落实增强文化自信。青年思想政治教育在新的历史时期也更多地融入了文化自信的内容，尤其是在青年人生观、价值观的培育上。通过课堂教育与文化活动等主要形式，在青年中开展中华优秀传统文化、革命文化和社会主义先进文化的学习活动，培养青年对中华文化的自信，鼓励他们发挥自己的聪明才智，更多更好地创新发展中华文化，积极承担起文化交流、增强文化自信的责任。

在学校思想政治教育中，文化自信的融入不仅体现在课程设置和教学内容上，还体现在教学方法和教育环境的创新上。学校通过创设丰富的文化体验活动，如文化节、艺术节、学术讲座等，让学生在实践中感受中华文化的魅力，增强对中华文化的认同感和自豪感。此外，学校还注重培养学生的批判性思维和创新能力，鼓励学生对传统文化进行现代解读和创新性发展，使传统文化在现代社会中焕发新的活力。在高等教育领域，文化自信的培养同样受到重视。大学阶段是学生形成独立人格和价值观念的关键时期，通过思想政治理论课程的学习，学生能够更深入地理解中华文化的精神内涵，形成对中华文化的深刻认同。大学教育还注重培养学生的国际视野，通过比较不同文化，增强学生对中华文化的自信，使他们能够在国际舞台上更好地传播中华文化，展现中华文化的独特魅力。

在新时代背景下，将中国特色社会主义文化融入思想政治理论课堂，成为提升青少年学生思想道德素质与文化素养的关键途径。学校思想政治教育课通过更新教学理念，强调以学生为中心，注重激发其主动性和创造性，使学生在学习过程中能更深入地理解和认同中国特色社会主义文化。深挖教学内容是提升思政课堂效果的重要手段。教师应充分挖掘教材中的文化内涵，特别是中华优秀传统文化，将其与现代社会相结合，让学生能在历史与现实的交汇中感受到中华文化的独特魅力。同时，通过创新教学方式，如采用多媒体教学、实践教学等，使课堂更加生动有趣，激发学生的学习兴趣和参与度，进而坚定他们的文化自信。"两个指南"强调，中小学课程教材是传承中华优秀传统文化的重要载体。通过中小学语文、思想政治、自然地理等教材，加强传统文化的弘扬，可以使学生更深入地理解中华文化的历史渊源、精神内涵和价值观念。高等教育院校也应增加传统文化课程在选修课中的比重，为广大青年提供更多接触和了解中华文化的机会，帮助他们在学习中不断汲取中华文化的营养，发现中华文化之美。学校作为宣传中华文化的重要阵地，通过思想政治教育课的培育，不仅提升了学生的文化素养，还使他们增强了文化自信。文化自信根植于学生心中，将潜移默化地影响他们的思想行为，使他们成为民族复兴大任的时代新人，具备弘扬中华文化的能力和担当。

四、青年文化认同不断增强

近年来，随着社会各界对青年文化自信培育的高度重视和持续努力，青年文化认同不断增强，展现出了一系列积极且深远的成效。

（一）对中华传统文化的深度挖掘与传承

在新时代的背景下，越来越多的青年开始主动挖掘和传承中华优秀传统文化，这一趋势不仅体现在对古诗词、书法、绘画等传统文化艺术的学习上，更体现在对各种传统节日和民俗活动的积极参与中。青年们通过深入学习古诗词，不仅领略了古代文学的魅力，更在字里行间感受到了中华民族的文化底蕴和审美追求。书法和绘画作为中国传统文化的瑰宝，更是吸引了大量青年的目光。他们通过临摹名家作品，不仅提升了艺术修养，更在笔墨间体会到了传统文化的韵味和意境。

在传统节日和民俗活动中，青年们的身影同样活跃。春节、中秋节、端午节等传统节日，不仅是家人团聚的时刻，也是青年们传承和弘扬传统文化的重要场合。他们通过贴春联、放鞭炮、包饺子、吃月饼、赛龙舟等活动，不仅增进了对传统文化的了解，更在实践中感受到了传统文化的魅力和乐趣。这些活动不仅丰富了青年的文化生活，也增强了他们对民族文化的认同感和自豪感。值得一提的是，青年们还利用现代科技手段，如社交媒体、网络平台等，传播和推广传统文化。他们通过发布传统文化相关的文章、视频、图片等内容，让更多的人了解和认识传统文化。同时，他们还积极参与各种线上文化活动，如线上诗词大会、书法比赛等，为传统文化的传承和发展注入了新的活力。这些现代科技手段的运用，不仅使传统文化在新时代焕发出新的生机与活力，也拓宽了青年传承和弘扬传统文化的渠道和方式。

（二）对革命文化的崇尚与弘扬

革命文化是中国共产党在革命斗争中形成的宝贵精神财富，不仅承载着深厚的历史记忆，更蕴含着无尽的爱国情怀和坚韧不拔的革命精神。在新时代文化自信培育的浪潮中，革命文化如同一座璀璨的灯塔，照亮了青年前行的道路，引领他们深入探索民族精神的深层内涵，从而在心灵深处树立起对革命文化的崇高敬意与深厚感情。新时代青年作为国家的未来和民族的希望，他们在文化自信培育的过程中，对革命文化产生了浓厚的兴趣与深厚的情感。他们深知革命文化不仅是历史的见证，更是民族精神的集中体现。因此，青年们纷纷走出校园，走进革命遗址，亲身感受那段波澜壮阔的历史，缅怀那些为革命事业献出宝贵生命的先烈们。在这些庄严肃穆的地方，青年们仿佛能够穿越时空，与革命先烈们进行心灵的对话，从而更加深刻地理解了革命文化的内涵和价值。参观革命遗址、缅怀革命先烈、学习革命历史，这些活动不仅让青年们更加珍惜来之不易的革命成果，更激发了他们的爱国情怀和革命精神。他们开始意识到，革命精神不仅仅是一种历史记忆，更是一种时代精神，它激励着青年们为国家的繁荣富强和民族的伟大复兴贡献自己的力量。这种精神力量，让青年们在面对困难和挑战时，能够保持坚定的信念和昂扬的斗志，勇往直前，不断攀登新的高峰。在此基础上，青年们积极弘扬革命精神，传承红色基因。他们将革命文化融入自己的日常生活和工作中，不仅在日常生活中注重培养自己的爱国情怀和革命精神，还积极参与各种志愿服务活动和社会公益事业。他们深知革命精神是一种行动的力量，只有通过实践才能真正体现其价值。因此，青年们纷纷投身到社会实践，用实际行动践行革命精神，传递正能量，为社会的发展贡献自己的力量。同时，青年们对革命文化的崇尚与弘扬不仅体现在思想和行动上，更体现在他们的创作和作品中。他们通过创作红色主题的诗歌、散文、小说等文学作品，以及绘制革命历史题材的绘画作品，将革命精神以艺术的形式呈现出来，让更多的人了解和感受到革命文化的魅力。这些作品不仅丰富了青年的文化生活，更在潜移默化中传递了革命精神，激发了更多人的爱国情怀和革命热情。此外，青年们还积极参与各种红色文化宣传活动，如红色旅游、红色讲座等，为革命文化的传承和发展贡献了自己的力量。通过这些活动，青年们不仅增进了对革命文化的了解，更在交流中传播了革命精神，扩大了革命文化的影响力。这种积极的参与和贡献，不仅让青年们更加深入地理解了革命文化的内涵和价值，也让他们在实践中锻炼了自己的能力和素质，为未来的成长和发展打下了坚实的基础。

（三）对社会主义先进文化的认同与践行

社会主义先进文化作为中国特色社会主义事业的重要组成部分，不仅承载着国家的文化理想，更引领着社会的文明进步。在新时代文化自信培育的广阔舞台上，社会主义先进文化以其独特的魅力和深邃的内涵，赢得了新时代青年的高度认同与热烈响应。青年们积极践行社会主义核心价值观，倡导文明新风，弘扬社会正气，以实际行动诠释着对社会主义先进文化的深刻理解与坚定信仰。新时代青年作为国家的栋梁和民族的未来，在文化自信培育的过程中，对社会主义先进文化产生了浓厚的兴趣与高度的认同。他们深知社会主义先进文化是中国特色社会主义的鲜明标志，是中华民族伟大复兴的精神支撑。因此，青年们纷纷投身于社会主义先进文化的学习与实践中，努力成为有理想、有道德、有文化、有纪律的新时代青年。在日常生活和工作中，青年们注重培养自己的道德品质、法治意识和创新精神。他们深知一个人的道德品质是其立身之本，法治意识是其行为之规，创新精神是其发展之魂。因此，他们时刻以社会主义核心价值观为引领，注重修身立德，自觉遵守法律法规，勇于开拓创新，努力在各自的岗位上发光发热。一些青年不仅注重个人修养的提升，还积极参与各种志愿服务活动和社会公益事业。他们深知社会的和谐稳定需要每个人的共同努力，而志愿服务和公益事业正是体现个人价值、服务社会的重要途径。因此，他们纷纷加入志愿者行列，走进社区、走进学校、走进农村，为需要帮助的人们送去温暖和关爱，为社会的和谐稳定贡献自己的力量。在践行社会主义先进文化的过程中，青年们还注重弘扬社会正气，倡导文明新风。他们深知社会的文明程度不仅体现在物质财富的丰富上，更体现在精神风貌的提升上。因此，他们积极倡导诚信、友善、敬业、爱国等社会主义核心价值观，用自己的实际行动去影响身边的人，共同营造文明、和谐、向上的社会环境。同时，一些青年积极参与各种文化活动和文化交流项目，为推动社会主义文化的繁荣与发展贡献了自己的力量。青年们通过参与文艺创作、文化演出、文化交流等活动，不仅丰富了自己的文化生活，还传播了社会主义先进文化，增进了不同文化之间的理解和尊重。

（四）对文化多样性的尊重与包容

在全球化的时代背景下，多样的文化如同一幅绚丽多彩的画卷，铺展在世界的每一个角落。不同文化间交流日趋频繁，这一不可逆转的趋势，不仅丰富了人类的文化宝库，也为新时代青年提供了更为广阔的文化视野和更为丰富的文化体验。在文化自信培育的过程中，新时代青年不仅增强了对本民族文化的深刻认同，更学会了尊重和理解其他民族的文化，展现出高度的文化包容性。新时代青年作为国家的未来和民族的希望，他们生活在一个多元文化交织的时代。在这个时代里，不同的文化如同一条条河流，共同汇聚成人类文化的浩瀚海洋。青年们深知，每一种文化都是其民族历史和智慧的结晶，都有其独特的魅力和价值。因此，青年们以开放的心态接纳不同文化的交流与融合，愿意倾听其他文化的声音，理解其他文化的内涵，从而不断丰富自己的文化认知和文化素养。

在文化交流中，新时代青年注重学习借鉴其他文化的优秀成果和有益经验。文化的交流不是单向的灌输，而是双向的互动。通过与其他文化的接触和碰撞，青年们能够发现其他文化的闪光点，进而将其融入自己的文化体系，使自己的文化更加丰富多彩。同时，青年们也不忘传播和推广本民族的文化，让更多的人了解和认识自己的文化，为推动世界文化的繁荣与发展贡献自己的力量。对文化多样性的尊重与包容，不仅有助于促进不同文化间的相互理解和尊重，还有助于推动世界文化的交流与融合。在多元文化的背景下，青年们能够超越民族和地域的界限，以更加宽广的视野看待世界，以更加包容的心态接纳不同的文化。这种心态和视野，不仅有助于青年们更好地适应全球化的时代趋势，也有助于他们在国际舞台上展现出更加自信和开放的形象。此外，新时代青年对文化多样性的尊重与包容还体现在他们对文化创新的积极追求上。文化的生命力在于创新，而创新需要不同文化的交流与融合。因此，青年们积极参与各种文化交流活动，与其他文化背景的同龄人进行深入的交流和探讨，共同探索文化创新的新路径和新方法。这种积极态度和创新精神，不仅为文化的传承和发展注入了新的活力，也为世界文化的繁荣与发展贡献了自己的智慧和力量。

第二节　新时代青年文化自信培育的现实问题

新时代青年文化自信培育是关乎国家文化软实力与青年个人成长的重要议题。当前，青年在文化自信培育过程中面临文化认知迷茫、培育内容针对性不强、培育方式缺乏创新及培育环境未能有效协同等挑战。这些问题不仅阻碍了青年文化自信的建立，也影响了文化传承与创新的步伐，亟须社会各界共同关注与解决。

一、培育对象文化认知迷茫

青年虽对中国文化有一定程度的熟悉，但对照新时代文化自信培育的高标准要求，其认知深度与广度仍显不足。部分青年因个人素养局限、社会环境复杂及经济全球化带来的文化碰撞等因素，在文化认知层面呈现出迷茫与不完善，此问题亟须重视。

（一）关于中华传统文化的认知迷茫问题凸显

习近平总书记在党的十九大报告中提出："中华民族有五千多年的文明历史，创造了灿烂的中华文明，为人类做出了卓越贡献，成为世界上伟大的民族。"[①]中华传统文化作为社会主义革命文化和先进文化的根基，其深厚底蕴与价值不言而喻，是青年建立文化自信的重要基石。然而，调研数据显示，多数青年对中华传统文化的掌握尚缺乏系统性与深度，甚至有少数青年对其知之甚少，这无疑为文化自信的建立设置了障碍。毛泽东曾说过："在中华民族的开化史上，有素称发达的农业和手工业，有许多伟大的思想

---

① 习近平.在中国共产党第十九次全国代表大会上的讲话[N].人民日报，2017-10-19（2）.

家、科学家、发明家、政治家、军事家、文学家和艺术家，有丰富的文化典籍。"①但现实中，部分青年对传统文献如《论语》《道德经》等兴趣索然，反而偏好快餐文化与外国文学，这种倾向不仅削弱了传统文化的传承，也影响了民族文化自信的确立。此外，部分青年在对待传统节日时的盲从与迷茫，更是对传统文化价值认同的动摇，长此以往，将侵蚀民族精神与气节，阻碍文化自信的建立及民族复兴的进程。

（二）中国革命文化与社会主义先进文化的重视程度有待提高

中国革命文化根植于党领导人民的伟大斗争实践，是民族精神的重要组成部分。调研发现，虽然青年对"长征精神""抗战精神"有所了解，但对"红船精神"等同样重要的革命精神却知之甚少，反映出青年对中国文化学习的片面性与肤浅性。同时，对社会主义先进文化的认知也存在片面性，部分青年对其内涵理解不深，未能认识到其作为文化精神、底气、价值与态度的统一体的重要性。社会主义核心价值观的认知缺失，以及对其影响力的质疑，进一步凸显了加强宣传教育与深入挖掘先进文化力量的必要性。

（三）青年对西方文化的认知误区不容忽视

经济全球化促进了文化交流，但同时也带来了西方不良文化的侵蚀，对青年文化自信构成挑战。在全球化背景下，西方文化的渗透以隐蔽且迷惑的方式影响着青年的文化价值观，部分青年因对西方文化的高度开放与盲目认同，而忽视了自身民族文化的价值，甚至出现了价值取向的偏离。如某些青年受西方拜金主义、实用主义影响，追求物质享受，否定中国先进文化，导致主流文化信任的缺失。现实案例表明，这种盲目崇拜西方文化的心态，不仅可能导致个人道德的沦丧，还可能危及国家安全与民族利益。

二、培育内容的针对性不够

青年文化自信培育以中华优秀传统文化、中国革命文化和社会主义先进文化为核心要素。然而，在实际操作中，培育内容的针对性显得较为薄弱，具体表现为内容体系架构的模糊、目标导向的不明确以及大众文化产品价值

---

① 毛泽东.毛泽东选集（第二卷）[M].北京：人民出版社，1991：622.

挖掘的不足，这些问题构成了当前青年文化自信培育的主要挑战。

（一）培育内容缺乏系统性的有效构建

当前，青年文化自信培育往往将中国文化的三大要素视为一个整体进行学习，而未能根据各要素的特点和价值进行层次分明的设计。这种泛泛而谈的做法导致了培育内容的主次不分、针对性不强。从文化价值与历史渊源的角度来看，中华优秀传统文化是中华民族精神追求的集中体现，是凝聚力和战斗力的源泉，理应成为文化自信培育的首要内容。同时，中华传统文化作为中国革命文化和社会主义先进文化的基础，其人文精神、道德规范和价值理念在新时代中国特色社会主义文化中得以传承和发展。因此，将中华传统文化与中国革命文化、社会主义先进文化等同视之，甚至忽视其独特价值，显然是不恰当的。在构建文化自信培育内容时，应明确各要素的根基与重点，实现系统性、科学性的整体构建。

（二）培育内容的目标导向性亟待明确

青年文化自信培育的目标在于坚定青年的文化自信，推动社会主义文化的繁荣发展，提升国家文化软实力，助力中国特色社会主义伟大事业。然而，在实际操作中，目标导向的模糊性时有发生。例如，部分高校在校训制定上缺乏独特性，盲目跟风，导致校训内容雷同，无法体现学校的办学理念和治学精神。这不仅反映了人文精神目标导向的不清晰，也削弱了文化自信培育的功能。在新时代，青年文化自信培育应坚持以习近平新时代中国特色社会主义思想为指导，以社会主义核心价值观为引领，通过思想政治教育的主渠道，促进青年思想觉悟、道德水平和文明素养的全面提升。面对文化形态的多样性，必须明确指导思想的一元化，确保马克思主义在意识形态领域的领导权，这是文化自信培育内容应遵循的明确目标导向。

（三）大众文化产品的价值挖掘尚待深化

大众文化作为与社会主义市场经济、政治发展相适应的文化形态，以其现代化、通俗化、商品化的特点深受青年喜爱。然而，部分大众文化产品过于追求形式上的吸引力，而忽视了精神价值的内涵。优秀的大众文化产品应以中华传统文化为力量源泉，以社会主义核心价值观为灵魂，实现文化价值的持久传递。当前，虽然我国文化产品数量上取得了显著增长，但文化影响力并未与之匹配。根本原因在于大众文化中社会主义核心价值观的精神内核植入不够深入，挖掘不充分，导致文化发展的导向性不明确，动力不足。例如众多火爆一时的娱乐节目迅速衰落，正是由于缺乏文化价值支撑，与社会主流价值观念相背离。因此，作为文化自信培育载体的大众文化产品，必须注重文化价值的挖掘与提升，以确保其质量、影响力和观众认可度，进而促进青年文化自信的培育和国家软实力的增强。

三、培育方式的创新性不足

在新时代的文化语境下，青年文化自信的培养不仅是国家文化战略的重要组成部分，也是青年个人成长与社会进步的关键要素。然而，当前青年文化自信培育实践中存在的培育方式创新性不足问题，成为严重制约其效果的瓶颈。

（一）教学内容与方法的陈旧性

在青年文化自信培育的实践中，教学内容与方法的陈旧性表现得尤为突出。许多高校和机构仍坚守着以课堂讲授、教材阅读为主导的传统教学模式，这些方式虽在一定程度上确保了文化知识的系统性传授，但其固有的局限性不容忽视。一方面，这种单向传输的教学方式缺乏足够的互动性，难以激发青年的主动探索精神和创新思维。青年作为文化学习的主体，其参与度和体验感被大大削弱，导致学习兴趣的缺失和文化认知的浅层化。另一方面，教学内容往往停留在对文化知识的表面介绍，缺乏对中华文化深层次内涵的挖掘和多元视角的呈现。中华文化博大精深，涵盖哲学思想、文学艺术、历史传承等多个维度，而传统的教学内容往往侧重于知识点的罗列，忽视了文化背后的精神价值、社会变迁和时代意义。这种片面化的教学方式，使得青年难以形成对中华文化的全面认知，更难以产生深刻的情感共鸣和文化自信。

（二）新媒体与数字技术应用的忽视

随着信息技术的飞速发展，新媒体与数字技术已成为信息传播的主要渠道，深刻影响着青年的生活方式、思维方式和信息接收习惯。然而，在青年文化自信培育的过程中，这些新兴技术的应用却显得滞后和不足。许多高校和机构仍依赖传统的宣传手段，如海报、讲座等，这些方式虽然具有一定的覆盖面，但在信息的即时性、互动性和个性化方面存在明显局限。新媒体平台，如社交媒体、短视频应用等，以其强大的信息传播能力、丰富的表现形式和高度的用户参与度，成为青年获取信息、交流思想、表达自我的重要场所。然而，由于对这些平台潜力的认识不足或利用不当，青年文化自信培育工作未能有效融入这一新兴领域，导致信息传播的范围受限，青年对文化的接受度和认同感降低。此外，缺乏对新媒体特性的深刻理解，也使得培育内容在形式和内容上难以与青年的接受习惯相契合，进一步削弱了培育效果。

（三）跨学科融合与创新的缺失

文化自信培育是一项复杂的系统工程，它要求历史学、文学、哲学、艺术学等多个学科的交叉融合与协同创新。然而，在当前的培育实践中，跨学科融合与创新的缺失成为制约其深入发展的关键因素。不同学科之间缺乏有效的沟通机制和协作平台，导致培育内容和方法过于单一，难以满足青年对多元文化的需求和期待。一方面，学科壁垒的存在限制了文化知识的跨界整合。每个学科都有其独特的研究视角和方法论，但缺乏跨学科的合作与交流，使得培育内容往往局限于某一学科的框架内，难以形成全面、立体的文化认知体系。这种单一化的培育模式，不仅限制了青年的视野拓展，也阻碍了他们对文化深层次的理解和感悟。另一方面，创新机制的缺失使得培育工作难以跟上时代步伐。在快速变化的社会环境中，青年对文化的需求日益多样化、个性化，而传统的培育体系往往缺乏足够的灵活性和创新性，难以适应这种变化。缺乏跨学科的创新合作，使得培育内容和方法难以满足青年对新鲜、有趣、有深度的文化体验的追求。

四、培育环境营造未能联动

马克思指出："人创造环境，同样，环境也创造人。"[①] 这一论述深刻揭示了环境对于个体发展的至关重要性。然而，当前青年文化自信培育的环境

---

① 马克思，恩格斯. 马克思恩格斯选集（第三卷）[M]. 北京：人民出版社，1995：159.

尚存诸多不完善之处，这些不足在一定程度上制约了培育的效果，亟须充分关注。

其一，家庭、学校、企事业单位等社会文化培育资源的整合尚显不足。青年文化自信的培养并非单一培育单位所能独力完成，而是需要多元培育力量的联合参与和资源共享。遗憾的是，当前各类文化培育资源的应用状况参差不齐，且相互间联系松散，缺乏有效的协同联动机制，这不仅导致了资源的浪费，也削弱了文化自信培育的整体成效。高校作为青年文化自信培育的关键场所，拥有丰富的硬件设施和软件资源，是青年系统学习、接纳、认同并形成文化自信的重要环境。然而，部分高校在人文教育资源上的缺失，过度偏重文化课学习，将政治理论课的考试成绩视为衡量学生学习效果的唯一标准，忽视了"第二课堂"实践教育的价值，从而减少了青年通过社会实践与更广泛社会资源交流的机会。此外，学校与家庭教育之间的衔接不畅，形成了"两点一线"的教育模式，使得家庭教育在高等教育过程中的作用被边缘化，这不仅影响了青年的全面发展，也在一定程度上导致了悲剧的发生。高校在此方面的责任不容忽视，其未能主动与家庭教育形成合力，实现资源的共享与融合，是家庭教育在高等教育中缺失的重要原因。

家庭作为个体成长的基本单元，其文化培育功能不容小觑。然而，当前家庭培育往往呈现出封闭、自发、生活化的特点，忽视了自身教育的重要性，且缺乏与其他教育力量的有效沟通。实验显示，在弘扬尊老爱幼传统美德的实践作业中，部分青年及家庭的态度和行为反映了这一问题的严峻性。家庭教育的缺失和不当配合，不仅影响了诚信教育的实施，也削弱了文化自信培育的效果。同样，政府、企业等社会文化培育力量在文化自信培育中也存在各自为政、缺乏协同联动的问题。

其二，亚文化建设的特色不突出也是一大问题。亚文化作为社会主流文化的补充，反映了特定群体的生活习俗和精神风貌。然而，当前青年群体中的亚文化却存在主题模糊、时代主旋律不鲜明的问题。各培育主体在文化建设上往往处于被动、重复的状态，未能凸显社会主义先进文化的主流方向，缺乏创新和特色。同时，亚文化管理的缺失、制度的匮乏以及监督的不到位，导致文化活动低俗、盲目，文化精神迷失。社会中错误文化的泛滥，如非理性文化、享乐主义、历史虚无主义、拜金主义和功利主义等，对青年的文化观念产生了负面影响。因此，青年亚文化应与青年群体的社会生产活动相结合，围绕群体特征、爱好和生活，设定文化类型和属性，以实现文化活动的特色鲜明，价值积极向上，青年喜闻乐见。

其三，教育、管理、服务的联动不足也是制约青年文化自信培育的重要因素。当前文化自信培育仍以传统的说教和灌输为主，管理过多而服务不足，导致培育主体与客体之间的不平等关系，影响了青年学习中国文化的兴趣。中华传统文化强调以人为本，但在文化培育实践中，这一原则有时被忽视。例如，"学习强国"学习软件的使用，虽然有助于开阔视野和学习国家理念、政策以及优秀文化，但部分教育单位在组织学习时过于注重学分要求和学习时间等硬性指标，使得学习流于形式、效果不佳。相反，那些能够从服务学习者角度出发、增加人文情怀、实现学习内容与工作内容相结合的教育单位，则通过灵活考核和实践活动提高了学生的主动性和积极性，增强了学习效果。因此，青年文化自信培育应进一步转变理念，建立教育、管理和服务的联动机制，优化培育环境，以实现三者的互惠互联和共同服务于青年文化自信培育的全过程。

第三节　新时代青年文化自信培育的问题根源

新时代青年文化自信培育的问题根源，深植于多方面因素的交织影响之中。培育机制的不完善，培育主体间缺乏有效协同，资源分配的不均衡，以及青年自我认知的局限性，是制约文化自信培育的四大症结。这些因素相互作用，不仅阻碍了青年对中华文化的深刻理解与认同，也影响了文化自信在青年群体中的稳固建立与传承发展，亟须引起高度重视并寻求系统性解决之道。

一、培育机制不够健全

当前青年文化自信培育的机制尚存诸多不健全之处，这些不足不仅制约了培育效果的实现，也影响了青年对中华文化的深刻认同和自觉传承。

（一）培育机制缺乏系统性

青年文化自信培育作为新时代文化建设的重要组成部分，其复杂性和系统性不容忽视。这一培育过程不仅关乎传统文化的传承，更涉及现代文化、革命文化以及社会主义先进文化的全面融合与发展。然而，当前培育机制在系统性方面的不足，制约了青年文化自信培育的效果。

一方面，培育内容的片面性导致青年对文化的认知存在局限。在当前的培育体系中，传统文化往往被置于核心地位，而现代文化、革命文化以及社会主义先进文化的培育则相对薄弱。这种片面的培育方式不仅限制了青年对文化多样性的认识和理解，也阻碍了对他们文化创新能力的培养。青年作为国家的未来和民族的希望，应该具备全面的文化素养和开放的文化心态，以更好地适应全球化背景下的文化交流与竞争。然而，当前培育机制的片面性导致青年在文化认知上的局限，难以形成全面的文化自信。

另一方面，培育过程的缺乏连贯性也严重影响了文化自信的建立。青年文化自信的培育是一个长期而复杂的过程，需要各个阶段、各个环节之间的紧密衔接和有效配合。然而，当前学校教育与家庭教育、社会教育之间缺乏有效的沟通和协作，使得青年在不同环境中接收到的文化信息存在冲突和矛盾。这种缺乏连贯性的培育过程不仅导致青年在文化自信建立上的困惑和迷茫，也削弱了培育效果的整体性和持久性。

（二）培育机制缺乏针对性

青年群体具有多样性和差异性的特点，他们在文化背景、兴趣爱好、认知水平等方面存在显著差异。然而，当前培育机制在针对性方面的不足，使得青年文化自信培育难以有效满足青年的个体差异和需求。

一方面，当前培育机制往往采用"一刀切"的培育方式，忽视了青年的个体差异。这种缺乏针对性的培育方式不仅难以激发青年的学习兴趣和积极性，还可能导致他们对文化自信培育产生抵触情绪。青年作为具有独立思考和自主选择能力的个体，他们希望在教育过程中得到更多的关注和尊重。然而，当前培育机制的单一性和统一性使得青年在文化自信培育中难以找到属于自己的位置和价值，从而影响了他们的学习动力和参与度。

另一方面，当前培育机制在内容设置上也存在缺乏针对性的问题。一些培育活动过于注重理论知识的灌输，而忽视了实践环节的设置。这种重理论轻实践的培育方式使得青年难以将所学知识转化为实际行动，从而影响了文化自信培育的实效性。同时，一些培育内容过于陈旧和枯燥，与青年的生活实际脱节，难以引起他们的共鸣和认同。这种缺乏时代性和生活性的培育内容不仅难以吸引青年的注意力，还可能导致他们对传统文化产生厌倦和抵触情绪。

（三）培育机制缺乏创新性

随着时代的进步和科技的发展，青年的生活方式、思维方式和价值观念发生了深刻变化。然而，当前培育机制在创新性方面的滞后，使得青年文化自信培育难以适应新时代青年的需求。

一方面，培育方式的缺乏创新性限制了青年文化自信培育的吸引力和影响力。在当前的教育体系中，传统的课堂教学、讲座报告等形式仍然占据主导地位。这种缺乏互动性和实践性的培育方式难以激发青年的学习兴趣和参与度，也限制了他们在文化自信培育中的主动性和创造性。青年作为新时代的主体力量，他们渴望在教育过程中得到更多的互动和体验，以更好地理解和认同所学内容。然而，当前培育机制的单一性和传统性使得青年在文化自信培育中难以获得足够的满足感和成就感。

另一方面，培育内容的缺乏时代性也影响了青年文化自信培育的效果和质量。在当前的教育体系中，传统文化往往被置于核心地位，而现代文化、网络文化等新兴文化形态的关注和引导则相对不足。这种缺乏时代性的培育内容不仅难以吸引青年的注意力，还可能导致他们对传统文化产生厌倦和抵触情绪。青年作为具有敏锐洞察力和创新精神的群体，他们希望在教育过程中接触到更多的新鲜事物和前沿思想。然而，当前培育机制的保守性和滞后性使得青年在文化自信培育中难以获得足够的启发和激励。

二、培育主体缺乏协同

各培育主体相互协同作为系统论中的核心概念，强调的是各组成部分之间的相互配合与协调，以达到整体最优的效果。青年文化自信培育是一个涉及广泛领域和多元主体的复杂过程。学校、家庭、社会、政府及媒体等作为培育的主要力量，各自承担着不同的角色和使命。然而，正是这些多元主体的存在，使得协同成为一项艰巨的任务。

（一）各培育主体在目标设定、内容选择、方法运用方面存在差异

各培育主体在青年文化自信培育的具体实践中，于目标设定、内容选择以及方法运用等关键环节上，展现出了显著且深刻的差异性。这种差异性，既是各主体自身特性与功能的体现，也是当前青年文化自信培育工作中面临的一大挑战。

学校作为知识传授与技能培养的主阵地，其培育目标往往聚焦于青年学生的知识积累与专业技能的掌握。在教育内容的选择上，学校更倾向于那些具有系统性、理论性的文化知识，以及那些能够提升学生未来就业竞争力的实用技能。在教学方法上，学校则倾向于采用讲授式、讨论式、实验式等多样化的教学手段，以期在有限的学制内，最大限度地丰富学生的知识储备与技能水平。然而，这种以知识与技能为核心的培育模式，虽能在一定程度上提升青年的文化素养，却可能忽视了对其文化情感、文化态度及文化价值观的深度培养。

家庭扮演着道德情操与价值观塑造的重要角色。在家庭中，青年不仅学习基本的生活技能，更在潜移默化中接受着家庭文化的熏陶与价值观的传承。家庭培育的内容，往往与日常生活紧密相连，如尊老爱幼、勤俭节约、诚实守信等传统美德，以及家庭特有的文化习俗与生活方式。在培育方法上，家庭更倾向于采用言传身教、榜样示范等隐性教育方式，通过家长的言行举止，对青年产生深远的影响。然而，家庭培育的局限性在于其往往受限于家庭自身的文化水平、价值观念及教育方式，可能无法为青年提供更为广阔的文化视野与多元的文化体验。

社会作为青年文化实践的大舞台，其培育目标则更加注重青年实践能力的锻炼与文化体验的获得。社会通过文化活动及志愿服务等形式，为青年提供了丰富的文化体验与实践机会。在这些活动中，青年不仅能够亲身体验到文化的魅力与多样性，还能够在实践中锻炼自己的组织协调能力、团队合作能力及社会适应能力。然而，社会培育的难点在于其往往缺乏系统的规划与组织，活动内容与质量参差不齐，且难以对青年的文化认知与价值观产生持

续且深远的影响。

正是由于学校、家庭与社会在培育目标、内容及方法上的显著差异，导致了青年在接受不同主体培育时感受到冲突与困惑。这种冲突与困惑，不仅体现在青年对文化知识的认知与理解上，更体现在其对文化价值观的选择与认同上。青年在面对多元文化的冲击与融合时，往往缺乏足够的文化自觉与文化自信，难以形成稳定且坚定的文化认同感。因此，如何协调各培育主体的差异，形成协同育人的合力，成为当前青年文化自信培育工作中亟待解决的重要问题。

（二）各培育主体在资源和信息共享方面存在壁垒

各培育主体在青年文化自信培育的过程中，面临的另一大挑战在于资源和信息共享方面的壁垒。这一壁垒的存在，不仅阻碍了各主体之间的有效协作，更导致了优质教育资源的浪费与重复建设，从而降低了培育的整体效率和效果。

从体制机制的角度来看，当前青年文化自信培育的体系尚处于初级阶段，尚未构建起一套成熟完善的协同机制。这一现状的根源在于各培育主体在职责界定、协作流程设计、资源共享规则等方面，缺乏统一明确的法律法规和政策导向。因此，在实际运作过程中，各主体往往基于自身利益与立场，采取各自为政的策略，难以形成一股合力。这种体制机制的不健全，不仅抬高了各主体间的协调成本，还严重制约了优质教育资源的自由流动与高效共享。各主体在缺乏有效协同机制的情况下，往往陷入孤立无援的境地，难以充分发掘和利用彼此的优势资源，从而影响了培育工作的整体推进。

利益诉求的差异则是导致资源共享壁垒的另一关键因素。在青年文化自信培育的广阔舞台上，学校、家庭、社会等主体扮演着不同的角色，承载着各异的期望与使命。学校更侧重于知识的传授与技能的培养，家庭更关注道德情操的熏陶与价值观的塑造，社会则更强调实践能力的锻炼与文化的亲身体验。这些截然不同的利益诉求，使得各主体在资源共享与信息交流时，往往心存顾虑，有所保留，难以达到真正的坦诚与开放。这种利益诉求的冲突，不仅削弱了各主体间的合作基础，还限制了优质教育资源的合理配置与有效利用。各主体在追求自身利益最大化的过程中，可能忽视了整体利益的最大化,从而导致了资源的浪费与分散。

技术条件的限制同样成为资源共享壁垒中不可忽视的一环。在信息化、数字化浪潮席卷全球的今天,信息共享平台的建设与运维已成为衡量一个培育主体现代化水平的重要标志。然而,由于各培育主体在技术积累、资金投入等方面的显著差异,导致信息共享平台的建设呈现出不均衡的状态。一些主体可能已经拥有先进的信息共享平台与技术手段,能够轻松实现资源的快速传递与高效利用;而另一些主体则可能在这方面相对落后,面临着技术瓶颈与资金短缺的双重困境。这种技术条件的差异,使得各主体在信息共享时遭遇重重障碍,难以实现资源的无缝对接与有效整合。这不仅降低了信息共享的效率与质量,还加剧了资源的浪费与重复建设。

(三)各培育主体在角色定位和责任划分上存在模糊

各培育主体在青年文化自信培育的宏大叙事中,其角色定位与责任划分的模糊性,无疑成为制约协同合作深入发展的关键因素。政府、学校、家庭、社会和媒体,这些看似独立却又紧密相连的主体,共同构成了青年文化自信培育的复杂生态系统。然而,在实际操作层面,由于职责界定不清、角色定位模糊,这一生态系统并未能发挥出应有的协同效应,反而呈现出一种碎片化、无序化的状态。

政府作为青年文化自信培育的顶层设计者与政策推动者,其角色定位理应清晰而具体。然而在实践中,政府的角色往往被泛化为一种宏观的指导与支持,缺乏细致入微的操作指南与实施细则。这种宏观与抽象的角色定位,使得政府在面对具体培育工作时显得力不从心,难以精准捕捉各培育主体的实际需求与期望。同时,政府在协调各方利益与资源时,也往往因缺乏明确的指导原则而陷入困境,导致政策执行的偏差与资源的错配。

学校作为知识传授与技能培养的主要场所,其角色定位本应聚焦于学生的全面发展。然而在现实中,学校往往由于应试教育,过于注重学术成绩与升学率,而忽视了对学生文化自信的培养。这种角色定位的偏差,使得学校在培育青年文化自信时缺乏足够的动力与投入,难以发挥出应有的教育功能。同时,学校与家庭、社会等主体之间的沟通与合作也显得捉襟见肘,难以形成协同育人的强大合力。这种孤立无援的状态,不仅影响了学校培育工作的效果，也削弱了学生在文化自信方面的获得感与成就感。

家庭在青年文化自信培育中扮演着举足轻重的角色。家庭是青年成长的最初环境，也是文化传承与价值观塑造的重要基石。然而在当前社会背景下，家庭的角色定位却往往被边缘化或忽视。许多家长在追求孩子学业成绩与物质需求的同时，却忽视了对其文化自信的培养。其角色定位的缺失，使得家庭在培育青年文化自信时难以发挥出应有的作用，甚至可能成为一种负面因素，影响青年对文化的认同与自信。

社会作为青年文化实践的大舞台，其角色定位同样面临着挑战。社会应为青年提供丰富多彩的文化体验与实践机会，帮助他们在实际生活中感受文化的魅力与价值。然而在当前社会中，文化的商业化与娱乐化倾向日益明显，使得青年在接触文化时往往只停留在表面层次，难以深入理解和认同文化的内涵与价值。这种角色定位的模糊性，不仅影响了青年文化自信的形成与巩固，还可能导致文化的异化与贬值，进而削弱整个社会的文化软实力。

媒体作为信息传播与文化传播的重要渠道，其角色定位在青年文化自信培育中同样具有举足轻重的地位。然而在当前媒体环境中，信息的碎片化与娱乐化倾向严重削弱了媒体的文化传播功能。媒体在传播文化时往往缺乏深度与广度，难以引导青年形成正确的文化观念与价值观。同时，媒体对青年文化自信的引导与塑造作用也未得到充分发挥，甚至可能因不当的信息传播而引发青年的文化误解与偏见。

三、培育资源分配失衡

培育资源是指在青年文化自信培育过程中，能够用于支持、促进和保障培育活动顺利进行的各种要素的总和。这些资源既包括物质层面的资金、设施、文献资料等，也涵盖精神层面的教育理念、文化氛围等。这些资源相互关联、相互作用，共同构成了青年文化自信培育的复杂生态系统。然而在当前青年文化自信培育过程中，培育资源分配失衡的问题日益凸显，成为制约其效果的关键因素。

（一）教育资源分配不均

教育资源作为青年文化自信培育的基石，其分配的均衡性直接关系到培育效果的全面性与深入性。然而，当前教育资源配置存在显著的不均衡现象，这种不均衡不仅体现在地域之间，也贯穿于不同教育阶段之中，对青年文化自信的培养构成了严峻挑战。

一方面，城乡教育资源差距明显，成为制约青年文化自信培育的重要因素。城市学校凭借其经济、文化等多方面的优势，往往能够汇聚优秀的师资力量、引进先进的教学设施、开展丰富多彩的课外文化活动。这些资源的集聚，为城市青年提供了更多接触和深入了解文化的机会，使他们在文化的熏陶中逐渐树立起文化自信。相比之下，农村和边远地区的学校则面临教育资源匮乏的困境。由于经济条件有限、文化氛围相对薄弱，这些地区的青年学生难以获得高质量的文化教育，文化自信的培养因此受到严重制约。他们可能对传统文化知之甚少，对现代文化的理解也相对肤浅，难以形成坚定的文化自信。

另一方面，高等教育与基础教育的资源配置也存在不平衡现象，进一步加剧了青年文化自信培育的难度。高等教育机构作为学术研究与文化传承的重要阵地，通常拥有更多的研究资源和文化平台。这些资源为高等教育阶段的学生提供了更广泛、更深入的文化学习机会，使他们能够在学术研究的氛围中不断加深对文化的理解和认同。然而在基础教育阶段，由于资源有限、教学任务繁重，往往难以开展系统性的文化自信教育。学生可能更多地关注于应试知识的传授，而忽视了文化自信的培养。这种资源配置的不均衡，导致青年在不同教育阶段接受的文化教育存在显著差异，影响了其文化自信的全面培养。

（二）文化教育资源单一

文化自信的培养需要多元化的文化教育资源作为支撑。然而，当前文化教育资源单一的问题较为突出，这在一定程度上限制了青年文化自信培育的广度与深度。

一方面，学校教育在文化自信的培育上过于依赖传统的课堂教学，缺乏丰富多样的文化实践活动。课堂教学虽然能够系统地传授文化知识，但往往难以激发学生的学习兴趣和探索欲望。青年学生可能对课堂上学到的文化知识产生厌倦感，甚至对文化本身产生抵触情绪。这种单一的教育方式，无法满足青年对多元文化的探索需求，也难以培养他们的文化自信。因此，学校需要打破传统课堂教学的束缚，引入更多元化的教学方式和实践活动，如文化考察、文化交流等，以激发学生的学习兴趣和探索欲望。

另一方面，社会文化资源未能得到有效整合和利用，也是制约青年文化自信培育的重要因素。博物馆、图书馆、文化中心等社会文化资源，是青年了解和学习文化的重要场所。然而，这些资源在分布和利用上存在不均衡现象。一些地区由于经济条件有限或文化氛围薄弱，文化资源相对匮乏，青年难以接触到丰富的文化内容。而另一些地区，虽然拥有丰富的文化资源，但由于缺乏有效的整合和利用机制，这些资源往往被闲置或浪费，未能充分发挥其在文化自信培育中的作用。因此，需要加强对社会文化资源的整合和利用，建立健全的文化资源共享机制，使更多的青年能够享受到丰富的文化资源，从而培养他们的文化自信。

（三）师资力量分配不均

师资力量作为青年文化自信培育的核心要素，其分配的均衡性直接关乎培育质量与成效。然而，当前师资力量的分配却呈现出显著的不均衡态势，成为了增强青年文化自信的瓶颈。

一方面，城乡教师资源差距明显，是师资力量分配不均的突出表现。城市学校凭借其优越的地理位置、完善的基础设施以及丰厚的薪酬待遇，往往能够吸引更多优秀的教师。这些教师不仅具备丰富的教学经验，还拥有深厚的文化素养，能够为青年提供高质量的文化教育。他们在课堂上旁征博引，将文化知识娓娓道来，使学生在轻松愉快的氛围中感受到文化的魅力，从而逐渐树立起文化自信。相比之下，农村和边远地区的学校则面临教师资源匮乏的困境。由于经济条件有限、生活环境艰苦，这些地区难以吸引和留住优秀教师。青年教师比例较高，他们在教学经验和文化素养方面相对不足，难以有效承担文化自信培育的任务。这种城乡教师资源的差距，导致农村和边远地区的青年在文化教育上处于劣势地位，文化自信的培养因此受到严重影响。

另一方面，不同学科领域之间的教师资源分配也存在不均衡现象，进一步加剧了青年文化自信培育的难度。在当前的教育体系中，一些热门学科如计算机、经济等往往能够吸引更多的优秀教师。这些学科的教师资源相对充裕，教学质量和效果也因此得到保障。然而，文化、历史等人文社科领域的教师资源则相对匮乏。这些学科的教师往往需要具备较高的文化素养和深厚的学术功底，但由于种种原因，这些领域的优秀教师数量有限。这种不均衡的分配导致青年在接受文化教育时难以获得全面、深入的指导。可能导致青年对传统文化了解不深，对现代文化的理解缺乏深度和广度，难以形成坚定的文化自信。这种学科领域间的教师资源不均衡，不仅影响了青年的文化教育质量，也制约了其文化自信的全面培养。

四、青年自我认知局限

自我认知是指个体对自我能力、价值、身份以及与环境关系的认识和评价。它是个体心理结构的重要组成部分，影响着个体的行为选择、情感反应及认知加工。青年自我认知局限则是指青年在自我认知过程中存在的偏差、狭隘或不足，导致他们无法全面、准确地认识自我，进而在文化自信培育上表现出种种局限。

当前，青年自我认知局限在新时代文化自信培育中主要表现为以下几个方面。

（一）文化认同的模糊性

文化认同是个体对自身所属文化群体的归属感与认同感，是文化自信的基础。然而，部分青年在文化认同上展现出模糊性，具体表现为对传统文化的表面化了解、外来文化的强烈吸引以及文化价值观的冲突与困惑。

1. 表面化的文化了解

在当前社会，青年群体对传统文化的了解普遍呈现出一种表面化的特征，这一现象在快节奏、高压力的生活节奏中尤为明显。许多青年对传统文化的接触往往局限于节日习俗、传统服饰等外在形式，这些元素因其直观性和易获取性，成为他们了解传统文化的主要途径。然而，这种浅尝辄止的了解方式，使得他们难以触及传统文化背后的历史渊源、文化内涵和精神价值。这种表面化的了解，不仅无法为青年提供深入的文化滋养，也难以激发他们对本土文化的深厚情感与深刻理解，从而导致文化认同感的薄弱。传统节日和习俗作为传统文化的重要组成部分，承载着丰富的历史记忆和民族情感。然而，在青年群体中，这些节日和习俗往往被简化为形式化的庆祝活动，如吃团圆饭、放鞭炮、穿传统服饰等。他们可能对这些活动的历史背景、文化内涵和象征意义知之甚少，甚至将其视为一种例行公事或商业促销的手段。部分青年对传统节日和习俗的片面理解，使得其难以从中汲取文化的精髓，也难以形成对本土文化的深刻认同。

2. 外来文化的强烈吸引

全球化进程的加速，如同一股不可阻挡的潮流，将世界各地的文化紧密地联系在一起。在全球化的进程中，外来文化以更加直接、便捷的方式涌入青年的生活空间，成为他们日常接触和感知的重要部分。与本土文化相比，外来文化往往以其新颖性、时尚感以及异域风情迅速吸引青年的注意。这些外来文化元素，如流行的音乐、电影、时尚品牌等，不仅满足了青年对新鲜刺激的追求，也为他们提供了个性化表达的资源和手段。在追求新鲜刺激与个性化表达的驱使下，部分青年可能过度关注并模仿外来文化。他们可能热衷于追随国际流行趋势，模仿外国明星的穿搭和言行，甚至在日常生活中刻意营造一种"国际化"的氛围。这种对外来文化的过度追捧和模仿，不仅削弱了他们对本土文化的关注和认同，也可能导致对本土文化的疏离与遗忘。当青年被外来文化所吸引并盲目模仿时，他们的文化认同便可能逐渐偏移，从本土文化转向外来文化。这种文化认同的偏移，不仅削弱了青年的文化自信，也可能对本土文化的传承与发展构成威胁。文化的传承和发展需要年轻一代的参与和贡献，如果青年对本土文化失去兴趣和认同，那么本土文化的未来就岌岌可危了。

3. 文化价值观的冲突与困惑

在多元文化交织的今天，不同文化价值观之间的碰撞与冲突日益显著。青年在成长过程中，不可避免地会接触到来自不同文化背景的价值观念。这些价值观之间的差异和冲突，如个人主义与集体主义、自由与责任等，都是青年在文化认同过程中需要面对和解决的问题。个人主义强调个体的独立性和自主性，而集体主义则强调个体的归属感和责任感。在多元文化背景下，青年可能同时受到这两种价值观的影响，导致他们在文化认同上产生摇摆不定。他们可能既想保持自己的个性和独立性，又不想完全脱离集体和社会的束缚。这种矛盾心理使得他们在文化认同上难以形成稳定而深刻的认知。同时，自由与责任也是青年在文化认同过程中经常遇到的价值观冲突。自由意味着个体有权利选择自己的生活方式和价值观，而责任则意味着个体需要承担一定的社会义务和责任。在多元文化背景下，青年可能面临来自不同文化背景的自由与责任观念的碰撞。他们可能既想追求个人的自由和幸福，又不想忽视社会的责任和期望。这种内心的挣扎和矛盾，使得他们在文化自信的建立上遇到了困难。

文化价值观的冲突与困惑不仅源于不同文化之间的差异，也源于青年自身成长过程中的心理变化与认知发展。青年正处于自我认同与价值观形成的关键时期，渴望独立、追求自我实现，但同时也面临着来自社会、家庭、学校等多方面的压力与影响。在这种复杂的心理与社会环境中，青年可能难以清晰地界定自己的文化身份与价值取向，导致文化认同的摇摆不定。这种文化认同的摇摆不定不仅影响了青年的个人成长与发展，也可能对社会的文化生态造成负面影响。当青年无法形成稳定而深刻的文化自信时，他们便可能在社会文化生活中表现出迷茫与无所适从的状态，进而影响整个社会的文化凝聚力与向心力。

（二）文化价值的功利性

在市场经济和消费文化的双重影响下，文化价值的功利化现象日益显著，在青年群体中表现得尤为突出。部分青年将文化价值简化为物质利益和娱乐享受，忽视了文化的精神内涵和审美价值，导致他们在文化认知上出现了偏差。

市场经济的发展，为文化的传播和交流提供了更为广阔的平台。然而，市场的逻辑往往以经济效益为首要考量，这使得一些文化产品和文化活动在追求经济利益的过程中，忽视了文化的精神内涵和审美价值。例如，一些商业化的文化节庆活动，虽然表面上热闹非凡，但实际上已经沦为商家促销和赚取利润的手段，失去了文化节庆本身应有的文化意义和情感价值。在这种市场环境下，青年很容易受到这种功利化文化价值观的影响，将文化价值简化为物质利益和娱乐享受。同时，消费文化的盛行也进一步加剧了青年文化价值观的功利化倾向。消费文化强调个体的消费行为和消费选择，鼓励人们通过消费来追求快乐和获取满足。在消费文化的引导下，青年可能更倾向于选择那些能够带来即时满足和物质享受的文化产品，而忽视了那些需要深入思考和品味的文化作品。这种消费选择不仅影响了青年的文化素养和审美能力，也使得他们在文化自信培育上缺乏深度和广度。

功利化的文化价值观对青年文化自信培育的影响是多方面的。其一，它削弱了青年对文化的深刻理解和认同。当青年将文化价值简化为物质利益和娱乐享受时，他们往往无法深入领略文化的精神内涵和审美价值，也无法形成对文化的深刻理解和认同。这种浅尝辄止的文化认知方式，使得青年在文化自信的建立上缺乏坚实的基础。其二，功利化的文化价值观限制了青年的文化创新和发展。文化的创新和发展需要青年具备深厚的文化素养和审美能力，以及对文化的深刻理解和认同。然而，在功利化文化价值观的影响下，青年可能更倾向于选择那些已经商业化、大众化的文化产品，而忽视了那些具有创新性和独特性的文化作品。这种选择方式不仅限制了青年的文化视野和审美水平，也制约了他们在文化创新和发展上的潜力和可能性。其三，功利化的文化价值观还可能对青年的社会责任感和使命感产生负面影响。当青年将文化价值简化为物质利益和娱乐享受时，他们可能更加关注个人的快乐和满足，而忽视了文化的社会价值和意义。

（三）文化创新的惰性

在文化日新月异的今天，创新已成为推动文化发展的不竭动力。然而，部分青年在文化创新上却表现出一种惰性，不仅体现在对既有文化产品和观念的被动接受上，更在于他们缺乏主动探索和创新的精神，不愿尝试新的文化形式和表达方式。这一现象不仅限制了青年的文化创造力，也深刻影响了他们在文化自信培育过程中的积极性和主动性。

文化创新的惰性在青年群体中有着多种表现。其一，它体现为对既有文化成果的过度依赖。部分青年更倾向于接受那些已经成熟、被广泛认可的文化产品和观念，如流行的音乐、电影、书籍等，而缺乏对这些文化产品进行独立思考和批判性解读的能力。他们往往满足于现成的文化消费，而非主动地去创造和表达自己的文化观点。其二，文化创新惰性还表现为对新文化形式和表达方式的抵触。在面对新兴的文化现象和艺术形式时，这些青年可能因不熟悉或不习惯而选择回避，缺乏对新事物的好奇心和探索欲。他们更倾向于维持现状，不愿走出自己的舒适区去尝试和接受那些可能带来新体验和新认知的文化创新。其三，文化创新惰性还与青年的认知结构和思维方式密切相关。在认知层面，部分青年可能缺乏对新事物进行深度加工和整合的能力，导致他们难以理解和接受新颖的文化表达。在思维方式上，他们可能过于依赖传统的思维模式和价值观念，缺乏批判性思维和创造性思维的训练。这种认知结构和思维方式的局限性，进一步加剧了他们在文化创新上的惰性。文化创新的惰性对青年的影响是深远的。它不仅限制了他们的文化创造力，使他们无法充分展现自己的个性和才华，也影响了他们在文化自信培育上的积极性和主动性。文化自信是建立在对自身文化价值的深刻认同和坚定信念基础上的，而惰性的存在使青年难以深入挖掘和传承本土文化的精髓，也难以在与其他文化的交流中保持开放和包容的态度。

第六章　新时代青年文化自信培育的实践进路

新时代青年文化自信不可能自发形成，必须经过系统的培育才能得以实现。因此，需要着手于构建完善的培育机制、强化多主体协同合作、深化培育内容与形式的创新、优化培育环境与资源配置，以及提升青年自我认知，以全方位促进青年文化自信的稳固树立，为青年在全球化时代中坚守文化根脉、展现文化自信提供坚实支撑。

第一节　构建完善的青年文化自信培育机制

构建完善的青年文化自信培育机制是激发青年创造力、促进其全面发展的重要基石。这要求我们从健全新时代文化自信培育政策体系入手，加强培育机制的顶层设计与实施监督，同时优化培育过程评估与反馈机制，以确保青年能够在深厚的文化自信中茁壮成长，为国家的繁荣兴盛贡献力量。

一、健全新时代文化自信培育政策体系

构建完善的青年文化自信培育机制，首要任务是健全新时代文化自信培育政策体系，为青年文化自信的培养提供坚实的政策保障和制度支撑。

（一）明确政策导向，强化文化自信培育的战略地位

文化自信作为民族精神的核心要素，是国家发展、民族振兴的重要基石。在新时代的征程中，面对全球化的浪潮和多元文化的冲击，必须将文化自信培育提升到国家战略的高度，通过明确的政策导向，强化其在青年教育中的重要地位。这不仅是对中华优秀传统文化的传承与弘扬，更是对青年全面发展的深刻关怀与责任担当。其一，文化自信培育应被视为国家教育发展的基础性工程。青年是国家的未来和民族的希望，他们的文化素养和文化自

信直接关系到国家的文化软实力和民族文化的传承发展。因此，政策制定者必须站在国家发展和民族振兴的高度，将文化自信培育纳入国家教育发展的整体规划之中。这要求我们在教育政策的制定和实施过程中，始终将文化自信培育作为教育的基础性任务，贯穿于教育教学的全过程，确保每一位青年都能在成长的过程中接收到系统的文化教育，形成坚定的文化自信。其二，文化自信培育在青年教育中具有先导性作用。在全球化背景下，青年面临着多元文化的冲击和选择，如何在这种环境中坚守文化根脉、展现文化自信，成为青年教育的重要课题。因此，政策制定者应充分认识到文化自信培育在引导青年正确选择文化方向、塑造健康文化心态方面的先导性作用。通过制定和实施相关政策，引导青年深入了解中华优秀传统文化、革命文化和社会主义先进文化，增强对中华文化的认同感和自豪感，从而在面对多元文化时能够做出正确的文化选择。其三，文化自信培育在青年教育中具有全局性影响。青年是社会的活跃群体，他们的文化自信不仅关乎个人价值的实现，更直接影响到社会的文化氛围和国家的文化形象。因此，政策制定者应将文化自信培育视为青年教育的重要组成部分，通过制定和实施相关政策，推动青年文化自信的培养与提升。这要求我们在教育政策的制定和实施过程中，充分考虑文化自信培育的全局性影响，确保其在青年教育中的全面覆盖和有效实施。

（二）完善政策内容，构建系统全面的文化自信培育体系

构建完善的青年文化自信培育机制，需要有一套系统全面的政策体系作为支撑。这套政策体系应涵盖文化自信培育的各个方面和环节，确保文化自信培育工作的全面性和系统性。其一，政策应明确文化自信培育的核心内容。这包括中华优秀传统文化、革命文化和社会主义先进文化等。中华优秀传统文化是中华民族的根和魂，是文化自信的重要源泉；革命文化是中国共产党领导人民在革命、建设和改革过程中形成的宝贵精神财富；社会主义先进文化则是面向现代化、面向世界、面向未来的，民族的、科学的、大众的社会主义文化。政策应要求各级政府和各类教育机构将这些文化内容纳入教育教学体系，通过课堂教学、校园文化、社会实践等多种形式，引导青年深入了解、深刻领悟和积极传承这些文化。其二，政策应明确文化自信培育的

实施路径。这包括课程设置、教材编写、师资队伍建设、校园文化建设、社会实践活动等方面。政策应要求各级政府和各类教育机构加强课程体系建设，将文化自信培育纳入必修课程，确保每位青年都能接收到系统的文化教育；加强教材编写工作，确保教材内容丰富、形式多样、贴近青年实际；加强师资队伍建设，提高教师的文化素养和教学能力，确保他们能够胜任文化自信培育工作；加强校园文化建设，营造浓厚的文化氛围，让青年在潜移默化中受到文化的熏陶和感染；加强社会实践活动，引导青年走出校园、深入社会，通过亲身体验和实践活动加深对文化的理解和认同。其三，政策还应明确文化自信培育的保障措施。这包括经费投入、政策支持、评估反馈等方面。政策应要求各级政府和各类教育机构加大经费投入力度，确保文化自信培育工作有足够的资金保障；制定相关政策措施，为文化自信培育工作提供政策支持和制度保障；建立健全评估反馈机制，定期对文化自信培育工作进行评估和反馈，及时发现问题并采取措施加以改进。

（三）加强政策落实，确保文化自信培育取得实效

政策的生命力在于执行。构建完善的青年文化自信培育机制，不仅要有健全的政策体系作为支撑，更要有强有力的政策落实作为保障。只有确保政策得到有效落实，才能确保文化自信培育工作取得实效。其一，各级政府和各类教育机构应高度重视文化自信培育工作，将其纳入重要议事日程，加强组织领导和工作协调。政府应成立专门的工作机构或领导小组，负责统筹协调文化自信培育工作；各类教育机构应成立相应的组织机构或工作小组，负责具体实施文化自信培育工作。同时，政府和教育机构之间应加强沟通协调和资源共享，形成工作合力。其二，各级政府和各类教育机构应加强对文化自信培育工作的监督和检查力度。政府应建立健全监督机制，定期对文化自信培育工作进行检查和评估；教育机构应建立健全内部监督机制，加强对文化自信培育工作的自我监督和自我检查。通过监督和检查，及时发现问题并采取措施加以改进，确保文化自信培育工作按照政策要求有序推进。其三，各级政府和各类教育机构应加强对文化自信培育工作的宣传和推广力度。政府应通过各种渠道和形式宣传文化自信培育的重要性和意义；教育机构应通过各种途径和方式推广文化自信培育的经验和做法。通过宣传和推广，提高

全社会对文化自信培育工作的认识和重视程度，为文化自信培育工作营造良好的社会氛围和舆论环境。

二、加强培育机制的顶层设计与实施监督

构建完善的青年文化自信培育机制，关键在于加强培育机制的顶层设计与实施监督。这要求我们从全局出发，科学规划，明确目标，制定切实可行的策略与措施。同时，要强化监督力度，确保各项政策与计划得到有效执行，及时调整优化，以保障青年文化自信培育工作的实效性。

（一）顶层设计与实施监督的重要性

顶层设计是构建完善青年文化自信培育机制的前提和基础。它涉及对文化自信培育工作的全局性规划、战略性布局和系统性安排，是确保文化自信培育工作有序、高效开展的关键所在。其一，顶层设计能够确保文化自信培育工作的全局性和系统性。文化自信培育是一项复杂而系统的工程，涉及教育、文化、社会等多个领域和方面。通过顶层设计，可以明确文化自信培育的目标、原则、内容和实施路径，将各项工作纳入一个统一的框架体系之中，确保各项工作之间的协调性和一致性，避免出现各自为政、重复建设等问题。其二，顶层设计能够增强文化自信培育工作的战略性和前瞻性。在新时代背景下，文化自信培育面临着许多新的挑战和机遇。通过顶层设计，可以深入分析和把握时代发展的新趋势和新特点，及时调整和完善文化自信培育的政策体系和工作机制，确保文化自信培育工作能够适应时代发展的需要，为青年成长成才提供有力支撑。其三，顶层设计能够增强文化自信培育工作的针对性和实效性。青年群体具有鲜明的时代特征和个性特点，他们的文化自信需求也呈现出多样化和差异化的趋势。通过顶层设计，可以深入了解青年的思想特点和成长需求，根据青年的实际情况制定切实可行的政策措施，增强文化自信培育工作的针对性和实效性，确保文化自信培育工作能够真正落地生根、开花结果。

实施监督是确保青年文化自信培育机制有效运行的关键环节。它要求我们对培育工作的执行情况进行跟踪、评估和调整，以确保各项政策与计划得到有效执行。一是实施监督可以确保青年文化自信培育政策的落实。通过监

督，我们可以及时发现政策执行中的问题和不足，督促相关部门和单位按照政策要求开展工作，确保政策目标得以实现。二是实施监督可以提高青年文化自信培育的效果。通过跟踪评估培育工作的进展和成效，我们可以及时发现问题和差距，提出改进措施和建议，推动培育工作的不断优化和提升。三是实施监督还可以促进青年文化自信培育机制的持续改进。通过监督反馈的信息和数据，我们可以对培育机制进行不断的调整和优化，使其更加符合青年的需求和期望，更加适应时代发展的要求。

（二）顶层设计与实施监督的具体策略

为了加强青年文化自信培育机制的顶层设计与实施监督，需要采取一系列具体而深入的策略，以确保文化自信培育工作的有序、高效推进。

1. 建立健全领导机制

建立健全由政府、学校、社会等多方参与的文化自信培育工作领导机制，是确保文化自信培育工作高效有序进行的前提。政府作为政策制定者与资源配置者，应充分发挥其主导作用，加强对文化自信培育工作的统筹协调和政策指导。这要求政府不仅要制定宏观战略，明确文化自信培育的目标与方向，还要通过财政拨款、政策扶持等方式，为学校和社会提供必要的物质与精神支持。同时，政府应建立跨部门协作机制，打破部门壁垒，整合各方资源，形成工作合力，共同推进文化自信培育工作的深入实施。学校作为文化自信培育的主阵地，应积极响应政府号召，将文化自信培育纳入教育教学体系，使之成为学校教育的重要组成部分。这要求学校不仅要加强课程建设，开发具有地方特色和民族特色的文化课程，还要注重师资培训，提高教师的文化素养和教育能力，使他们能够更好地承担起文化自信培育的重任。此外，学校还应营造浓厚的文化氛围，通过举办文化活动、展览、讲座等形式，让青年学生在潜移默化中感受到文化的魅力，从而激发他们的文化自信。社会作为文化自信培育的重要补充力量，应积极参与其中，为青年提供更多的文化学习和交流机会。这包括企业、社会组织、志愿者团体等各方力量的广泛参与。通过举办文化节庆、文化交流、文化志愿服务等活动，社会可以为青年搭建一个展示自我、交流思想的平台，帮助他们在实践中增强文化自信。同时，社会还应加强对青年的文化引导，帮助他们树立正确的文化观念和价值观，抵制不良文化的侵蚀。

2.制定详细的实施方案

根据顶层设计的规划和要求，制定详细的实施方案是确保文化自信培育工作有序进行的关键。实施方案应明确培育的目标、内容、形式和方法，确保培育工作具有针对性和实效性。在目标设定上，应既注重短期目标的实现，如提高青年的文化素养和审美能力，又注重长期目标的达成，如培养青年的文化自觉和文化自信。在内容选择上，应既涵盖传统文化精髓，如诗词歌赋、书法绘画等，又包含现代文化元素，如电影、音乐、网络文化等，以满足青年多样化的文化需求。在形式和方法上，应注重创新和多样性，如采用线上线下相结合的方式，利用新媒体技术提高培育效果。同时，实施方案还应制定详细的时间表和路线图，明确各项任务的时间节点和责任人，确保工作按计划推进。这要求我们在制定实施方案时，要充分考虑实际情况和可操作性，避免过于理想化或脱离实际。此外，实施方案还应具有可评估性，以便我们对培育效果进行客观评价，及时调整优化培育策略。

3.加强师资队伍建设

教师是文化自信培育工作的关键力量。因此，加强师资队伍建设是增强文化自信培育质量的重要途径。其一，应选拔和培养一批具有深厚文化素养和教育能力的教师和管理人员。这些教师应具备扎实的专业知识和教学技能，能够深入了解中华优秀传统文化的内涵和价值，并将其传授给青年学生。同时，他们还应具备良好的师德师风，能够以身作则、言传身教，为青年学生树立榜样。其二，应加强对教师的培训和管理。通过定期举办培训班、研讨会等活动，提高教师的专业素养和教学水平。另外，还应建立完善的教师考核评价机制，对教师的教学工作进行全面、客观的评估，激励教师积极投身文化自信培育工作。其三，在师资队伍建设过程中，还应注重教师的实践经验和创新能力。鼓励教师参与文化研究、文化交流等活动，提高他们的文化素养和实践能力。同时，支持教师进行教学改革和创新，探索适合青年特点的教学方法和手段。例如，可以采用案例教学、项目式学习等方式，让青年学生在实践中学习和感悟文化，从而增强他们的文化自信。

4.强化实施监督力度

实施监督是确保文化自信培育工作得到有效执行的重要保障。应建立健全监督机制和评估体系，对培育工作的执行情况进行跟踪、评估和调整。其一，应建立健全监督机制。明确监督主体和职责分工，形成多层次、全方位的监督网络。通过定期检查、随机抽查等方式，对文化自信培育工作的执行情况进行监督检查。同时，应鼓励社会各界参与监督，拓宽监督渠道和范围。其二，应建立完善的评估体系。制定科学的评估标准和指标体系，对文化自信培育工作的成效进行全面、客观的评估。通过评估结果反馈机制，及时调整和完善文化自信培育工作的政策和措施。其三，应加强对监督结果的运用。对在文化自信培育工作中表现突出的单位和个人进行表彰和奖励；对存在问题和不足的单位和个人进行通报批评和整改督促。通过强化实施监督力度，确保文化自信培育工作得到有效执行并取得实效。

三、优化培育过程评估与反馈机制

优化培育过程的评估与反馈机制是确保培育效果、提升青年文化自信的关键。通过科学评估与及时反馈，能够为青年提供更加精准、有效的指导，助力他们成长为具有坚定文化自信的新时代青年。

（一）完善评估体系：确保评估的全面性与科学性

在探讨青年文化自信培育机制的优化过程中，完善评估体系无疑构成了其核心基石。评估体系不仅是对培育成效的量化衡量，更是对后续策略调整与优化的重要依据。因此，确保其全面性与科学性，对于促进青年文化自信的有效培育具有不可估量的价值。

其一，评估体系的完善需立足于统一、科学的评估标准和框架的构建。这一框架的设计应当是一个多维度、多层次的复杂系统，旨在全面覆盖青年文化自信培育的各个方面。它不仅需要关注青年对文化知识的基本掌握程度，更要深入挖掘其情感态度的变化，以及价值观塑造的深度与广度。这意味着，评估标准需超越单纯的知识记忆层面，触及青年内心深处对文化的认同、尊重与传承意识。在制定这些评估指标时，必须充分考量青年的认知发展阶段、文化背景多样性以及个体间的差异，力求将指标体系的普遍适用性与特殊针对性的有机结合。这样的设计原则，旨在确保评估结果既能反映青年群体的共性特征，又能捕捉到每个独特个体的成长轨迹。

其二，评估方法的多元化是提升评估效果、增强评估信度的关键所在。传统的笔试、面试等方式，虽然在一定程度上能够检验青年的知识掌握情况与表达能力，但往往难以全面捕捉其在实践中的真实表现与潜在能力。因此，引入项目式评估、情景模拟评估等新型评估方法显得尤为重要。项目式评估通过让青年参与具体项目的策划、执行与反思，不仅能够考查其问题解决能力、创新思维，还能评估其团队协作与领导力。而情景模拟评估则通过创设特定情境，模拟现实生活中的文化冲突与融合场景，观察青年在此类情境下的反应与应对策略，从而更深入地了解其文化自信的实际水平。这些方法的融合使用，有助于构建一个更加立体、动态的评估体系，为准确评估青年文化自信的提升情况提供有力支撑。

其三，建立一支专业的评估团队是完善评估体系不可或缺的重要组成部分。这支团队应由具备深厚文化教育背景、丰富实践经验以及专业评估技能的人员组成。他们不仅需要具备对青年心理发展规律的深刻理解，还应拥有敏锐的洞察力，能够准确捕捉青年在文化自信培育过程中的细微变化与成长亮点。团队成员之间应保持高度的沟通与协作，通过定期研讨、经验分享等方式，不断优化评估流程，提升评估效率与准确性。同时，团队还应保持开放心态，积极吸纳来自不同领域、不同背景的专家意见，以不断丰富评估视角，确保评估工作的客观性与公正性。

（二）健全反馈机制：满足青年个性化的学习需求

在青年文化自信培育机制的深入探索中，健全反馈机制作为连接评估与培育实践的桥梁的重要性不言而喻。这一机制的核心在于满足青年个性化的学习需求，促进每位青年在文化自信上的全面发展。为此，我们需构建一套及时、有效且个性化的反馈体系，以确保培育工作的针对性和实效性。

第一，电子化反馈方式的应用是提升反馈效率与便捷性的关键途径。随着信息技术的飞速发展，在线问卷、电子邮件等电子化工具已成为信息反馈的主流方式。这些工具不仅能够迅速收集青年的学习反馈，还能实现数据的即时分析与处理，为教师和培育机构提供直观、全面的反馈报告。通过电子化反馈，青年可以更加自由地表达自己的学习感受与困惑，而教师也能更加及时地获取这些信息，从而调整教学策略，满足青年的个性化学习需求。

第二，建立反馈档案、记录青年的学习历程和成长轨迹是深化反馈机制的重要举措。反馈档案应详细记录青年在文化自信培育过程中的学习表现、参与情况、进步与不足等关键信息。通过定期回顾与分析这些档案，教师和青年本人都能更加清晰地了解学习成果与存在的问题，为后续的学习计划制定提供有力依据。同时，反馈档案也是青年文化自信成长历程的珍贵记录，有助于激发青年的学习动力与成就感。反馈内容的具体性和明确性，是确保反馈效果的关键所在。在给出反馈时，教师应避免使用模糊不清、泛泛而谈的表述，而应明确指出青年的优点与不足。对于优点，应给予充分的肯定与鼓励，以增强青年的自信心与积极性；对于不足，则应提出具体的改进建议，帮助青年明确努力方向，提升学习效果。这种具体、明确的反馈方式，不仅有助于青年更好地理解自己的学习状况，还能激发他们的自主学习意识与能力提升动力。

第三，师生互动平台的建立是增强反馈及时性和有效性的重要举措。通过这一平台，青年可以随时向教师提问、寻求帮助，而教师也能及时了解青年的学习动态与困惑。这种即时的互动与沟通，不仅有助于解决学习中的问题，还能增进师生之间的了解与信任。在平台上，教师可以根据青年的个性化需求，提供针对性的指导与支持，而青年也能在教师的引导下，更加深入地探索文化自信的内涵与价值。这种互动式的反馈机制，不仅提升了学习的效率与效果，还为青年文化自信培育创造了更加开放、包容、互动的学习环境。

（三）形成评估与反馈的闭环：确保培育工作的持续改进

在青年文化自信培育机制的深入研究中，形成评估与反馈的闭环是确保培育工作持续改进、实现高效培育目标的关键环节。这一闭环的构建，旨在将评估结果切实转化为指导培育实践的具体行动，从而推动培育工作的不断优化与提升。

对评估结果的深入分析是形成评估与反馈闭环的首要步骤。在评估结束后，应立即组织专业团队对评估数据进行系统梳理与深度挖掘，以揭示培育过程中存在的问题与不足。这一分析过程需注重客观性与全面性，既要关注青年在文化自信培育上的整体表现，也要细致入微地考察每个个体的差异与需求。通过深入分析，我们可以准确把握培育工作的症结所在，为后续改进措施的制定提供坚实的数据支撑。

针对评估结果中揭示的问题与不足，提出具体、可行的改进措施是形成评估与反馈闭环的核心任务。这些措施应紧密围绕培育目标，结合青年的实际学习需求与特点，对培育内容、方法、手段等进行全面调整与优化。例如，针对青年在文化认知上的薄弱环节，可以增设相关课程或活动，以强化其文化基础；对于实践能力的不足，则可以增加实践环节，让青年在亲身参与中增强文化自信。这些改进措施的制定，需充分考虑资源的可行性与实施的可操作性，确保它们能够真正落地生根，发挥实效。为了确保评估与反馈的连续性和有效性，将改进措施纳入下一轮的培育计划中至关重要。这要求培育者在制定新计划时，必须充分汲取上一轮评估的结果与反馈意见，对培育方案进行全面审视与修订。通过这种方式，我们可以实现培育工作的无缝衔接与持续改进，确保每一轮培育都能在前一轮的基础上取得新的进步与突破。

此外，建立评估与反馈的激励机制是激发青年和教师积极性、推动培育工作深入发展的重要手段。对在文化自信培育中表现优秀的青年和教师，应给予充分的奖励与表彰。这些奖励不仅可以是物质上的，如奖金、奖品等，更可以是精神上的，如荣誉称号、表彰大会等。通过激励机制的建立，我们可以增强青年的成就感与荣誉感，激发他们更加积极地参与到文化自信培育中来；同时，也能促进教师之间的良性竞争与合作，共同推动培育工作的不断提升。

（四）创新技术手段：提升评估与反馈的效率和准确性

信息技术的飞速发展，为青年文化自信培育的评估与反馈提供了新的可能。充分利用信息技术的优势，创新评估与反馈手段，是提升评估效率和准确性的重要途径。

1. 采用在线评估系统

在线评估系统作为信息技术在教育领域的深度应用，正以其高效、便捷、易于操作的优势，逐步取代传统的评估方式，成为现代教育评估的主流趋势。这一系统的核心在于其能够打破时间与空间的限制，使青年能够随时随地参与评估活动，极大地提高了评估的参与度与覆盖面。相较于传统的纸质评估，在线评估系统不仅节省了大量的印刷与分发成本，还减少了人为因素导致的误差，确保了评估结果的客观性与准确性。在构建在线评估系统时，应注重系统的全面性与多样性，以满足不同评估需求。系统应包含多种评估方式和题型，如选择题、填空题、简答题、案例分析等，这些题型各有侧重，能够全面考查青年的文化素养与综合能力。选择题与填空题适用于对基础知识的快速检测，简答题则能考查青年的思维逻辑与表达能力，而案例分析题能进一步评估青年将理论知识应用于实际问题的能力。这样的题型设计，不仅有助于青年全面展示自己的学习成果，还能为教育工作者提供多角度、多层次的评估数据，为他们调整教学策略、优化培育方案提供有力支持。此外，在线评估系统的实时更新与数据共享功能，也是其相较于传统评估方式的一大优势。系统能够实时记录青年的评估数据，并进行自动分析与处理，为教育工作者提供及时、准确的评估报告。这些报告不仅包含了青年的整体表现，还详细列出了他们在各个知识点上的掌握情况，有助于教育工作者精准定位青年的学习短板，制定针对性的辅导计划。同时，数据的共享功能也使得不同教育工作者之间能够轻松交流评估信息，共同探讨教学策略，形成教育合力，推动文化自信培育工作的持续进步。

2. 建立电子化的反馈平台

在传统的反馈机制中，青年往往通过纸质问卷、面对面交流等方式向教育工作者表达意见与建议，这些方式不仅存在信息传递慢、处理效率低等问题，还可能因青年羞于表达或担心意见被忽视而导致反馈不全面、不真实。而电子化的反馈平台能有效解决这些问题，为青年提供了一条便捷、高效的反馈渠道。通过利用现代信息技术手段，如微信公众号、校园网站等，我们可以建立一个集信息收集、处理、反馈于一体的电子化反馈平台。这个平台应具备用户友好、操作简便的特点，使青年能够轻松上传自己的意见与建议。同时，平台还应具备强大的数据处理能力，能够对收集到的反馈信息进行自动分类、整理与归档，以便教育工作者能够快速、准确地处理这些信息，及时调整教学安排，满足青年的个性化学习需求。电子化的反馈平台不仅提高了反馈的效率和准确性，还极大地增强了青年与教育工作者之间的互动与沟通。青年可以通过平台随时向教育工作者提问、寻求帮助，而教育工作者也能及时回复青年的疑问，为他们提供指导与支持。这种即时的互动与沟通，不仅有助于解决学习中的问题，还能增进青年与教育工作者之间的理解与信任，为文化自信培育工作创造更加和谐、融洽的氛围。此外，平台还可以设置匿名反馈功能，保护青年的隐私，鼓励他们更加真实、客观地表达自己的意见与建议，为文化自信培育工作的持续改进提供有力保障。

3. 利用大数据分析技术

在文化自信培育的过程中，数据的收集与分析是不可或缺的环节。传统的数据分析方法往往局限于表面现象的描述，难以深入挖掘数据背后的信息和规律。而大数据分析技术的引入，为文化自信培育工作提供了全新的视角和手段。通过大数据技术，可以对海量的评估与反馈数据进行深度挖掘和分析，揭示出其中隐藏的关联性和趋势性规律，为培育策略的优化提供数据支持。大数据分析技术在文化自信培育中的应用，首先体现在对青年学习过程的全面跟踪与记录。通过收集青年在不同培育阶段的学习数据，如学习成绩、参与度、作业完成情况等，可以利用大数据技术对这些数据进行时间序列分析，揭示出青年学习过程的动态变化。这样的分析有助于了解青年在不同阶段的学习特点和需求，为制定针对性的培育策略提供基础。其次，大数据分析技术还能帮助我们探究不同教学方法对青年文化自信培育的影响。通过对比不同教学方法下青年的学习成果和反馈，可以利用大数据技术进行因果分析，找出哪些教学方法更有利于提升青年的文化自信和创新能力。这样的分析结果为教学方法的改进和优化提供了有力支持，有助于构建更加高效、科学的文化自信培育体系。此外，大数据分析技术还能帮助我们发现文化自信培育中存在的潜在问题和挑战。通过对评估与反馈数据的深入挖掘，可以揭示出青年在学习过程中遇到的困难和障碍，以及培育工作中存在的不足和短板。

4. 借助虚拟现实、人工智能等前沿技术

虚拟现实（VR）和人工智能（AI）作为前沿技术在文化自信培育中具有巨大的应用潜力。虚拟现实技术可以构建虚拟的文化场景和历史事件，让青年身临其境地感受中华优秀传统文化的魅力和价值。这种沉浸式的学习体验不仅能辅助增强青年的文化自信，还能够提高他们的学习兴趣和积极性。同时，人工智能技术可以为青年提供个性化的学习推荐和辅导服务。通过对青年的学习行为和兴趣进行分析和预测，人工智能技术可以为他们量身定制学习资源和辅导方案，帮助他们更好地掌握文化知识和技能。这种个性化的学习方式不仅能够提高青年的学习效果，还能够培养他们的自主学习能力和创新能力。虚拟现实技术与人工智能技术的融合应用为青年提供了更加丰富、多元的学习体验和文化滋养。通过这两种技术的结合使用，我们可以为青年创造既真实又富有挑战性的学习环境，激发他们的学习热情和创新精神，促进他们文化自信和创新能力的全面提升。

第二节　强化培育主体的协同合作

在新时代青年文化自信培育的实践中，强化培育主体的协同合作显得尤为关键。政府、学校与社会作为三大核心主体，各自承担着不可替代的责任与使命。通过加强三方联动，能够有效激发社会各界参与文化自信培育的积极性，构建起多元主体共同参与的培育网络，从而形成合力，为青年文化自信的全面提升奠定坚实基础。

一、强化政府主体责任

在文化自信培育这一复杂而深远的系统工程中，政府作为核心主体之一，其角色定位与功能发挥对于整个培育进程的推进具有决定性意义。政府在这一领域内所承担的多重角色，不仅体现了其在国家治理体系中的核心地位，也彰显了其在文化自信培育工作中的独特价值和不可替代性。

（一）政府主体责任的重要性

在新时代背景下，青年文化自信培育不仅是教育领域的重要任务，更是国家文化战略的重要组成部分。政府作为国家的最高行政机关，其主体责任的强化对于推动文化自信培育工作具有深远的意义。其一，政府主体责任的强化是确保文化自信培育工作方向正确、目标明确的关键。政府作为政策制定者，能够从宏观层面把握文化自信培育的总体方向和目标，确保各项工作始终沿着社会主义先进文化的道路前进。通过制定科学合理的战略规划、政策措施和实施方案，政府能够引导学校、社会等各方力量形成合力，共同推动文化自信培育工作的深入开展。其二，政府主体责任的强化是保障文化自信培育工作资源充足、条件优越的基础。政府作为资源调配者，能够集中力量办大事，为文化自信培育工作提供必要的资金、人才、设施等支持。通过加大对文化教育事业的投入力度，完善公共文化服务体系，政府能够为青年提供更多元化、更高质量的文化产品和服务，满足他们日益增长的精神文化需求。其三，政府主体责任的强化是推动文化自信培育工作监督有力、评估科学的保障。政府作为监督管理者，能够建立健全的监督评估机制，对文化自信培育工作进行全过程、全方位的监督和评估。通过定期开展检查、评估、反馈等工作，政府能够及时发现和解决工作中存在的问题和不足，推动文化自信培育工作不断取得新的成效。

（二）政府主体责任的具体体现

政府主体责任的强化不仅体现在宏观层面的政策制定和资源调配上，更体现在具体工作的实施中。以下从政策引导、资源投入、平台建设三个方面阐述政府主体责任的具体体现，旨在深入探讨政府在新时代青年文化自信培育中的关键作用。

1. 政策引导

政府作为政策制定者，在文化自信培育工作中承担着引领方向、明确目标的重要职责。其一，政府应制定长远的文化自信培育战略规划，这一规划需立足国家发展大局，结合青年群体的特点和需求，明确文化自信培育的短期目标与长期愿景。战略规划应涵盖文化传承、文化创新、文化交流等多个维度，确保文化自信培育工作的全面性和系统性。其二，政府应出台具体的政策措施和实施方案，为文化自信培育工作提供可操作的指导。这些政策措施应涵盖课程设置、师资培训、教材编写、文化活动组织等方面，确保文化自信培育工作能够落地生根、开花结果。其三，政府应加强政策宣传和解读工作，通过举办研讨会、培训班、宣传周等形式，提高各方对文化自信培育工作的认识和重视程度，形成全社会共同参与的良好氛围。

2. 资源投入

资源投入是文化自信培育工作的重要保障。政府应加大对文化教育事业的投入力度，确保文化自信培育工作拥有充足的物质基础。其一，政府应增加对文化教育事业的财政预算投入，提高文化教育经费占财政支出的比重。这不仅包括直接的经费拨款，还包括税收减免、政策扶持等间接投入方式，以激发社会各界参与文化教育事业发展的积极性。其二，政府应加大对公共文化服务设施的建设和改造力度，提升公共文化服务的质量和水平。这包括图书馆、博物馆、文化馆等文化设施的扩建和升级，以及数字化、网络化等现代信息技术的应用，为青年提供更加便捷、高效的文化服务。其三，政府还应鼓励和支持社会力量参与文化教育事业发展，形成多元化的投入机制。通过政府引导、社会参与的方式，吸引更多资金、技术和人才投入文化自信培育工作。

3. 平台建设

平台建设是文化自信培育工作的重要载体。政府应加强文化教育平台建设，为青年提供更多元化、更高质量的文化产品和服务。其一，政府应加强校园文化建设，推动中华优秀传统文化进校园、进课堂、进头脑。通过开设传统文化课程、举办文化讲座、组织文化活动等形式，让青年深入了解中华优秀传统文化的精髓和魅力，增强他们的文化认同感和自豪感。其二，政府应打造线上线下相结合的文化传播平台，利用现代信息技术手段扩大文化传播的覆盖面和影响力。通过建设数字博物馆、在线图书馆、文化 App 等新型文化传播平台，让青年随时随地都能接触到丰富的文化资源，提高他们的文化素养和审美能力。其三，政府还应加强与国内外文化交流与合作，拓宽青年的文化视野和国际视野。通过举办国际文化节、文化展览、艺术交流等活动，让青年了解不同文化的特点和价值，促进文化多样性和包容性的发展。

（三）强化政府主体责任的具体措施

为了更有效地推动文化自信培育工作，必须采取切实有效的措施强化政府的主体责任。以下从加强组织领导、加大投入力度、加强队伍建设三个方面提出具体措施。

1. 加强组织领导：构建高效协同的工作机制

政府作为文化自信培育工作的主导力量，必须加强对这一工作的组织领导，确保各项任务能够有序、高效地推进。其一，政府应成立专门的文化自信培育工作领导小组或协调机构，该机构应由相关部门负责人组成，负责统筹协调各方力量，共同推进文化自信培育工作。领导小组或协调机构应定期召开会议，研究解决工作中遇到的重大问题，制定具体的工作计划和实施方案。其二，政府应明确各级政府和部门的责任分工和职责要求，确保各项工作能够落实到具体部门和责任人。各级政府和部门应根据自身职责和实际情况，制定详细的工作计划和实施方案，明确时间节点和责任人，确保各项工作能够按照规划有序推进。其三，政府还应加强对文化自信培育工作的督促检查和评估考核。通过建立完善的督促检查和评估考核机制，政府可以及时了解工作进展情况和存在的问题，对工作不力的部门和责任人进行问责和惩处，对工作表现突出的部门和责任人进行表彰和奖励，以此激励各方积极参与文化自信培育工作。

2. 加大投入力度：为文化自信培育提供坚实保障

政府应加大对文化教育事业的投入力度，为文化自信培育工作提供充足的资源保障。其一，政府应增加对文化教育事业的财政预算投入，提高文化教育经费占财政支出的比重。这不仅可以确保文化自信培育工作有足够的资金支持，还可以激发社会各界参与文化教育事业发展的积极性。政府应根据文化自信培育工作的实际需要，合理安排财政预算，确保各项经费能够足额、及时到位。其二，政府应优化文化教育经费支出结构，加大对重点领域和薄弱环节的投入力度。这包括加大对中华优秀传统文化传承、革命文化教育、社会主义先进文化弘扬等方面的投入力度，确保这些领域能够得到充分的发展和提升。同时，政府还应关注文化教育事业的薄弱环节，如农村和边远地区的文化教育事业发展等，通过加大投入力度，改善这些地区的文化教育条件，促进文化自信培育工作的均衡发展。其三，政府还应鼓励和支持社会力量参与文化教育事业发展，形成多元化的投入机制。通过出台相关政策和措施，政府可以引导企业、社会组织和个人等社会力量积极参与文化教育事业发展，为文化自信培育工作提供更多的资金、技术和人才支持。其四，政府还应加强对文化教育经费使用情况的监管和管理，确保经费使用的规范性和有效性。通过建立完善的经费监管和管理机制，政府可以确保文化教育经费能够真正用于文化自信培育工作，防止经费被挪用或浪费。

3.加强队伍建设：提升文化教育工作的专业化水平

政府应加强文化教育队伍建设，提高文化教育工作的专业化和科学化水平。其一，政府应加强对文化教育工作者的培训和教育力度。通过举办培训班、研讨会、讲座等形式，政府可以组织文化教育工作者学习相关理论知识和实践经验，提高他们的专业素养和业务能力。同时，政府还应鼓励文化教育工作者积极参与国内外学术交流活动，拓宽他们的视野和思路，提升他们的学术水平和创新能力。其二，政府应加强对文化教育工作者的职业操守和道德品质的考核和评价工作。通过建立完善的考核和评价机制，政府可以对文化教育工作者的职业操守和道德品质进行全面、客观的评估，确保他们能够以身作则、为人师表。对于表现优秀的文化教育工作者，政府应给予表彰和奖励；对于存在问题的文化教育工作者，政府应及时进行批评教育和纠正。其三，政府还应加强对文化教育工作者的激励和保障工作。通过建立完善的激励和保障机制，政府可以提高文化教育工作者的工作积极性和创造性，确保他们能够全身心地投入文化自信培育工作。这包括提高文化教育工作者的薪资待遇、改善他们的工作条件、提供广阔的发展空间等。其四，政府还应积极引进和培养一批高素质、专业化的文化教育人才。通过出台相关政策和措施，政府可以吸引更多优秀人才投身文化教育事业发展，为文化自信培育工作提供坚实的人才支撑。政府可以与高校、科研机构等建立合作关系，共同培养文化教育人才；还可以通过设立奖学金、助学金等方式，鼓励优秀学生选择文化教育事业作为自己的职业发展方向。

二、激发学校培育活力

学校不仅是知识传授的场所，更是文化传承和价值观塑造的重要平台。激发学校的培育活力，首要在于更新教育观念、强化文化育人理念；完善课程体系、融入文化元素，以全面促进青年学生文化自信的提升与价值观的正确形成。

（一）更新教育观念，强化文化育人理念

文化育人不仅是教育的本质要求，更是新时代青年成长的迫切需要。当前，学校文化育人工作取得了一定成效，但仍存在一些问题和不足。一方

面，部分学校对文化育人的重视程度不够，将文化教育简单地等同于知识传授，忽视了对学生文化素养和文化自信的培养。另一方面，一些学校的文化教育内容和方式相对单一，缺乏创新性和吸引力，难以满足学生的多元化需求。因此，要进一步更新教育观念，强化文化育人理念，将文化育人贯穿于学校教育的各个环节。

其一，更新教育观念意味着学校领导和教师必须深刻认识到文化育人的重要性。更新教育观念对于当前教育体系而言是一场深刻而必要的变革，它要求学校领导和教师从根本上转变对教育的认知，深刻理解并践行文化育人的重要性。文化育人作为一种先进且富有远见的教育理念，其核心价值在于通过文化的深厚底蕴与广泛影响力，为学生的全面发展提供强大的精神支撑与引导。这一理念超越了传统教育中单纯知识传授的局限，将教育的视野拓宽至人的全面发展，包括知识、能力、情感、态度、价值观等多个维度，是对教育本质的深刻把握与高度凝练。文化育人的核心在于"文化"二字，它强调的是文化作为人类精神文明的结晶，对于个体成长不可或缺的滋养作用。文化不仅是一种外在的知识体系，更是一种内在的精神力量，它能够潜移默化地影响人的思维方式、行为习惯乃至价值观念。在文化育人的视角下，教育不再是简单的知识灌输，而是通过文化的熏陶与引导，激发学生的内在潜能，培养他们的审美情趣、创新思维和批判性思考能力。这一过程不仅有助于学生形成健全的人格，还能够促进他们对本土文化的深刻认同与自豪感，同时培养起对多元文化的尊重与包容态度，为成为具有国际视野和跨文化交流能力的现代公民奠定坚实的基础。将文化育人确立为学校教育的核心目标之一，是时代赋予教育的崇高使命。随着全球化进程的加速和信息技术的飞速发展，社会对于人才的需求发生了深刻变化。单一的知识技能已难以满足复杂多变的社会需求，而具备深厚文化底蕴、广阔国际视野、强大创新能力及良好人文素养的综合型人才已成为时代的宠儿。因此，教育必须主动适应这一变化，通过更新教育观念，强化文化育人，为社会培养出更多符合时代要求的优秀人才。

其二，更新教育观念要求学校领导和教师彻底转变传统的应试教育观念。应试教育作为一种以考试成绩为唯一评价标准的教育模式，长期以来在我国教育体系中占据主导地位。然而，这种教育模式因其对分数的过度追求，往往忽视了学生个性的发展、情感的培养以及文化素养的全面提升。在应试教育的压力下，学生被训练成考试的机器，他们的学习兴趣、探索精神乃至身心健康都可能受到不同程度的损害。长此以往，不仅不利于学生的全面发展，还可能造成社会对教育功能的误解与偏见。强化文化育人教学理念，就必须打破应试教育的僵局，转向关注学生全面发展的新路径。这意味着，教育应当从单一的知识传授转向多维度的能力培养，更加注重学生的人文素养、艺术修养、科学精神等方面的综合发展。人文素养的培育能够使学生更好地理解人类文明的精髓，形成正确的世界观、人生观和价值观；艺术修养的提升则有助于增强学生的审美情趣和创造力，使他们的生活更加丰富多彩；而科学精神的灌输则是培养学生逻辑思维、实证分析和解决问题的能力，为他们未来的学习和工作打下坚实的基础。

其三，学校领导和教师需要不断更新自己的知识结构和教学理念。在当今这个知识爆炸、信息快速更迭的时代，学校领导和教师作为教育的直接实施者，其知识结构和教学理念的更新显得尤为重要。教育并非一成不变的静态过程，而是一个随着社会发展、科技进步而不断演进的动态系统。因此，学校领导和教师必须保持对新知识、新理论的敏锐洞察力，不断学习，持续进步，以确保教育教学的先进性和有效性。一方面，对于教育理论的深入学习是不可或缺的。教育理论是教育实践的基础，它为我们提供了认识教育现象、解决教育问题的框架和工具。学校领导和教师应当系统地学习教育学、心理学、社会学等相关学科的理论，特别是关于文化育人的最新研究成果。这些研究往往基于大量的实证数据，揭示了文化因素如何影响学生的学习动机、认知过程、情感发展以及社会行为，为文化育人提供了坚实的理论基础和科学的指导原则。通过学习这些理论，教育者可以更加清晰地认识到文化育人的重要性和紧迫性，从而在教学实践中更加自觉地融入文化元素，促进学生的全面发展。另一方面，教学方法的创新是提升教学质量的关键。传统的教学方法往往侧重于知识的灌输，而忽视了学生的学习主体地位和个体差异。在文化育人的视角下，教学方法应当更加注重激发学生的主动学习意识，培养他们的批判性思维和创新能力。这要求学校领导和教师不断探索和实践新的教学方法，如项目式学习、探究式学习、合作学习等，这些方法鼓励学生通过亲身实践、团队合作和问题解决来获取知识，培养他们的综合素质。同时，随着信息技术的快速发展，数字化教学资源和工具的应用也为教学方法的创新提供了广阔的空间，如虚拟现实、人工智能等技术的融入，可以使学生更加直观地感受文化的魅力，增强学习的趣味性和互动性。

最后，学校领导和教师还需要加强与其他学校和教师的交流与合作。学校领导和教师应当积极寻求与其他学校和教师的合作机会，通过参观考察、学术研讨、联合教研等形式，分享彼此的教学经验和研究成果。这种交流与合作不仅可以拓宽教育者的视野，使他们能够接触到更多先进的教学理念和方法，还可以促进资源的共享和优势互补，共同解决文化育人中遇到的难题。例如，可以围绕特定主题或项目开展跨校际的合作教学，让学生在不同的文化氛围中学习和交流，增进他们对多元文化的理解和尊重。同时，学校领导和教师还应当注重与社区、家庭以及文化机构的合作，共同构建文化育人的生态系统。社区和家庭是学生生活的重要环境，它们蕴含着丰富的文化资源，可以为学校提供文化育人的实践基地和素材。通过与这些机构的合作，学校可以组织学生参与各种文化活动，如文化节庆、艺术展览、历史遗迹探访等，使学生在真实的文化情境中学习和体验，增强他们的文化素养和文化自信。

（二）完善课程体系，融入文化元素

课程体系是学校教育的核心组成部分，它不仅是知识传授的框架，更是文化传承与创新的平台。在强化文化育人教学理念的过程中，完善课程体系是不可或缺的一环。学校应当通过开设丰富多样的文化课程，为学生提供广泛的学习选择，让他们在探索中感受文化的深厚底蕴和无限魅力。

其一，优化课程设置是加强课程体系建设的基础。在原有课程体系的基础上，学校应增设与文化紧密相关的课程，以形成一套完整的文化教育课程体系。这些课程的设计应旨在引导学生深入了解文化的内涵和价值，培养他们的文化认同感和自豪感。具体来说，中国传统文化课程可以选取儒家思想、道家哲学、诗词歌赋等经典内容，通过讲解和诵读，让学生领略到中华优秀传统文化的博大精深。同时，世界文化概览课程则可以选取不同国家和地区的文化特色进行介绍，让学生领略到多元文化的魅力，增进他们对不同文化的理解和尊重。此外，文化艺术欣赏课程也是不可或缺的一部分，它可以通过欣赏和分析艺术作品，如绘画、雕塑、音乐等，提升学生的审美能力和创造力，使他们能够在艺术的世界中感受到文化的独特魅力。在优化课程设置的过程中，学校还应注重课程的系统性和连贯性。不同课程之间应相互衔接，形成一个完整的文化教育链条。例如，在中国传统文化课程中，可以先介绍儒家思想的基本理念，然后逐渐过渡到道家哲学和诗词歌赋的学习，让学生在逐步深入的过程中，全面了解和掌握中华优秀传统文化的精髓。同时，世界文化概览课程和文化艺术欣赏课程也可以与中国传统文化课程相结合，让学生在比较和鉴赏中，更加深入地理解文化的多样性和丰富性。

其二，跨学科整合是实现文化教育与学科教学有机融合的关键。学校应将文化元素融入各学科教学中，使文化教育与学科教学相互促进，共同提高学生的文化素养。在语文课程中，可以融入古诗词、文言文等传统文化内容，让学生在学习语言的同时，领略到文化的魅力。比如，在讲解古诗词时，可以介绍诗词的背景、作者的思想感情以及诗词所蕴含的文化内涵，让学生在理解诗词的同时，感受到文化的熏陶。在历史课程中，则可以通过讲述历史事件和人物故事，让学生了解到文化的传承与变迁。比如，在讲解中国古代历史时，可以介绍不同朝代的文化特点、文化成就以及文化对历史的影响，让学生在了解历史的同时，感受到文化的力量。此外，美术和音乐课程也是融入文化元素的重要阵地。通过欣赏和分析艺术作品和音乐作品，学生可以更加直观地感受到文化的魅力和艺术的韵味，从而提升他们的审美能力和艺术修养。跨学科整合的教学方式不仅可以让学生更加全面地了解文化，还可以激发他们的学习兴趣和积极性。当学生在不同学科中都能感受到文化的存在时，他们就会更加主动地去探索和学习文化。同时，跨学科整合还可以培养学生的综合素养和创新能力。当学生能够将不同学科的知识和技能相互融合时，他们就会具备更强的解决问题的能力和创新能力。

其三，开发校本教材是丰富文化教育内容的重要途径。学校应根据自身的特色和学生需求，开发具有地方特色或学校特色的校本教材。这些教材可以包括地方文化介绍、学校历史沿革、校友风采等内容，以展现学校所在地的文化底蕴和学校的独特魅力。通过校本教材的学习，学生可以更加深入地了解自己所处的文化环境和学校文化，从而增强对文化的认同感和归属感。同时，校本教材的开发还可以促进教师的专业成长和学校的特色发展。教师在参与校本教材编写的过程中，可以更加深入地了解学校的历史和文化，提升自己的文化素养和教学能力。而学校则可以通过校本教材的开发和使用，形成自己的特色品牌和文化氛围，提升学校的知名度和影响力。在开发校本教材的过程中，学校还应注重教材的实用性和趣味性。教材的内容应贴近学生的实际生活和学习需求，让他们能够在学习中感受到文化的实用性和趣味性。同时，教材的形式也可以多样化，如图文并茂、音视频结合等，以吸引学生的注意力和提高他们的学习兴趣。

三、建强社会宣传矩阵

在新时代征程中，建强社会宣传矩阵是培育青年文化自信的重要抓手。通过整合多元媒体资源，创新宣传方式，强化队伍建设，旨在构建一个全方位、立体化的文化传播体系。这一矩阵不仅将传播中华优秀传统文化的精髓，还将激发青年对文化的热爱与自信，为中华民族的伟大复兴注入强大精神动力。

（一）构建多元化、全覆盖的宣传网络

建强社会宣传矩阵的首要任务是构建一个多元化、全覆盖的宣传网络，确保文化信息能够广泛传播并深入人心。这一网络的构建不仅要求整合传统媒体资源，拓展新媒体平台，还要充分发挥公共文化设施的作用，共同形成一个立体、多维、全方位的文化传播体系。

其一，整合传统媒体资源。传统媒体如报纸、电视、广播等，在信息传播中仍具有不可替代的作用。它们拥有广泛的受众基础和较高的公信力，能够深入解读中华优秀传统文化的精髓，传播革命文化和社会主义先进文化。高校及文化部门应充分利用这些媒体资源，开设文化专栏、专题节目，邀请专家学者进行深度解读，将复杂的文化理论以通俗易懂的方式呈现给广大青年。例如，报纸可以开设"文化纵横"专栏，定期发表关于中华优秀传统文化的文章，解读其背后的历史背景和深层意蕴；电视可以制作"文化探秘"专题节目，通过实地探访和专家访谈等形式，展现中华文化的独特魅力；广播则可以开设"文化之声"栏目，通过声音传递文化的温度和力量。同时，加强与青年群体的互动也是必不可少的。通过读者来信、观众热线等方式，

及时了解他们的文化需求和困惑，从而调整宣传策略，提升宣传的针对性和实效性。这种互动不仅能够帮助传统媒体更好地适应青年受众的需求，还能增强青年对传统文化的认同感和归属感。

其二，拓展新媒体平台。随着互联网的普及和移动设备的广泛应用，新媒体以其便捷性、互动性和广泛性，成为青年获取信息的重要渠道。因此，建强社会宣传矩阵必须积极拓展微博、微信等新媒体平台，建立官方账号，发布高质量的文化内容。这些内容可以涵盖文化故事、历史典故、艺术赏析等多个方面，旨在激发青年的文化兴趣，培养他们的文化审美。例如，微博可以开设"每日一文化"话题，每天发布一条关于中华文化的微博，引导青年关注和讨论；微信则可以建立"文化微课堂"公众号，定期发布文化讲座、文化解读等内容，为青年提供便捷的学习途径；短视频平台则可以制作一系列关于中华文化的短视频，通过生动形象的画面和简洁明了的解说，让青年在轻松愉快的氛围中了解和学习中华文化。同时，利用新媒体的互动性开展线上文化活动也是非常重要的。例如，可以举办文化知识竞赛、文化作品征集等活动，让青年在参与中感受文化的魅力，增强他们的文化参与感和归属感。此外，还可以通过算法推荐等技术手段，根据青年的兴趣和偏好精准推送文化内容，提高宣传的覆盖率和影响力。

其三，发挥公共文化设施作用。博物馆、图书馆、文化馆等公共文化设施是文化传播的重要阵地，它们拥有丰富的文化资源和专业的服务团队，能够为青年提供丰富的文化体验和学习机会。高校及文化部门应加强与这些设施的合作，共同举办各类文化展览、讲座、演出等活动，让青年在亲身参与中感受文化的力量。例如，博物馆可以定期举办"文化遗产日"活动，邀请青年参观展览并参与互动体验；图书馆则可以开展"经典阅读月"活动，推荐经典文化书籍并举办读书分享会；文化馆则可以组织"民俗文化节"等活动，展示和传播地方特色文化。同时，将公共文化设施纳入学校文化教育体系也是非常重要的。通过组织青年参观博物馆、参加图书馆的阅读活动、参与文化馆的文化体验项目等，让青年在潜移默化中接受文化的熏陶，增强文化自信。这种将公共文化设施与学校文化教育相结合的方式，不仅能够丰富青年的文化生活，还能提升他们的文化素养和综合能力。

（二）创新宣传方式，提升传播效果

在构建多元化宣传网络的基础上，不断创新宣传方式以提升传播效果，是吸引更多青年关注和参与文化自信培育的关键。这一过程不仅需要充分利用现代科技手段，还需结合重要时间节点和重大历史事件，开展丰富多彩的文化主题活动，同时鼓励和支持文化创新创作，以满足青年的审美需求和文化期待。

其一，多媒体融合技术为创新宣传方式提供了强大的技术支持。结合文字、图片、音频、视频等多种媒体形式，可以制作出内容丰富、形式多样的文化宣传内容。这种多元化的信息呈现方式，不仅符合青年人的信息接收习惯，还能够让他们在多元的信息接收中获得更全面的文化体验。例如，通过图文并茂的文章，青年可以深入了解中华优秀传统文化的历史故事，感受其中蕴含的智慧和哲理；通过音频解读，青年可以聆听革命文化的精神内涵，体会革命先烈们为了民族独立和人民解放所付出的巨大牺牲；通过视频展示，青年可以直观感受到社会主义先进文化的实践成果，看到中国特色社会主义事业所取得的辉煌成就。更进一步地，利用虚拟现实（VR）、增强现实（AR）等新技术，我们可以打造沉浸式文化体验场景，让青年在互动中感受文化的魅力。VR技术可以重现古代历史场景，让青年身临其境地感受中华文化的博大精深。例如，通过VR技术，青年可以"穿越"到古代，亲身体验古代文化的独特魅力，感受中华文明的源远流长。AR技术则可以将文化元素融入现实环境，让青年在探索中发现文化的独特之处。例如，通过AR技术，青年可以在现实生活中发现隐藏的文化符号和故事，增强他们对文化的兴趣和好奇心。这种多媒体融合的宣传方式不仅能够提升青年的文化兴趣，还能增强他们的文化参与感和归属感，使他们在互动中深化对文化的理解和认同。

其二，开展文化主题活动是创新宣传方式的另一重要途径。结合重要时间节点和重大历史事件，我们可以策划一系列具有针对性的文化主题活动，如"文化遗产日""革命传统教育月"等。这些活动可以通过主题展览、文艺演出、学术研讨等形式，深入挖掘和展示中华文化的深厚底蕴和时代价值。例如，在"文化遗产日"，我们可以举办文化遗产展览，展示中华文

的珍贵遗产和保护成果，让青年了解中华文化的多样性和独特性；在"革命传统教育月"，我们可以组织革命历史讲座和文艺演出，让青年了解革命先烈的英勇事迹和革命精神，感受革命文化的深厚底蕴和时代价值。同时，鼓励青年积极参与这些活动，通过亲身体验和互动交流，加深对文化的理解和认同。例如，可以组织青年参观文化遗产地，让他们亲身感受中华文化的博大精深；可以邀请革命后代或专家学者为青年讲述革命故事，让他们了解革命文化的精神内涵；可以开展文化创作比赛或文艺汇演等活动，让青年在参与中展现自己的文化才华和创造力。这种结合时间节点和事件的文化主题活动，不仅能够激发青年的文化热情，还能培养他们的文化自觉和文化自信，使他们在参与中深化对中华文化的认同和热爱。

其三，推动文化创新创作是创新宣传方式的核心内容。文化创新创作不仅能够丰富文化表现形式，还能满足青年的审美需求和文化期待。因此，我们应鼓励和支持文化工作者创作具有时代特征、符合青年审美趣味的文化作品，如动漫、电影、电视剧、网络文学等。这些作品可以将传统文化与现代元素相结合，以生动有趣的方式传播文化知识，让青年在欣赏作品的同时感受文化的传承与发展。例如，可以推出以传统文化为主题的动漫作品，通过动漫角色和故事情节展现中华文化的独特魅力。动漫作品以其独特的艺术风格和表现手法，能够吸引青年的关注和喜爱，使他们在欣赏动漫作品的同时了解中华文化的历史渊源和文化内涵。可以制作以革命历史为题材的电影和电视剧，通过影像语言再现革命先烈的英勇事迹和革命精神。电影和电视剧以其直观、生动的表现方式，能够让青年更加深入地了解革命历史和文化内涵，感受革命先烈的崇高精神和伟大情怀。可以创作以社会主义先进文化为主题的网络文学作品，通过网络平台传播正能量和先进文化。网络文学作品以其广泛的传播范围和影响力，能够吸引更多的青年读者关注和参与，使他们在阅读中了解社会主义先进文化的核心价值和精神追求。这种文化创新创作不仅能够提升青年的文化素养和审美能力，还能增强他们的文化自信和文化自觉。通过欣赏和参与这些文化作品，青年可以更加深入地了解中华文化的独特魅力和时代价值，增强对中华文化的认同感和自豪感。同时，这些文化作品也能够激发青年的文化创造力和创新精神，使他们在传承和发展中华文化的过程中发挥更加积极的作用。

（三）强化社会参与，形成宣传合力

在新时代背景下，文化自信已成为国家软实力的重要体现，而青年作为国家的未来和希望，其文化自信的培养尤为重要。建强社会宣传矩阵，推动文化自信的深入传播，需要全社会的共同参与和努力。通过强化社会参与，形成宣传合力，可以有效促进青年文化自信的培养。

其一，鼓励企业参与文化宣传工作，是构建社会宣传矩阵的重要一环。企业在社会发展中扮演着重要角色，其影响力不仅体现在经济领域，更可以延伸至文化领域。通过赞助文化活动、开展文化公益等方式，企业不仅可以履行社会责任，提升企业形象，还能促进文化与产业的融合发展。例如，企业可以赞助文化遗产保护项目，支持传统文化的传承与创新；可以开展文化公益活动，如举办文化讲座、艺术展览等，为公众提供接触和了解文化的机会。同时，企业还可以将文化元素融入产品设计和营销策略中，通过创新产品和服务，满足青年对文化的需求，推动文化产业的繁荣发展。企业参与文化宣传不仅有助于提升企业的社会责任感和品牌形象，还能激发青年的文化兴趣和创造力。青年作为消费市场的主体，对于具有文化内涵的产品和服务有着更高的接受度和认同感。通过企业的文化创新，可以引导青年更加深入地了解和认同中华文化，增强他们的文化自信。

其二，引导社会组织发挥作用，也是构建社会宣传矩阵不可或缺的一部分。社会组织如文化协会、艺术团体等，在文化宣传中具有独特优势。这些组织通常拥有专业的文化资源和人才，能够组织高质量的文化活动，为青年提供文化学习和交流的平台。例如，文化协会可以举办传统文化讲座创办艺术工作坊等，让青年在参与中感受文化的魅力；艺术团体则可以通过演出、展览等形式，展示中华文化的独特魅力和时代价值。社会组织在文化宣传中的作用不仅限于提供文化活动，更在于其能够凝聚社会共识，推动文化创新。通过组织文化论坛、研讨会等活动，社会组织可以邀请专家学者、文化名人等共同探讨文化发展的方向和路径，为青年提供思想启迪和文化引领。同时，社会组织还可以与高校、研究机构等合作，开展文化研究和创新项目，推动文化的传承与发展。

其三，发动公众参与文化宣传活动，也是构建社会宣传矩阵的重要途

径。公众是文化宣传的受众和主体，其参与度和认同感对于文化宣传的效果具有重要影响。通过广泛发动公众参与文化宣传活动，如文化志愿者招募、文化作品征集等，可以增强公众的文化参与感和归属感，提升文化宣传的覆盖面和影响力。例如，可以招募文化志愿者参与文化遗产保护、文化活动策划等工作，让他们在实践中了解和学习文化；可以举办文化作品征集活动，鼓励公众创作具有文化内涵的作品，展示他们的文化创造力和想象力。公众的参与不仅有助于提升文化宣传的效果，还能激发青年的文化热情和创造力。青年作为社会的新生力量，对于新事物和新思想有着更高的接受度和创造力。通过公众的参与和示范，可以引导青年更加积极地参与文化活动，培养他们的文化自觉和文化自信。同时，公众的口碑传播效应也是文化宣传不可忽视的力量。通过公众的口口相传，可以扩大文化宣传的覆盖面和影响力，让更多的人了解和认同中华文化。

第三节　深化培育内容与形式的创新

在当今这个日新月异的时代，深化培育内容与形式的创新已成为推动社会进步与文化繁荣的关键。面对多元化的信息需求和快速发展的技术变革，我们不仅要丰富培育内容，拓展其深度和广度，更要勇于探索新的培育形式，以更加吸引人的方式增强教育的实效性。同时，紧密结合时代特点，大力发展数字文化教育，让知识与文化的传承在创新中焕发新的生机与活力。

一、丰富培育内容，提升深度和广度

培育内容的丰富性是确保青年文化自信培育效果的基础。在新时代背景下，青年文化自信培育的内容应当既涵盖传统文化的精髓，又包含现代文化的创新，同时还应关注与国际文化的交流与融合，以此提升培育内容的深度和广度。

（一）深入挖掘传统文化资源：激活历史记忆，传承文化精髓

中华传统文化犹如一条绵延不绝的长河，流淌着中华民族几千年的智慧

与情感。它以其悠久的历史、深厚的底蕴和独特的魅力，构筑了中华民族的精神家园，为后世子孙提供了无尽的精神滋养。在培育青年文化自信的过程中，深入挖掘传统文化资源，不仅是对历史的尊重，更是对未来的负责。

儒家思想作为中华传统文化的重要组成部分，其仁爱精神一直为世人所推崇。儒家强调以人为本，认为人是社会关系的核心，和谐共处是社会的理想状态。仁爱精神为青年提供了处理人际关系和社会关系的道德准则。在儒家思想的熏陶下，青年能够学会尊重他人、关爱他人，从而建立起和谐的人际关系，为社会的稳定与发展贡献力量。道家哲学则以其独特的和谐理念，引导人们追求内心的平和与宁静。道家倡导顺应自然、无为而治，认为人应该与自然和谐共生，而不是试图去征服自然。这种理念对于青年来说，具有极其重要的启示意义。在快节奏的现代生活中，青年往往面临着巨大的压力和挑战。道家哲学教会他们如何调整心态，如何在纷扰中找到内心的平静，从而以更加积极、乐观的态度面对生活。法家思想虽然与儒家、道家在某些方面存在差异，但其法治精神却为现代社会提供了宝贵的借鉴。法家强调规则意识和法治思维的重要性，认为只有尊重法律、维护秩序，社会才能得以稳定和发展。这种法治精神对于青年来说，具有极其重要的教育意义。它教会青年要遵守法律、尊重规则，从而培养他们的法治观念和法律意识。

在深入挖掘这些思想精华和道德精髓的同时，我们还应结合现代社会的需求，进行创造性转化和创新性发展。传统文化并不是一成不变的，它需要与时俱进，才能在新时代焕发出新的生机与活力。现代科技手段为我们提供了传承和发扬传统文化的新的可能性。例如，虚拟现实技术的应用，可以让青年身临其境地感受传统文化的魅力。通过数字博物馆的展示，青年可以更加直观地了解传统文化的历史渊源和文化内涵。这些现代科技手段的应用，不仅丰富了传统文化的传承方式，也提高了青年对传统文化的兴趣和热爱。此外，举办传统文化节庆活动、非物质文化遗产展示等，也是让青年在实践中体验和传承传统文化的有效途径。通过参与这些活动，青年可以亲身感受到传统文化的独特魅力和深厚底蕴。他们可以在活动中学习传统技艺、了解传统习俗，从而加深对传统文化的认识和了解。这些实践活动不仅有助于青年传承传统文化，还能培养他们的文化自觉和文化自信。将传统文化元素融入现代设计、艺术创作中，也是让传统文化在新时代焕发出新的生机与活力的重要方式。传统文化元素具有独特的审美价值和文化内涵，它们可以为现代设计和艺术创作提供丰富的灵感和素材。通过将传统文化元素与现代设计理念相结合，可以创造出既具有传统韵味又符合现代审美需求的作品。这些作品不仅能够展现传统文化的魅力，还能让更多的人了解和认识传统文化。

（二）加强近现代史和革命文化教育：铭记历史，弘扬爱国主义精神

近现代史和革命文化是中华民族从屈辱到振兴的生动写照，它们不仅记录了中华民族在近现代史上的苦难与抗争，更蕴含了丰富的爱国主义精神和革命斗争精神。这些精神财富对于当代青年而言，是宝贵的教育资源，也是培育他们文化自信和爱国主义精神的重要载体。通过加强近现代史和革命文化教育，我们可以让青年深刻理解中华民族伟大复兴的艰辛历程。从鸦片战争的炮火中，青年可以感受到中华民族面临的深重危机；从辛亥革命的浪潮中，他们可以体会到先辈们为推翻封建统治、建立民主共和所付出的巨大努力；从抗日战争的烽火中，他们可以领略到全民族抗战的伟大力量；从解放战争的胜利中，他们可以见证到新中国的诞生和中华民族的崛起。这一系列历史事件，构成了中华民族近现代史的壮丽画卷，也让青年深刻认识到今天的幸福生活来之不易。

在教育过程中，我们应注重历史的准确性和客观性。历史是客观的，不容篡改和歪曲。其一，我们应以严谨的态度对待每一个历史事件和人物，确保传授给青年的历史知识是真实可靠的。通过讲述历史事件、人物故事等方式，我们可以让青年感受到先辈们为了民族独立和人民幸福所付出的巨大牺牲和努力。这些故事不仅具有感人至深的力量，更能激发青年的爱国情怀和民族自豪感。其二，我们还应引导青年从历史中汲取智慧和力量。历史是一面镜子，可以照见过去，也可以启迪未来。通过深入研究近现代史和革命文化，青年可以了解到先辈们在革命斗争中的英勇事迹和崇高精神，从而受到激励和鼓舞。这些精神和品质不仅是革命时期的重要支撑，也是当代青年成长成才的宝贵财富。我们可以组织青年参观革命遗址、纪念馆等，让他们亲身感受革命历史的厚重和伟大。这些实地参观活动不仅可以让青年更加直观地了解历史事件和人物，还能增强他们的历史责任感和使命感。其三，通过举办主题讲座、研讨会等活动，我们可以让青年深入了解革命文化的内涵和价值。革命文化是中华民族在革命斗争中形成的独特文化形态，它蕴含了丰富的革命精神和价值观念。通过专家学者的讲解和探讨，青年可以更加深入地理解革命文化的精髓和要义，从而增强对革命文化的认同感和自豪感。这些活动不仅可以拓宽青年的知识视野，还能提高他们的文化素养和人文精神。其四，我们应鼓励青年积极参与志愿服务、社会实践等活动，将爱国主义精神融入日常生活和学习。爱国主义精神不仅仅是一种情感表达，更是一种实际行动。通过参与志愿服务、社会实践等活动，青年可以将自己的爱国情感转化为实际行动，为社会做出积极贡献。这些活动不仅可以锻炼青年的实践能力和社会责任感，还能让他们在实践中更加深刻地体会到爱国主义的伟大力量。

（三）融入社会主义先进文化元素：坚定信念，引领时代潮流

社会主义先进文化作为中国特色社会主义事业的重要组成部分，不仅承载着时代的精神风貌和价值追求，更是新时代文化自信的重要基石。在培育青年文化自信的过程中，积极融入社会主义先进文化元素，对于引导青年树立正确的历史观、民族观、国家观和文化观具有不可估量的价值。社会主义核心价值观作为社会主义先进文化的核心，是新时代中国特色社会主义的价值观体系。它涵盖了国家层面、社会层面和个人层面的价值要求，为青年提供了明确的价值导向和行为准则。通过将这些价值观融入培育内容中，我们可以帮助青年树立起正确的世界观、人生观和价值观，使他们在面对复杂多变的社会现象时，能够保持清醒的头脑和坚定的立场。中国特色社会主义理论体系是指导中国特色社会主义事业不断前进的科学理论。这一理论体系不仅揭示了中国特色社会主义的发展规律，也为青年提供了认识世界、改造世界的强大思想武器。通过传授这一理论体系的基本内容和精神实质，青年可以更好地理解中国特色社会主义的道路、理论、制度和文化，从而增强对中国特色社会主义道路的认同和自信。

在融入社会主义先进文化元素的过程中，应注重方式的多样性和实效性。课堂教学是传授知识的重要途径，但绝不是唯一途径。可以通过主题班会、专题讲座等形式，向青年系统地介绍社会主义核心价值观和中国特色社会主义理论体系的基本内容，帮助他们建立起完整的理论体系框架。同时，

还应注重实践教育的作用，通过组织社会实践活动、志愿服务等，让青年在实践中感悟社会主义先进文化的魅力，增强对社会主义核心价值观的认同感和践行力。此外，文化讲座、艺术展览等活动也是融入社会主义先进文化元素的有效方式。这些活动不仅可以丰富青年的文化生活，还能让他们在欣赏艺术作品、聆听专家讲座的过程中，感受到社会主义先进文化的深厚底蕴和时代价值。通过这些活动，可以引导青年更加深入地了解中国特色社会主义理论体系的形成和发展过程，增强他们的历史责任感和使命感。在融入社会主义先进文化元素的过程中，还应注重青年的主体地位和个性差异。青年是文化自信培育的主体，他们的思想状况、价值取向和兴趣爱好各不相同。因此，在融入社会主义先进文化元素时，应充分考虑青年的实际情况和需求，尊重个体差异和选择权利。通过提供多样化的文化产品和服务，满足青年不同层次、不同领域的文化需求，从而激发他们的文化创造力和创新精神。

（四）强化国际文化交流教育：拓宽视野，展示文化自信

在全球化日益加深的今天，国际文化交流已成为连接不同国家和地区、促进文明互鉴的重要途径。对于青年而言，强化国际文化交流教育不仅有助于拓宽他们的视野，增长见识，更是增强文化自信、展现中华文化魅力的关键。在全球化的浪潮中，青年作为国家的未来和民族的希望，他们的国际视野和文化自信将直接影响到国家的对外开放和国际形象。

青年通过积极参与国际文化交流活动，可以深入了解不同文化的特点和价值。每一种文化都是其民族历史和社会发展的产物，蕴含着独特的智慧和魅力。青年在参与国际文化交流的过程中，可以接触到不同的思想观念、艺术形式、生活方式等，从而丰富文化体验，拓宽文化视野。这种跨文化的交流和互动，有助于青年打破文化隔阂，增进对不同文化的理解和尊重。在尊重差异中寻求共识，是国际文化交流的重要原则。青年在参与国际文化交流时，应学会以开放包容的心态去接纳不同文化，理解并尊重文化的多样性。通过交流与对话，青年可以发现不同文化之间的共通之处，从而建立起跨文化的友谊和合作。这种在差异中寻求共识的能力，不仅有助于青年在国际舞台上更好地展现自己，也能为促进世界和平与发展贡献力量。国际文化交流教育还有助于青年更加自信地展示中华文化的魅力。中华文化源远流长，博大精深，是中华民族的瑰宝。青年在参与国际文化交流时，可以将中华文化的精髓和特色展现给世界，让世界更加了解中国，增进对中国的友好感情。同时，通过与国际友人的交流与互动，青年可以更加深刻地认识到中华文化的独特价值和世界意义，从而增强对中华文化的自信心和自豪感。

在强化国际文化交流教育的过程中，应注重培养青年的跨文化沟通能力和国际视野。跨文化沟通能力是青年在国际文化交流中必备的技能之一，它要求青年具备良好的外语水平、跨文化交际技巧和国际礼仪知识等。通过组织青年参加国际文化交流项目、海外研学等活动，他们可以亲身体验不同文化的魅力，提高跨文化沟通能力。这些活动不仅可以锻炼青年的外语口语和听力能力，还能让他们在实践中学习如何与不同文化背景的人进行有效沟通。此外，举办国际文化节、外语角等活动也是提升青年国际视野和文化自信的有效途径。这些活动可以为青年提供展示才华和交流的平台，让他们在与国际友人的互动中增进了解，建立友谊。通过这些活动，青年可以更加深入地了解不同文化的特点和价值，拓宽自己的文化视野。同时，这些活动还能激发青年对国际文化交流的热情和兴趣，为他们未来的国际交流打下坚实的基础。鼓励青年学习外语、了解国际规则等也是提升他们国际竞争力和适应能力的重要手段。外语是国际文化交流的桥梁和工具。掌握一门或多门外语，可以让青年更加自如地与国际友人进行交流，更好地理解和适应不同文化环境。同时，了解国际规则也是青年参与国际竞争和合作的必备知识。通过学习和掌握国际规则，青年可以更加熟练地运用国际惯例和法律法规，为自己的国际发展创造有利条件。

二、创新培育形式，增强吸引力和实效性

面对全球化与信息化的双重挑战，如何在新时代背景下创新青年文化自信培育的形式，使之更加具有吸引力、更加富有实效，成为摆在我们面前的一项紧迫任务。

（一）创新培育形式：紧跟时代脉搏，激发文化热情

在全球化的背景下，文化多元化已成为不可逆转的趋势。青年群体在接触和吸纳多元文化的同时，也面临着文化认同的考验。创新培育形式，有助

于青年在多元文化中找到自己的文化根基，增强对本土文化的自信和认同。

1. 数字赋能，打造文化新体验

在数字化时代，互联网、大数据、人工智能等技术的迅猛发展，为青年文化自信培育提供了前所未有的机遇。这些技术不仅改变了信息的传播方式，更重塑了人们的文化体验模式。首先，开发文化学习 App 成为连接青年与传统文化的重要桥梁。通过趣味化的互动游戏、生动的动画解说，这些 App 以青年喜闻乐见的形式，将传统文化知识融入其中，使青年在轻松愉快的氛围中学习传统文化，感受其深厚底蕴。这种学习方式不仅降低了学习门槛，还提高了学习效率，使传统文化在青年群体中焕发新的生机与活力。其次，虚拟现实技术的运用，为青年提供了身临其境的文化体验。通过创建虚拟文化博物馆，青年可以穿越时空，近距离观赏历史文物，感受历史文化的厚重与魅力。这种沉浸式的体验方式，不仅增强了青年对历史文化的直观感知，还激发了他们对文化探索的兴趣与热情。此外，社交媒体平台作为信息传播的重要渠道，也在青年文化自信培育中发挥着重要作用。通过开展线上文化沙龙、文化直播等活动，青年可以跨越地域限制，与来自不同文化背景的人进行交流与互动。这种跨文化的交流不仅拓宽了青年的文化视野，还促进了不同文化之间的理解与尊重，为文化自信培育提供了更加广阔的空间。数字赋能不仅改变了文化体验的形式，更深化了青年对文化的认知与感悟。在技术的助力下，传统文化以更加生动、直观的方式呈现在青年面前，使他们在享受文化乐趣的同时，也能深刻感受到文化的价值与意义。

2. 跨界融合，拓展文化新视野

文化的魅力在于其多样性与包容性。在新时代背景下，跨界融合成为推动文化创新发展的重要途径。通过跨越传统界限，将文化与其他领域如科技、艺术、体育等相融合，可以创造新的文化表达形式，为青年文化自信培育注入新的活力。科技与文化的结合，为青年提供了全新的文化体验方式。例如，在文化科技节中，青年可以亲眼见证科技如何与传统文化相融合，创造出令人惊叹的文化产品。这种融合不仅展现了科技的无限可能，也彰显了文化的深厚底蕴与创新能力。通过参与这些活动，青年可以深刻感受到科技与文化的相互促进与共生，从而增强对文化的认同感与自豪感。艺术与文化的跨界融合，则为青年提供了更加丰富的文化表达渠道。无论是通过画笔描绘历史场景，还是用音乐演绎文化故事，抑或是用舞蹈展现文化精神，艺术都是文化表达的重要载体。通过举办文化主题的艺术创作比赛，鼓励青年用艺术形式诠释文化内涵，不仅可以激发他们的创作灵感，还能培养他们的审美能力与文化素养。这种跨界融合的艺术创作，不仅丰富了文化的表现形式，也促进了文化的传承与创新。体育与文化的结合，同样为青年文化自信培育提供了新的视角。体育作为一种文化现象，蕴含着丰富的文化内涵与精神价值。通过组织青年参与国际文化交流活动，如体育赛事中的文化交流环节，可以让青年在竞技与交流中感受不同文化的魅力与差异。这种跨文化的体育交流，不仅增强了青年的国际视野与竞争力，还促进了文化之间的理解与尊重。跨界融合不仅拓宽了文化的边界，也丰富了文化的内涵与形式。通过与其他领域的融合与创新，文化得以在更广阔的舞台上展现其独特魅力与无限可能，不仅为青年提供了更加多元的文化体验方式，也为文化自信培育注入了新的动力与活力。

3. 实践导向，强化文化体验感

实践是检验真理的唯一标准，也是文化自信培育的重要途径。通过组织青年参与各种文化实践活动，如文化遗产保护、文化志愿服务、国际文化交流等，可以让他们在亲身参与中感受文化的魅力与价值，从而加深对文化的理解与认同。文化遗产保护活动可以使青年成为文化的守护者。通过参与文物保护、历史遗址修复等工作，青年可以亲身感受到文化遗产的珍贵与脆弱。这种参与不仅增强了他们对文化遗产保护的意识与责任感，还让他们在实践中学习到保护文化遗产的知识与技能。通过这些活动，青年可以更加深刻地认识到文化的价值与意义，从而增强对文化的自信心与自豪感。文化志愿服务活动是青年传递文化正能量的重要方式。通过参与文化志愿服务，如文化讲座的策划与宣讲、文化活动的组织与协调等，青年可以将自己所学的文化知识应用于实践中，为社区和社会带来积极的文化影响。这种志愿服务不仅锻炼了青年的组织能力与沟通协调能力，还让他们在实践中感受到文化的力量与价值。通过这些活动，青年可以更加积极地参与到文化传承与传播中来，成为文化的传承者与传播者。国际文化交流活动可以为青年提供更加广阔的文化视野。通过参与国际文化交流项目，如海外文化交流访问、国际文化节等，青年可以亲身感受不同文化的魅力与差异。这种跨文化的交流不仅拓宽了他们的国际视野与文化素养，还促进了文化之间的理解与尊重。通过这些活动，青年可以更加深刻地认识到文化的多样性与包容性，从而增强对本土文化的自信心与自豪感。实践导向的文化自信培育方式，不仅让青年在亲身参与中感受到文化的魅力与价值，还培养了他们的责任感与使命感。通过参与各种文化实践活动，青年可以更加深刻地认识到自己在文化传承与传播中的责任与使命，从而成为文化的坚定信仰者与积极传播者。这种实践导向的培育方式，不仅为青年提供了更加丰富的文化体验机会，也为文化自信培育奠定了坚实的基石。

（二）增强吸引力和实效性：精准施策，注重反馈与评估

在探索新时代青年文化自信培育的路径时，增强吸引力和实效性是不可或缺的两个维度。为了增强吸引力和实效性，我们需要精准施策，注重反馈与评估，确保文化自信培育工作能够贴近青年需求。

1. 精准定位，满足个性化需求

青年群体独有的多样性和个性化特征，构成了文化自信培育的多元画卷。每位青年都是独一无二的，他们拥有不同的文化背景、兴趣爱好和认知需求。因此，文化自信培育的首要任务便是精准定位，即根据青年的个性化需求，量身定制培育方案，使每一位青年都能在文化的海洋中找到自己的"文化坐标"。对于热爱历史的青年，我们可以深入挖掘历史资源，推荐历史纪录片、历史小说等，通过生动的影像和文字，带领他们穿越时空，感受历史的厚重与魅力。这类内容不仅能够满足他们对历史的探索欲，还能在潜移默化中培养他们的历史责任感和文化自信。而对于对艺术充满热情的青年，我们则可以组织艺术展览、艺术工作坊等活动，为他们提供展示才华、交流思想的平台。在这些活动中，青年可以亲手创作，亲身体验艺术的魅力，从而在艺术的熏陶下，提升审美素养，增强文化自信。精准定位的核心在于理解并尊重青年的个性化需求，通过提供多样化的文化产品与服务，满足他们的精神文化需求，使他们在文化自信培育的过程中，既能感受到文化的广度，又能体会到文化的深度。

2. 注重反馈，持续优化培育策略

文化自信培育并非一成不变的静态过程，而是一个需要不断反馈、持续优化的动态过程。在培育的过程中，青年的反馈是检验培育效果、指导后续工作的重要依据。可以通过问卷调查、访谈、座谈会等多种方式，全面、深入地收集青年对培育活动的满意度和意见建议。这些反馈不仅能够帮助了解青年对活动的接受程度、喜好偏向，还能揭示培育过程中存在的问题与不足，为后续的调整与优化提供方向。同时，建立文化自信培育的评估机制也是至关重要的。通过定期评估，可以对培育效果进行量化分析，明确哪些活动受欢迎、哪些需要改进，从而总结经验教训，为后续工作提供科学依据。这种评估不仅是对培育成果的检验，更是对培育策略的反思与提升。注重反馈与评估，意味着要时刻保持开放的心态，勇于面对问题，敢于自我革新。在培育过程中，要善于倾听青年的声音，尊重青年的意见，将反馈作为改进工作的宝贵财富。只有这样，才能不断优化培育策略，提升培育效果，使文化自信培育工作更加贴近青年、服务青年。

3.强化联动，形成培育合力

文化自信培育是一项系统工程，需要政府、学校、企业、社会组织等多元主体的共同参与和支持。这些主体各自拥有独特的资源和优势，只有加强联动，才能形成强大的培育合力。政府作为文化自信培育的引领者，应出台相关政策，为培育工作提供政策保障和资金支持。这些政策不仅应关注培育内容的创新与丰富，还应关注培育方式的多样与灵活，为青年提供更多元、更优质的文化产品与服务。学校是文化自信培育的主阵地，应将文化自信培育纳入教育体系，开设相关课程，组织文化活动。这样，青年可以在课堂内外感受到文化的魅力，提升文化素养，增强文化自信。同时，学校还应加强与社会的联系，将文化自信培育延伸到社会实践中，让青年在更广阔的舞台上展现自我、锻炼能力。企业作为文化产业的主体，可以参与文化项目的投资和运营，推动文化产业的发展。通过与文化产业的深度融合，文化自信培育可以使青年更加直观地感受到文化的经济价值和社会价值，从而增强文化自信。社会组织则因其灵活性和创新性，在文化自信培育中发挥着不可替代的作用。它们可以组织文化志愿服务、文化交流等活动，为青年提供更多参与文化、体验文化的机会。通过这些活动，青年不仅可以提升自己的文化素养和审美能力，还能提升社会责任感和公民意识。强化联动意味着要打破界限，整合资源，形成政府引导、学校主体、企业支持、社会参与的文化自信培育格局。这种格局不仅能够为青年提供更加丰富、多元的文化体验，还能促进文化在社会各层面的广泛传播和深入渗透，从而为文化自信培育奠定坚实的基础。

三、结合时代特点，发展数字文化教育

随着信息技术的飞速发展，数字文化已成为当代文化的重要组成部分，对青年的思维方式、行为习惯乃至价值观念产生了深刻影响。因此，结合时代特点，发展数字文化教育，成为新时代青年文化自信培育的重要实践路线。

（一）构建数字化文化教育资源库

在新时代背景下，构建数字化文化教育资源库已成为培育新时代青年文化自信的重要举措。这一资源库不仅是文化传承与发展的重要载体，更是连接过去与未来、传统与现代的桥梁，为新时代青年提供了丰富、便捷的学习途径，有效促进了文化资源的共享与传承。数字化文化教育资源库全面而深入地整合了各类优质文化资源。这些资源不仅涵盖了中华优秀传统文化的精髓，如儒家的仁爱思想、道家的自然哲学、佛家的慈悲智慧等，还包括了革命文化和社会主义先进文化的重要内容。中华优秀传统文化是中华民族的精神命脉，蕴含着丰富的哲学思想、人文精神、道德观念等，是新时代青年坚定文化自信的重要源泉。革命文化则是中国共产党领导人民在革命、建设、改革过程中形成的宝贵精神财富，它以其独特的革命精神和奋斗历程，激励着新时代青年不断前行，为实现中华民族伟大复兴的中国梦贡献力量。社会主义先进文化则体现了当代中国社会的精神风貌和价值追求，它以马克思主义为指导，融合了中华优秀传统文化和世界先进文化的优秀成果，为新时代青年提供了丰富的精神滋养。

数字化文化教育资源库的构建，极大地促进了文化资源的跨越时空传播。在传统模式下，文化资源的获取往往受到地域、时间等条件的限制，使得许多优秀的文化资源难以被广泛传播和有效利用。而通过数字化手段，这些文化资源得以被数字化并通过网络传播，从而实现了跨越时空的便捷访问。青年可以通过手机、电脑等终端设备随时随地访问资源库，获取所需的

文化知识和信息。这种便捷性不仅极大地拓宽了青年的学习视野，还提高了他们的学习效率和学习兴趣。数字化文化教育资源库还具有动态更新和不断优化的特点。随着时代的发展和社会的变迁，文化资源也在不断地更新和丰富。数字化文化教育资源库能够及时地收录新的文化资源，供青年学习使用。同时，资源库还可以根据青年的学习需求和反馈意见进行不断优化和调整，以提供更加符合青年需求的学习资源和服务。这种动态更新和不断优化的机制确保了青年能够接触到最新、最全面的文化内容，从而不断提升他们的文化素养和文化自信。

在构建数字化文化教育资源库的过程中，应注重资源的多样性和针对性。一方面，资源库应涵盖文学、艺术、历史、哲学等多个领域，以满足不同青年的多元化需求。这些领域不仅各具特色，而且相互关联、相互渗透，共同构成了人类文化的丰富内涵。通过提供多样化的学习资源，可以帮助青年更全面地了解人类文化的发展历程和现状，从而培养他们的跨文化交流能力和全球视野。另一方面，资源库还应针对不同年龄段、不同兴趣爱好的青年群体提供个性化的文化资源推荐和服务。例如，对于青少年群体，可以提供一些寓教于乐的动画、游戏等学习资源；对于青年群体，则可以提供一些深入探究某一文化领域的学术论文、专著等学习资源。这种个性化的服务能够更好地满足青年的学习需求，提高他们的学习积极性和学习效果。

（二）推广数字化文化教育平台

在数字化时代背景下，构建数字化文化教育资源库为新时代青年文化自信培育奠定了坚实基础。然而，仅仅拥有资源库并不足以充分发挥其作用，还需要进一步推广数字化文化教育平台，通过这些平台将优质的文化资源以更加生动、互动性更强的方式传递给青年，从而拓宽他们的文化视野，增强文化自信。在线教育平台是推广数字化文化教育的重要途径之一。它利用互联网技术打破了地域限制，使得青年无论身处何地都能接收到优质的文化教育。在线教育平台通过整合各类文化资源，为青年提供了丰富多样的学习内容，包括中华优秀传统文化、革命文化、社会主义先进文化等。这些平台通常拥有专业的教师团队和优质的教学资源，能够确保教学质量和学习效果。青年可以根据自己的兴趣和需求选择适合自己的课程进行学习，从而实现个性化学习。

在线教育平台的优势在于其灵活性和便捷性。青年可以根据自己的时间安排自由选择学习时间和地点，无须受到传统教育模式的束缚。这种学习方式不仅提高了学习效率，还培养了青年的自主学习能力和终身学习习惯。同时，在线教育平台还通过互动交流功能促进了师生之间的沟通与合作，增强了学习的互动性和趣味性。智慧课堂是数字化文化教育平台的另一种重要形式。它利用大数据、人工智能等先进技术手段，实现了教学内容的个性化定制和教学效果的实时监测。智慧课堂通过收集学生的学习数据和分析其学习行为，能够精准地了解每个学生的学习特点和需求，从而为他们提供个性化的学习建议和资源推荐。这种个性化定制的教学方式有助于激发学生的学习兴趣和积极性，提高他们的学习效果和学习成就感。智慧课堂还通过实时监测学生的学习进度和成绩变化，为教师提供了及时的教学反馈和评估依据。教师可以根据这些数据调整教学策略和方法，优化教学内容和形式，以确保教学质量的持续提高。同时，智慧课堂还通过互动教学、协作学习等方式促进了学生之间的交流与合作，培养了他们的团队精神和协作能力。

虚拟实验室是数字化文化教育平台的又一重要创新点。它利用虚拟现实技术模拟真实环境，让青年在虚拟空间中进行实践操作和实验探索。虚拟实验室不仅具有高度的真实感和沉浸感，还能够提供丰富的实验资源和灵活的实验条件，帮助青年提高实验技能和创新能力。在虚拟实验室中，青年可以自由地选择实验项目和实验器材，进行各种实验操作和数据分析。他们可以通过反复尝试和探索来发现实验规律和问题解决方案，从而培养他们的实践能力和创新思维。同时，虚拟实验室还提供了安全、无风险的实验环境，避免了传统实验中可能存在的安全隐患和事故风险。

除了在线教育平台和智慧课堂外，新媒体平台也是推广数字化文化教育的重要渠道。新媒体平台具有传播速度快、互动性强等特点，能够将优质的文化教育内容迅速传递给广大青年。通过在这些平台上发布优质的文化教育内容，可以吸引更多青年的关注和参与，进一步推动数字化文化教育的普及和发展。社交媒体平台如微博、微信等可以通过分享、转发等功能扩大文化教育的覆盖面和影响力。青年可以在这些平台上关注文化教育领域的专家和机构账号，获取最新的文化资讯和学习资源。同时，他们还可以通过评论、点赞等方式与其他用户互动交流，分享自己的学习心得和体会。这种互动式的学习方式有助于营造良好的文化氛围和学习环境。短视频平台则以短小精悍、易于传播的特点成为青年获取文化信息的重要途径。通过制作有趣、富有创意的短视频内容，可以将复杂的文化知识和概念以直观、易懂的方式呈现给青年。这些短视频不仅具有娱乐性和观赏性，还能够激发青年的学习兴趣和好奇心，引导他们深入了解和学习相关文化知识。

在推广数字化文化教育平台的过程中，应注重平台的创新性和实用性。一方面，要不断探索新的教育形式和技术手段，提高平台的吸引力和竞争力。例如，可以引入虚拟现实、增强现实等前沿技术来丰富学习体验；可以开发智能推荐系统来为用户提供个性化的学习资源。另一方面，要紧密结合青年的实际需求和学习特点，提供实用性强、易于理解的文化教育内容和服务。例如，可以针对青年关心的热点问题和兴趣点开发相关课程和活动；可以提供在线辅导和答疑服务来帮助学生解决学习中的困难和问题。此外，还应加强平台之间的互联互通和资源共享。通过建立统一的标准和接口规范，实现不同平台之间的数据共享和功能互操作。这样可以形成优势互补、协同发展的良好格局，提高数字化文化教育平台的整体效能和服务水平。

（三）加强数字化文化教育师资培训

在新时代背景下，数字化文化教育作为培养青年文化自信的重要途径，其有效实施离不开高素质、专业化的师资队伍。因此，加强数字化文化教育师资培训，提升教师在这一领域的专业素养和创新能力，成为推动数字化文化教育深入发展的关键所在。数字化文化教育融合了数字技术、网络技术和信息技术等现代科技手段，旨在通过创新的教育模式提高教育效率、优化教育资源分配、促进教育公平和提升教育质量。这一新兴领域要求教师不仅具备扎实的学科专业知识，还要掌握先进的数字化教育技术和方法。然而，当前许多教师在数字化文化教育方面的知识储备和实践经验相对不足，难以满足新时代青年文化自信培育的需求。因此，加强数字化文化教育师资培训，提升教师的专业素养和创新能力，成为推动数字化文化教育深入发展的迫切需求。

其一，在数字化文化教育师资培训中，应注重理论与实践的有机结合。

一方面，要传授数字化文化教育的基本理论知识和技术方法，包括数字化教育资源的开发、利用与管理，数字化教学平台的设计与应用，以及数字化教学环境的构建与优化等。这些理论知识是教师理解数字化文化教育本质、把握其发展方向的基础。另一方面，要引导教师结合具体案例进行实践操作和反思总结。通过案例分析、小组讨论、模拟教学等多种形式，让教师在实践中掌握数字化文化教育的精髓和要领，提高其在实际教学中的运用能力和创新能力。例如，在培训过程中可以引入国内外成功的数字化文化教育案例，让教师深入了解这些案例的背景、目标、实施过程及成效。通过对比分析这些案例的异同点，教师可以从中汲取经验和教训，为自己的教学实践提供借鉴和参考。同时，还可以组织教师进行模拟教学，让他们在实际操作中体验数字化文化教育的魅力和挑战，从而不断提升自己的教学水平和创新能力。

其二，在数字化文化教育师资培训中，还应注重线上与线下培训方式的有机结合。线上培训可以利用网络平台进行远程教学和互动交流，突破时间和空间的限制，使更多教师能够参与到培训中来。通过在线课程、直播讲座、网络研讨等形式，教师可以随时随地学习数字化文化教育的最新理念和技术方法，与同行进行交流和分享。此外，线上培训还可以利用大数据和人工智能等技术手段，对教师的学习情况进行实时监测和评估，为个性化培训提供依据。线下培训则可以组织教师到实地参观考察、参加研讨会等活动，增强培训的针对性和实效性。通过实地考察数字化文化教育项目或机构，教师可以深入了解数字化文化教育的实际运作情况和存在的问题，从而为自己的教学实践提供启示和借鉴。同时，线下培训还可以促进教师之间的面对面交流和合作，共同探讨数字化文化教育的发展趋势和创新路径。线上与线下培训方式的有机结合，可以形成全方位、多层次的培训体系，满足不同教师的培训需求和个性化发展。通过线上学习理论知识、线下实践操作技能相结合的方式，教师可以全面提升自己在数字化文化教育领域的专业素养和创新能力。

其三，还需建立健全相应的激励机制和评价机制。一方面，可以通过设立奖项、提供资助等方式激励教师积极参与数字化文化教育的研究和实践。例如，可以设立数字化文化教育优秀教学奖、创新成果奖等奖项，对在数字化文化教育领域取得突出成绩的教师进行表彰和奖励。同时，还可以为参与数字化文化教育师资培训的教师提供经费支持、学习机会等资助措施，减轻其经济负担和学习压力。另一方面，要制定科学合理的评价标准和方法对教师在数字化文化教育中的表现进行客观公正的评价和反馈。评价标准应涵盖教师的教学理念、教学方法、教学效果等多个方面，确保评价的全面性和准确性。评价方法可以采用定量与定性相结合的方式，通过问卷调查、课堂观察、学生反馈等多种途径收集评价数据和信息。通过科学合理的评价机制和反馈机制，可以帮助教师及时了解自己在数字化文化教育中的优点和不足，从而有针对性地改进自己的教学实践和提升专业素养。

（四）推动数字化与传统文化教育的融合

在新时代背景下，数字化文化教育与传统文化教育的融合成为培养青年文化自信的重要途径。传统文化作为民族的血脉和灵魂，不仅是新时代青年坚定文化自信的重要基石，也是数字化文化教育不可或缺的宝贵资源。通过数字化手段传承和弘扬中华优秀传统文化、革命文化和社会主义先进文化，可以让青年在数字化文化教育中深刻感受到传统文化的魅力和价值，从而进一步坚定其文化自信。数字化技术的快速发展为传统文化的传承和弘扬提供了新的可能。利用虚拟现实、增强现实、三维扫描等先进技术，可以对传统文化进行数字化处理和展示，使青年能够身临其境地感受传统文化的魅力。例如，通过虚拟现实技术重现古代历史场景，让青年仿佛穿越时空，亲身体验古代文明的辉煌与沧桑；通过三维扫描技术复制传统文物，让青年可以近距离观察文物的细节和工艺，感受传统文化的精深与博大。这些数字化展示手段不仅丰富了传统文化的传播方式，也增强了青年对传统文化的认同感和自豪感。

其一，在数字化展示过程中，应注重内容的科学性和准确性。数字化处理应以尊重历史、传承文化为前提，确保所呈现的内容符合历史事实和文化内涵。同时，数字化展示还应注重形式的多样性和趣味性，以吸引更多青年的关注和参与。通过精心设计的数字化展示项目，可以让传统文化以更加生动、直观的方式呈现给青年，激发他们对传统文化的兴趣和热爱。除了数字化展示外，数字化技术还可以用于传统文化的创新和转化。通过将传统文化元素融入现代设计、将传统戏曲改编成动画电影等方式，可以让传统文化更加符合现代青年的审美和需求，从而激发他们对传统文化的兴趣和热爱。例如，将传统图案、色彩等元素融入现代服装设计中，创造出具有传统文化特色的时尚单品；将传统戏曲的经典故事改编成动画电影，以更加生动、形象的方式呈现给青年观众。这些创新转化手段不仅赋予了传统文化新的生命力和活力，也促进了传统文化与现代文化的融合与交流。

其二，在创新和转化过程中，同样需要注重内容的科学性和准确性。创新转化应以传承文化为基础，确保所呈现的内容符合传统文化的精神内涵和价值观念。同时，创新转化还应注重形式的多样性和创新性，以满足现代青年的审美需求和文化追求。通过不断探索和创新，可以让传统文化在数字化时代焕发出新的光彩和魅力。

其三，推动数字化文化教育与传统文化教育的融合，还需要加强两者之间的衔接和互动。一方面，可以在数字化平台中设置传统文化教育专区或课程模块，为青年提供丰富多样的传统文化学习资源。这些资源可以包括数字化展示项目、在线课程、互动游戏等多种形式，以满足不同青年的学习需求和兴趣偏好。另一方面，可以组织传统文化教育专家与数字化文化教育从业者进行交流和合作，共同探索数字化技术与传统文化教育融合的新模式和新方法。通过专家学者的指导和支持，可以不断提升数字化文化教育在传统文化传承和弘扬方面的作用和价值。此外，还可以利用数字化平台开展丰富多彩的传统文化教育活动。例如，可以举办线上传统文化知识竞赛、传统文化创意设计大赛等活动，吸引更多青年参与其中。这些活动不仅可以增强青年对传统文化的了解和认识，还可以激发他们对传统文化的兴趣和创造力。通过数字化平台与传统文化教育的有机结合，可以形成线上线下相互促进、共同发展的良好局面。

第四节 提升新时代青年文化自信主体自觉

提升新时代青年文化自信与主体自觉，是构筑民族精神家园的基石。在国家民族认同的深厚土壤中，培育青年的文化根源意识，使其深刻理解文化血脉；于多元文化激荡的洪流里，增强青年的文化守护意识，坚定文化自信；在文化碰撞与选择的十字路口，提升青年的文化自觉，引领其成为文化传承与创新的先锋。如此，方能铸就新时代青年的文化脊梁。

一、在国家民族认同中培养文化根源意识

认同，这一深刻而复杂的心理现象，根植于个体的自我意识之中，是连接个体与外界世界的桥梁，也是构建自我身份与归属感的关键。它不仅仅是简单的认知过程，更是深层次的情感体验与价值认同，涉及个体对周围环境中共同或相同事物的识别、接纳与内化，进而形成对自我身份的独特确认。认同的多维度特性，如国家认同、民族认同、社会认同、个体认同以及文化认同，共同构成了个体身份认同的丰富画卷，展现了人类精神世界的广阔与深邃。

（一）充分发挥文化的根源作用

在中华民族的历史长河中，中华儿女对国家与民族的自信，无疑是一种深刻而全面的心理趋向，它超越了单一的维度，呈现出全方位、立体化、多元性的特点。这种自信既是对国家实力的肯定，也是对民族文化的自豪，更是对未来发展前景的坚定信念。它不仅是衡量一个民族凝聚力和向心力的重要标尺，也是推动社会进步、维护国家统一和民族团结的强大动力。探究中华民族认同的生成原因，我们不得不深入文化的核心层面。正如习近平总书记深刻指出的那样，"文化是民族生存和发展的重要力量"。文化作为民族精神的集中体现，是历史积淀与时代发展的结晶，它承载着民族的记忆、价值观念、思维方式和生活方式，是民族认同的最深层次、最根本性的要素。中华文化以其博大精深、源远流长而著称于世，它不仅塑造了中华民族独特的性格与气质，也为中华儿女的文化自觉提供了丰厚的土壤。正是这种文化自觉，让中华儿女在面对全球化浪潮和文化多样性的挑战时，能够坚守文化自信，保持对本土文化的深刻认同与热爱，从而构成了国家民族认同的坚固基石。

在新时代的背景下，面对快速变化的社会环境和复杂多样的文化生态，如何在青年群体中培育深厚的文化根源意识，成为一个亟待解决的问题。青年是国家的未来，民族的希望，他们的文化认同状况直接关系到国家的文化安全和民族的持续发展。因此，我们需要采取更加积极有效的措施，将文化教育融入青年的成长过程，通过学校教育、社会实践、文化传承等多种途

径，让青年深入了解中华文化的精髓与魅力，感受其精神力量的强大感召，从而在他们心中种下文化自信的种子。具体而言，可以通过加强传统文化教育，让青年学习经典文献、了解历史故事、体验传统节日，感受中华文化的深厚底蕴和独特魅力；通过推广民族文化活动，如民族舞蹈、音乐、戏曲等，让青年在参与中增进对多元文化的理解和尊重；通过鼓励青年参与文化交流与国际交往，让他们在比较中更加珍视本土文化。

（二）积极培育青年的文化自觉

从民族的广阔维度深入审视，文化不仅是民族历史长河中流淌不息的血脉，更是民族传承与发展的重要符号，它深刻地烙印在每一个民族成员的心中，成为连接过去与未来，维系民族认同与团结的纽带。文化自觉作为民族自我意识觉醒的重要标志，其形成与发展离不开对民族文化的深刻理解和认同，是民族文化自信与自强的内在动力。文化与民族两者相辅相成，共同构成了人类文明多样性和丰富性的基石。在浩瀚的人类历史长卷中，每一个民族都以其独特的文化符号，向世界展示着自身独有的风采与魅力。这些文化符号，无论是语言文字、艺术形式、宗教信仰，还是风俗习惯、节日庆典，都是民族智慧与创造力的结晶，它们承载着民族的历史记忆、价值观念和精神追求，是民族文化身份的直接体现。正如中华文化，它是由五十六个民族的文化精髓汇聚而成的一幅绚丽多彩的画卷，每一个民族的文化都是这幅画卷上不可或缺的一笔，共同绘就了中华民族博大精深、源远流长的文化图景。中华文化以其包容并蓄、兼容并蓄的特点，展现了汉族与少数民族文化价值与精神品质的深度融合。在历史的长河中，无论是古代的儒释道思想，还是近现代的革命文化、社会主义先进文化，都在不断丰富和发展着中华民族文化的内涵。这些文化内容既是对中华民族历史经验的总结，也是对民族精神特质的提炼，它们在不同的历史发展阶段，以不同的形式和表现，共同构成了中华民族文化的丰富多样性。

文化的民族性决定了民族文化是民族记忆的集中表达。每一个民族的文化符号，都是在特定的历史条件和社会环境下形成的，它们经过世代相传，成为民族共有的记忆与认同。这些文化符号不仅蕴含着民族特有的价值取向与精神品格，还成为民族文化的外在显现，让外界能够直观地感受到民族文化的独特魅力。中华民族文化符号，如龙、凤、长城、京剧等，都是中华民族历史与文化的象征，它们与中华民族的社会生产活动同步发展，成为中华民族文化的重要组成部分。中华儿女对中华民族文化符号的强烈价值认同与情感归属，是构筑民族身份与民族国家深刻认同的重要基础。这种认同与归属，不仅体现在对民族文化的热爱与传承上，更体现在对民族命运的关切与担当上。在中华民族的历史进程中，无论是面对外来侵略还是内部矛盾，中华儿女都能够团结一心，共同抵御风险与挑战，这种团结与凝聚力，正是源于对中华民族文化的深刻认同与自信。

文化自觉作为民族认同的前提、基础与动力源泉，是民族文化自信与自强的内在要求。文化自觉意味着民族成员能够自觉地认识到自己民族文化的价值与意义，能够自觉地传承与发展民族文化，能够自觉地在全球化的背景下维护民族文化的独特性与多样性。在民族认同中，应充分发挥文化的根源作用，通过教育、宣传等多种途径，积极培育青年的文化自觉，让他们从小就能够感受到民族文化的魅力与力量，从而树立起对民族文化的自信与自豪。同时，还应该加强对民族文化的研究与挖掘，让更多的人了解民族文化的历史渊源、内涵与价值，让民族文化在新时代焕发出新的生机与活力。此外，还应该积极推动民族文化的交流与传播，让民族文化成为连接不同民族、不同国家之间的桥梁与纽带，共同促进人类文明的进步与发展。

文化不仅是民族认同的根基，更是国家认同的纽带。国家认同是人们对自己国家独特特征进行识别的心理过程，它与国家利益紧密相连，与国家治理体系和治理能力成正比。美国学者罗格尔曾言，"文化是制度之母"，这深刻揭示了文化在国家治理中的重要性。习近平总书记在党的十九届四中全会上，明确提出提高国家治理体系和治理能力现代化的要求，并强调文化发展的巨大影响力。增强文化认同乃至文化自信，能够增强执政党的政权稳定性和凝聚力，发挥规范引导政权张力的功能，有效减少冲突，促进社会和谐稳定。文化对国家认同的纽带作用体现在两个方面：一方面，文化反作用于政治，通过价值整合、冲突规避等化人功能，以其根本属性影响施政方针，维护共同的社会秩序；另一方面，政治决定文化，不同的文化政策会营造出不同的文化现象。因此，文化认同为国家的建立提供了思想的合理性，而国家的巩固则离不开文化的认同。以中华民族为例，各民族通过形成共同意识，构筑了坚不可摧的民族共同体。这启示我们，应从国家的文化认同中汲取智慧，加强文化与文化自觉的根源性意识培养，从源头抓起，为青年文化自信的培育找准动力源泉。

二、在多元文化激荡中增强文化守护意识

随着经济全球化与网络信息化的持续演进，我国文化市场正经历着西方文化、网络文化、大众文化等多元文化的涌入与交融，异质文化间碰撞激烈，既冲突又交流。在此背景下，培育青年文化自信，亟须增强文化守护意识，以抵御不良思潮的侵蚀，并经受住历史的严峻考验。

（一）坚守文化立场

坚定文化立场，发展中国特色社会主义文化，是新时代赋予我们的重大使命。在这一进程中，首要且核心的任务是确保文化安全，这不仅是国家安全不可或缺的重要组成部分，也是我国在国际舞台上开展对外交流与合作的基本前提和坚实保障。文化安全关乎国家的精神独立、价值体系稳定以及民族认同感的维系，其重要性不言而喻。

推进文化强国建设，旨在提升国家文化软实力，增强中华文化的国际影响力，但这并不意味着要在文化交流中筑起高墙，拒绝外来文化的合理借鉴与融合。相反，它是一个开放包容、兼收并蓄的过程，要求我们在全球文化的交流与碰撞中，既要保持中国文化的独特性与本色，又要勇于吸收世界文明的一切优秀成果，实现文化的创新与发展。然而，这一过程中必须保持高度的警觉性，警惕那些以文化交流为幌子，实则进行文化渗透、价值颠覆的不良文化现象，确保我国文化生态的健康与纯洁。在这一背景下，提升青年群体的防腐拒变能力显得尤为重要。青年是国家的未来，民族的希望，他们的文化观念、价值取向直接影响着国家文化的发展方向。因此，培养青年具备辨别多元文化真伪的能力，使他们能够在纷繁复杂的文化环境中，准确识别并摒弃那些消极的、与社会主义核心价值观相悖的文化元素，同时积极传承和弘扬中华优秀传统文化及世界文化的积极成分，是坚守中国文化立场、展现中国文化风范的关键所在。

要实现这一目标，其一，需要加强青年的文化教育，特别是对中国传

统文化和中国特色社会主义理论体系的教育。通过深入学习，让青年深刻理解中华文化的精髓与内涵，增强对本土文化的认同感和自豪感，从而在面对外来文化时，能够自觉地从本民族的文化立场出发，进行批判性的思考与选择。同时，要引导青年树立正确的世界观、人生观、价值观，培养他们的文化自觉与文化自信，使他们能够在多元文化的激荡中，始终保持清醒的头脑和坚定的立场。其二，应鼓励青年积极参与国际文化交流，拓宽他们的国际视野。通过实地考察、学术交流、志愿服务等多种形式，让青年亲身体验不同文化的魅力，增进对不同文化背景下人们生活方式、思维方式的理解，从而培养他们的跨文化交流能力。在此过程中，青年应学会以开放的心态接纳不同文化，同时以批判的眼光审视各种文化现象，做到取其精华、去其糟粕，实现文化的融会贯通与创新发展。其三，还应加强对青年文化消费的引导，营造良好的文化环境。在信息时代，网络文化、流行文化等对青年的影响日益加深，因此，要特别关注这些领域中的文化产品与服务，确保它们符合社会主义核心价值观，避免低俗、暴力、色情等不良内容的传播，为青年提供健康、积极的文化成长空间。

（二）维护文化安全

在国家安全体系中，文化安全占据着举足轻重的地位，它既是国家安全的重要组成部分，也是中国在国际舞台上开展文化交流、提升文化影响力的基本前提。

推进文化强国建设，旨在通过增强国家文化软实力，提升中华文化的国际影响力与竞争力。这一过程并非简单的文化封闭或盲目排外，而是在坚持文化开放性的基础上，保持中国文化的本色与独特性。在全球化背景下，文化交流已成为常态，各种文化思潮与价值观念纷至沓来，既为我们提供了汲取世界文明成果、丰富自身文化内涵的机遇，也带来了文化冲击与挑战。特别是某些不良文化，往往以文化交流为幌子，试图进行意识形态渗透，破坏我国的文化生态与价值观念体系。因此，在推进文化强国建设的过程中，必须时刻保持警惕，提升青年的文化防腐拒变能力。青年作为国家的未来与民族的希望，他们的文化认同与文化选择将直接影响国家文化的走向与民族的未来。要引导青年树立正确的文化观念，增强文化自觉与文化自信，使他们能够在多元文化的激荡中保持清醒的头脑，有效甄别多元文化的真伪，摒弃那些与社会主义核心价值观相悖的消极元素，传承与弘扬中华文化的积极成分。辩证取舍，融会贯通，是青年在多元文化环境中坚守中国文化立场、展现中国文化风范的关键。辩证取舍意味着青年应具备批判性思维与独立思考的能力，能够客观分析不同文化的优缺点，从中汲取有益养分，同时警惕并抵制不良文化的侵蚀。融会贯通则要求青年在吸收外来文化的同时，能够将其与中华文化相融合，创造出具有中国特色、时代特征、民族气质的新文化形态。这种新文化形态既保留了中华文化的精髓与特色，又吸收了世界文明的优秀成果，是中华文化在现代社会中的创新与发展。

为了实现这一目标，需要加强对青年的文化教育与引导。通过学校教育、社会宣传、文化活动等多种途径，向青年传授中华文化的历史渊源、精神内涵与价值理念，使他们深刻认识到中华文化的独特魅力与重要价值。同时，鼓励青年积极参与文化交流活动，拓宽国际视野，增进对不同文化的了解与尊重。在这一过程中，青年将逐渐形成对中华文化的深厚情感与坚定认同，为坚守中国文化立场、展现中国文化风范奠定坚实基础。此外，还应关注青年在文化消费与文化创造中的角色与作用。随着互联网的普及与数字技术的发展，青年已成为文化消费与文化创造的主力军。他们的文化选择与文化创造将直接影响文化市场的走向与文化生态的构建。因此，我们要引导青年树立正确的文化消费观念，支持他们积极参与文化创造活动，鼓励他们创作出更多具有中国特色、反映时代精神、贴近人民生活的文化作品。这些作品将成为中华文化的重要组成部分，为坚守中国文化立场、展现中国文化风范提供有力支撑。

（三）引导文化选择

文化自信的培养不仅是对青年外在知识结构的丰富与拓展，更是一场深入骨髓、触及灵魂的思想洗礼与精神重塑。这一过程犹如一场漫长而深刻的修行，需要青年在知识的海洋中遨游，在历史的长河中沉思，在文化的沃土上耕耘，最终达成对自我、对文化、对时代的深刻认知与坚定信仰。

爱国主义作为文化自信培养的基石，不仅仅是情感的流露，更是理性的选择与责任的担当。通过爱国主义教育，青年能够深刻理解国家的历史使命与民族的未来愿景，将个人的成长融入国家的发展大局之中，形成与国家同呼吸、共命运的强烈共鸣。这种共鸣是文化自信最深厚的情感基础，激励着青年以更加昂扬的姿态，投身于实现中华民族伟大复兴的宏伟事业。社会主义教育则为文化自信的培养提供了科学的理论指导与实践路径。社会主义作为一种先进的社会制度，它倡导的是公平、正义、共享的价值理念，与中华文化的精髓不谋而合。通过学习社会主义理论，特别是中国特色社会主义理论体系，青年能够深刻理解社会主义制度的优越性，认识到中华文化在社会主义实践中的独特作用与价值，从而更加坚定地走中国特色社会主义道路，为文化自信注入强大的理论支撑。革命历史教育是文化自信培养中不可或缺的一环。中国革命的历史是一部波澜壮阔、艰苦卓绝的奋斗史，它见证了中国共产党领导人民从苦难走向辉煌的伟大历程。通过学习革命历史，青年能够深刻体会到革命先辈们为了民族独立、人民解放所付出的巨大牺牲与不懈努力，从而更加珍惜来之不易的和平与发展环境，更加坚定地拥护党的领导，为文化自信奠定坚实的历史根基。传统文化教育则是文化自信培养的深厚土壤。中华文化源远流长、博大精深，蕴含着中华民族独特的精神标识与文化基因。通过学习传统文化，青年能够深刻理解中华文化的精髓与智慧，如儒家的仁爱之道、道家的自然之趣、墨家的兼爱非攻等，这些思想精髓不仅能够滋养青年的心灵，还是他们处理人与自然、人与社会、人与自我关系的智慧源泉，使他们在面对多元文化冲击时，能够保持清醒的头脑与坚定的立场。国庆党庆教育作为文化自信培养的生动实践，它让青年在庆祝国家与党的重大节日中，深刻感受到国家的发展成就与党的辉煌历程。这种感受不仅是对国家与党的认同与敬仰，更是对中华文化自信心的增强与升华。通过参与国庆党庆活动，青年能够亲身体验到中华文化的魅力与活力，从而更加坚定地相信，中华文化不仅能够为中华民族的伟大复兴提供强大的精神动力，还能够为世界文明的多样性与繁荣贡献独特的中国智慧与中国方案。

在文化自信的培养过程中，马克思主义和中国特色社会主义理论成果，特别是习近平文化思想，是武装青年头脑、指导青年实践的重要武器。这些理论成果不仅深刻揭示了人类社会发展的客观规律，还为中国的发展提供了科学的理论指导与实践指南。通过学习这些理论，青年能够形成正确的世界观、人生观与价值观，具备度德量力的自我认知能力，即能够客观评估自己的道德水平与能力范围，做到既不妄自菲薄也不盲目自大；同时，还能够培养辩证取舍的文化选择能力，即在面对多元文化时，能够运用辩证法的思维，去伪存真、去粗取精，汲取有益的文化养分，摒弃不良的文化影响；更重要的是，青年还能够形成兼容并蓄、有容乃大的文化心态，即能够以开放包容的心态，尊重文化的多样性，欣赏不同文化的独特魅力，从而在多元文化的交流与融合中，不断丰富自己的精神世界，提升自己的文化素养，最终坚定中国文化先进性的立场。

三、在文化碰撞选择中提升文化自觉意识

在新时代的复杂背景下，受多重历史与现实因素的交织影响，部分青年在文化自觉意识上展现出不同程度的缺失，这种缺失不仅体现在文化认同与自信心的不足上，更与他们所承载的国家与民族发展重任形成了鲜明对比，凸显出培育青年文化自觉意识的紧迫性与重要性。这一培育过程，既是经济全球化趋势下文化交流的必然需求，也是通往社会主义文化强国目标的必经之路。

（一）提升青年在文化修养维度的自觉意识

聚焦提升青年在文化修养维度的自觉意识，不仅关乎个体成长，更是文化传承与创新的关键所在。事物的发展无一不遵循着由细微的量变累积至显著质变的自然法则，青年文化修养的培育与提升亦不例外地遵循着这一客观规律。这是一个由浅入深、由外而内、由知识积累到品行塑造的渐进式深化过程。在这一漫长而复杂的旅程中，文化知识的积累构成了青年文化修养的基石，而内在品行修养的提升，则是文化知识积累到一定程度后所引发的质的飞跃，是青年文化修养达到新高度的标志。青年作为国家的未来与民族的希望，其全面而自由的发展，不仅关乎个人的命运，更关乎国家的繁荣与民族的复兴。因此，青年必须深入探究中国文化的精髓，尤其要汲取中华传统文化的深厚滋养，这是强化文化认同与自觉，实现个人全面发展的重要途径。中华传统文化作为中华民族的精神命脉与文化根基，蕴含着丰富的哲学思想、道德观念、艺术形式与科技成就，是青年文化修养不可或缺的精神食粮。正如毛泽东同志深刻指出的："从孔夫子到孙中山，我们应当给以总结，

承继这一份珍贵的遗产。"这不仅是对历史的尊重，更是对文化的传承与创新，因为任何文化的创新与发展，都离不开对历史的深刻理解与文化的深厚积淀。

在青年文化修养的培育过程中，融媒体尤其是网络自媒体平台，发挥着不可替代的作用。这些平台以其传播速度快、覆盖范围广、互动性强等特点，为青年提供了前所未有的文化学习与交流空间。我们应充分利用这一优势，通过创新内容与形式，以丰富多样、寓教于乐的方式，让青年在轻松愉悦的氛围中领略中国文化的独特魅力。例如，可以通过短视频、直播、互动问答等形式，将深奥的文化知识以生动、形象的方式呈现给青年，使他们在享受文化娱乐的同时，潜移默化地提升文化修养，从而促进其文化自觉意识的觉醒。

文化自觉意识的觉醒，是青年文化修养提升的重要标志。它意味着青年能够主动地去认识、理解、接纳并传承文化，而不是被动地接受文化的熏陶。这种自觉意识，不仅体现在对中华传统文化的尊重与传承上，更体现在对多元文化的包容与理解上。在全球化日益加深的今天，青年面临着前所未有的文化冲击与选择。他们需要在保持文化自信的同时，以开放的心态去接纳不同的文化，通过比较、鉴别、融合，不断丰富自己的文化视野，提升自己的文化素养。此外，青年文化修养的提升，还需要与时代发展紧密结合。在信息技术日新月异的今天，青年应充分利用科技手段，创新文化学习与传播的方式，使传统文化焕发新的生机与活力。同时，他们还应关注社会热点，积极参与文化实践，将所学知识转化为实际行动，为社会文化的繁荣与发展贡献自己的力量。

（二）强化青年在文化传承方面的文化自觉意识

强化青年在文化传承维度的文化自觉意识，不仅是青年个人成长与发展的内在要求，更是民族文化繁荣与国家软实力提升的关键所在。习近平总书记在多次座谈与讲话中，深刻阐述了青年在文化传承中的重要作用，他强调，青年应加强思想道德修养，自觉弘扬爱国主义、集体主义精神，严格遵守社会公德、职业道德与家庭美德。这一系列论述，不仅为青年指明了文化修养的方向，更揭示了文化传承与文化自觉意识的内在联系：青年对文化的深刻领悟与积极传承，不仅是其文化自觉意识的重要体现，更是将理论知识转化为实际行动、实现个人价值与社会责任相统一的关键所在。

文化传承绝非简单地复制粘贴或表面的传递，而是一个充满智慧与创造的过程。它要求青年在传承文化的过程中，不仅要保持对文化的敬畏与尊重，更要具备文化反思、判断与选择的能力。这种能力是青年文化自觉意识的重要组成部分，也是推动文化创新与发展的不竭动力。青年作为文化传承的主体，应主动承担起文化甄别、判断与选择的责任，以敏锐的洞察力与批判性思维，辨别文化的真伪与优劣，避免在文化洪流中迷失方向，成为文化的被动接受者而非主动创造者。

文化自觉意识的培养，离不开对不良文化的批判与反思。在多元文化并存的社会环境中，青年不可避免地会接触到各种文化现象，其中既有精华也有糟粕。青年应具备辨别是非的能力，勇于对不良文化进行批判，通过批判促进反思，在反思中推动创新。这种批判与反思的过程，不仅是对文化现象的深入剖析，更是对自我文化价值观的塑造与升华。它要求青年以更加开放与包容的心态，去审视不同的文化现象，既不全盘接受也不盲目排斥，而是在批判与反思中汲取营养，为文化的创新与发展注入新的活力。青年在文化传承中的文化自觉意识，还应体现在对传统与现代文化的双重视角审视上。传统与现代是文化发展不可或缺的两个维度。传统是文化的根基与灵魂，它承载着民族的历史记忆与文化基因；现代则是文化的创新与发展，它反映了时代的进步与社会的变迁。青年应充分利用自身所学的文化知识与塑造的文化品行，从传统与现代的双重视角去审视文化现象，既深入挖掘传统文化的精髓与价值，又积极拥抱现代文化的创新与变革。在这一过程中，青年应既积极交流借鉴，吸收不同文化的优点与长处，又勇于批判反思，对文化的不足与弊端进行深刻剖析。高度的文化自觉意识，是青年自觉传承并创新发展中华文化的重要保障。青年应深刻认识到，文化传承不仅是对历史文化的尊重与保护，更是对民族精神的传承与弘扬。他们应以高度的文化自觉意识，主动承担起文化传承的重任，将个人理想融入国家与民族的发展大局之中，以实际行动践行文化自信与文化担当。在传承与创新的过程中，青年应始终保持对文化的敬畏之心与热爱之情，以饱满的热情与坚定的信念，推动中华文化在新时代绽放出更加绚丽的光彩。

结　语

文化强则国家强，文化兴则国家兴。文化是国家和民族的灵魂，是国家软实力建设的重要组成部分，是国家和民族不断繁荣的强大动力。文化作为人类独有的精神创造，自古以来便是人类探索与追求的永恒主题。从有记录的历史之初，人类便踏上了文化探索的不懈征程，致力于揭示文化发展的内在规律，追求文化自信的理想境界，以期促进人类的全面自由发展。这种对文化的不懈追求，不仅映射出人类对自我认知的深化，更体现了对美好生活的永恒向往与不懈追求。马克思曾深刻指出："人的本质不是单个人所固有的抽象物，在其现实性上，它是一切社会关系的总和。"[①] 这一论断不仅揭示了人的社会属性，更强调了人在社会实践中形成并发展的现实关系，为我们理解文化自信提供了坚实的理论基础。文化自信作为新时代党中央基于国内外文化形势提出的重要命题，其重要性不言而喻。它不仅是推进文化建设、共享文化繁荣、提升文化软实力的关键所在，更是实现民族复兴不可或缺的精神支撑。在新时代背景下，文化自信不仅是国家文化软实力的核心要素，更是增强民族凝聚力、提升国际影响力的重要途径。因此，我们必须深刻认识到文化自信的战略意义，将其作为新时代文化建设的重要任务来抓。

青年文化自信问题，作为当下极具现实意义的研究课题，承载着历史的厚重与时代的期许。历史上，中华民族曾以高度的文化自信屹立于世界文明之巅，为人类文明的发展做出了卓越贡献。然而，近代以来，随着国力的衰微，中华民族的文化自信也经历了跌宕起伏。新中国成立特别是改革开放以来，中国的发展成就举世瞩目，中华民族逐步走向复兴，人民的文化自信心与民族自豪感显著增强。在全球化背景下，中国面临着外来文化的渗透与挑战，亟须以高度的文化自信应对国际话语权的竞争，推动文化的繁荣发展，共筑人民的精神家园。青年作为国家的未来与希望，其文化自信的状况直接

---

① 马克思，恩格斯.马克思恩格斯选集（第二卷）[M].北京：人民出版社，2012：135.

关系到国家政权的稳定与社会文化自信的走向。因此，关注并培育青年的文化自信，不仅是时代赋予我们的重大使命，更是实现民族复兴的必然要求。

当前，中国已步入新时代，中华民族的伟大复兴站在了新的历史起点上。习近平总书记深刻指出："没有高度的文化自信，没有文化的繁荣兴盛，就没有中华民族伟大复兴。"[①] 这一论断不仅强调了文化自信在民族复兴进程中的核心地位，更为我们指明了新时代文化建设的方向。在新时代青年文化自信培育的过程中，我们既要注重立足当下、继往开来，深入挖掘中华优秀传统文化的精髓，传承红色革命文化的基因，弘扬社会主义先进文化的价值；又要面向世界、开放包容，积极吸收借鉴人类文明的优秀成果，推动中华文化的创造性转化与创新性发展。中华优秀传统文化是中华民族的根与魂，是我们在世界文化激荡中站稳脚跟的坚实根基。我们要深入挖掘其内涵与价值，通过教育引导、文化传播等方式，让青年一代深入了解并热爱中华优秀传统文化。同时，我们还要传承红色革命文化的基因，弘扬社会主义先进文化的价值，让青年一代在革命文化的熏陶下坚定理想信念，在先进文化的引领下勇攀高峰。

面向世界、开放包容是新时代青年文化自信培育的必然要求。在全球化的浪潮中，我们要以更加开放的心态和视野去审视世界文化的发展态势，积极吸收借鉴人类文明的优秀成果。这不仅有助于拓宽我们的文化视野，更有助于推动中华文化的创新与发展。我们要鼓励青年一代积极参与国际文化交流与合作，通过学习借鉴其他文化的长处来丰富和发展中华文化，使中华文化在全球化进程中焕发出更加绚丽的光彩。此外，我们还应关注青年群体的个体差异与成长需求，因材施教，激发其内在动力，培养其独立思考与创新能力。青年一代是国家的未来与希望，他们具有独特的思维方式和创造力。在文化自信培育的过程中，我们要充分尊重他们的个体差异和成长需求，通过多样化的教育方式和手段来激发他们的内在动力和创新潜能。同时，我们还要注重培养他们的独立思考能力和批判性思维能力，使他们在面对复杂多变的文化环境时能够保持清醒的头脑和坚定的立场。创新培育形式、增强吸

---

① 习近平.决胜全面建成小康社会 夺取新时代中国特色社会主义伟大胜利——在中国共产党第十九次全国代表大会上的报告 [M]. 北京：人民出版社，2017：41.

引力和实效性是新时代青年文化自信培育的核心所在。我们要紧跟时代步伐，不断创新培育形式和方法手段，以更加贴近青年实际、符合青年特点的方式来开展文化自信培育工作。例如，我们可以利用互联网、大数据等现代信息技术手段来拓展文化传播渠道和覆盖面；可以通过举办文化讲座、展览、演出等活动来丰富青年的文化生活体验；还可以通过开展社会实践、志愿服务等活动来引导青年在实践中感悟文化魅力、增强文化自信。这些创新性的培育形式和方法手段将有助于增强文化自信培育的吸引力和实效性，使青年一代在轻松愉快的氛围中接受文化的熏陶和洗礼。

总之，新时代青年文化自信培育不仅是一项关乎国家文化繁荣与民族复兴的战略任务，更是一个涉及多学科、多领域的复杂系统工程。它要求我们在深刻把握文化自信内涵与价值的基础上，以高度的责任感和使命感为引领，凝聚全社会的智慧与力量，共同推动这一工作的深入开展。通过全社会的共同努力与持续探索，我们有理由相信，新时代青年的文化自信将不断得到增强与彰显，从而为中华民族的伟大复兴提供坚实的精神基石与文化源泉。

参考文献

著作类：

[1] 马克思，恩格斯．马克思恩格斯文集（第二卷）[M]. 北京：人民出版社，2009.

[2] 马克思，恩格斯．马克思恩格斯全集（第一卷）[M]. 北京：人民出版社，2012.

[3] 马克思，恩格斯．马克思恩格斯全集（第八卷）[M]. 北京：人民出版社，1961.

[4] 马克思，恩格斯．马克思恩格斯全集（第三卷）[M]. 北京：人民出版社，2009.

[5] 马克思，恩格斯．马克思恩格斯全集（第四十卷）[M]. 北京：人民出版社，1982.

[6] 马克思，恩格斯．马克思恩格斯全集（第四十二卷）[M]. 北京：人民出版社，1979.

[7] 列宁．列宁全集（第二十四卷，三十四卷，三十六卷，三十七卷，四十三卷，五十五卷）[M]. 北京：人民出版社，2017.

[8] 列宁．列宁选集（第三卷，第四卷）[M]. 北京：人民出版社，1995.

[9] 毛泽东．毛泽东选集（第一至三卷）[M]. 北京：人民出版社，1991.

[10] 毛泽东．毛泽东文集（第一卷）[M]. 北京：人民出版社，1993.

[11] 毛泽东．毛泽东文集（第三卷）[M]. 北京：人民出版社，1996.

[12] 毛泽东．毛泽东文集（第七卷）[M]. 北京：人民出版社，1999.

[13] 邓小平．邓小平文选（第一，第二卷）[M]. 北京：人民出版社，1994.

[14] 邓小平．邓小平文选（第三卷）[M]. 北京：人民出版社，1993.

[15] 江泽民．江泽民文选（第二卷、第三卷）[M]. 北京：人民出版社，2006.

[16] 胡锦涛．胡锦涛文选（第二卷、第三卷）[M]. 北京：人民出版社，2016.

[17] 习近平 . 习近平谈治国理政 [M]. 北京：外文出版社，2014.

[18] 习近平 . 习近平谈治国理政（第二卷）[M]. 北京：外文出版社，2017.

[19] 习近平 . 习近平谈治国理政（第三卷）[M]. 北京：外文出版社，2020.

[20] 习近平 . 在文艺工作座谈会上的讲话 [M]. 北京：人民出版社，2015.

[21] 习近平 . 在哲学社会科学工作座谈会上的讲话 [M]. 北京：人民出版社，2016.

[22] 习近平 . 习近平新时代中国特色社会主义思想三十讲 [M]. 北京：学习出版社，2018.

[23] 中共中央文献研究室 . 十三大以来重要文献选编（下）[M]. 北京：中央文献出版社，2011.

[24] 中共中央文献研究室 . 十五大以来重要文献选编（下）[M]. 北京：中央文献出版社，2003.

[25] 中共中央文献研究室 . 十六大以来重要文献选编（下）[M]. 北京：中央文献出版社，2008.

[26] 陈万柏，张耀灿 . 思想政治教育学原理（第二版）[M]. 北京：高等教育出版社，2007.

[27] 陈万柏 . 思想政治教育载体论 [M]. 武汉：湖北人民出版社，2003.

[28] 沈壮海 . 思想政治教育有效性研究 [M]. 武汉：武汉大学出版社，2008.

[29] 郑永廷 . 思想政治教育方法论 [M]. 北京：高等教育出版社，2010.

[30] 梁漱溟 . 东西文化及其哲学 [M]. 北京：商务印书馆，2010.

[31] 陈先达 . 文化自信中的传统与当代 [M]. 北京：北京师范大学出版社，2017.

[32] 陈先达 . 哲学与文化 [M]. 北京：中国人民大学出版社，2016.

[33] 陈先达 . 文化自信与中华民族伟大复兴 [M]. 北京：人民出版社，2017.

[34] 费孝通 . 文化与文化自觉 [M]. 北京：群言出版社，2010.

[35] 张岱年等 . 文化的整合与冲突 [M]. 北京：北京大学出版社，1991.

[36] 张岱年 . 文化与哲学 [M]. 北京：中国人民大学出版社，2006.

[37] 费孝通 . 论人类学与文化自觉 [M]. 北京：华夏出版社，2004.

[38] 陈先达等 . 坚持马克思主义在意识形态领域指导地位研究 [M]. 北京：经济科学出版社，2014.

[39] 王蒙 . 王蒙谈文化自信 [M]. 北京：人民出版社，2017.

[40] 沈壮海 . 论文化自信 [M]. 武汉：湖北人民出版社，2019.

[41] 张岂之 . 张岂之谈中华优秀传统文化 [M]. 南京：江苏人民出版社，2019.

[42] 牟宗三 . 哲学与文化论集 [M]. 南京：南京大学出版社，2010.

[43] 刘金田 . 邓小平的历程（上册）[M]. 北京：解放军文艺出版社，1996.

[44] 韩勃 . 江庆勇 . 软实力：中国视角 [M]. 北京：人民出版社，2009.

[45] 郭凤志 . 德育文化论 [M]. 北京：中国社会科学出版社，2008.

[46] 胡海波，郭凤志 . 马克思恩格斯文化观研究 [M]］. 北京：中国书籍出版
社，2013.

期刊报刊类：

[1] 陈一收 . 文化自信：习近平文化思想的理论特质与精神气质 [J]. 马克思主
义研究，2024（01）.

[2] 陈洪玲，潘飞宇 . 习近平文化思想中坚定文化自信的逻辑探赜 [J]. 思想教
育研究，2024（01）.

[3] 王晨 . "两个结合"涵育青年文化自信自强 [J]. 思想理论教育导刊，2024（01）.

[4] 管健 . 文化自信是开放自信社会心态的心理基础 [J]. 人民论坛·学术前沿，
2023（22）.

[5] 曹劲松 . 文化自信：把握习近平文化思想的价值内核 [J]. 南京社会科学，
2023（11）.

[6] 周琦 . 效应、困局、对策：全球化场域下中国文化自信的三重观照 [J]. 东
岳论丛，2023（10）.

[7] 韩喜平，杨羽川 . 新时代宣传思想文化工作的科学指南：学习贯彻习近平
文化思想 [J]. 思想理论教育，2023（11）.

[8] 蔡劲松 . 以文化自信自强谱写中国式现代化文化长卷 [J]. 人民论坛，2022（22）.

[9] 王易 . 推进文化自信自强铸就社会主义文化新辉煌 [J]. 红旗文稿，2022（21）.

[10] 李润硕 . 文化自信转化为国家治理效能的内在逻辑及路径选择 [J]. 思想理
论教育导刊，2022（10）.

[11] 林峰 . 青年文化自信培育的红色记忆维度 [J]. 思想政治教育研究，2022（5）.

[12] 宋烨 . 以中华优秀传统文化教育提升青年文化自信 [J]. 中国高等教育，
2021（10）.

[13] 白云翔 . 传承中华传统美德与坚定文化自信 [J]. 山东社会科学，2021（9）.

[14] 杨玉飞. 浅析文化自信对防范化解重大风险的支撑作用 [J]. 人民论坛·学术前沿，2021（16）.

[15] 秦开凤. 增强中国学术骨气与坚定中华文化自信 [J]. 探索与争鸣，2021（7）.

[16] 何淼. 中国共产党文化自信的生成逻辑与推进路径 [J]. 东岳论丛，2021（12）.

[17] 宋烨. 以中华优秀传统文化教育提升青年文化自信 [J]. 中国高等教育，2021（10）.

[18] 李双套. 文化自信的四重哲学意蕴 [J]. 江淮论坛，2021（2）.

[19] 王萌苏. 逻辑、困境与提升：短视频热潮下青年文化自信培育探析 [J]. 思想政治教育研究，2021（1）.

[20] 金惠敏. 论文化自信与新的全球化时代 [J]. 人民论坛·学术前沿，2021（8）.

[21] 王晓文，祁霄. 西方国家社会抗议现象新观察 [J]. 前线，2020（11）.

[22] 皇甫闪. 媒体融合场域下主流意识形态话语权的提升策略 [J]. 出版广角，2020（24）.

[23] 徐龙建. 文化自信：马克思主义文化思想的当代意涵 [J]. 科学社会主义，2020（4）.

[24] 申睿. 发展公益性文化事业的现实路径研究 [J]. 人民论坛，2019（19）.

[25] 秦宣. 建设社会主义文化强国必须面对的问题 [J]. 湖北大学学报，2019（6）.

[26] 刘仓. 近三年文化自信研究述评与展望 [J]. 中国井冈山干部学院学报，2019（9）.

[27] 柯芳，杨先农. 革命文化国际传播回顾与展望 [J]. 云南社会科学，2019（5）.

[28] 王刚，周莲芳. 试析西方之乱的表现及成因 [J]. 思想理论教育导刊，2019（3）.

[29] 柴冬冬. 论泛娱乐主义思潮下的网络亚文化生产机器意识形态建构 [J]. 文化研究，2019（5）.

[30] 李成林. 自负与自信：文化与鸦片战争关系的历史启迪 [J]. 辽宁师范大学学报（社会科学版），2019（42）.

[31] 柴文华. 百年来中国传统文化的自觉及思考 [J]. 当代中国价值观研究，2019（3）.

[32] 陈先达. 筑牢文化自信的理论和现实基础 [J]. 区域治理，2019（21）.

[33] 刘惠惠，刘晓哲. 关于文化自信研究的回顾与展望 [J]. 社会主义研究，2019（4）.

[34] 肖贵清，张安.关于坚定中国特色社会主义文化自信的几个问题 [J]. 当代世界与社会主义，2018（1）.

[35] 程彪，张荣荣，王春林.革命文化的历史性内涵与时代价值 [J]. 理论探讨，2018（3）.

[36] 郑祥福.全球文化霸权和中国文化自强 [J]. 浙江社会科学，2018（3）.

[37] 柯坪，胡娟，刘旭青.发展文化事业，完善公共文化服务体系 [J]. 图书情报知识，2018（6）.

[38] 张加才，牛思琦.现代转化传统文化赓续研究 [J]. 兰州大学学报，2018（3）.

[39] 陈明琨.文化自信视阈下的新时代中国特色对外话语体系建构 [J]. 马克思主义研究，2018（6）.

[40] 王永友，潘昱州.文化自信视域下传统文化重构的"三重困境" [J]. 南京社会科学，2017（7）.

[41] 范玉刚.文化产业：文化自信的现实基础 [J]. 甘肃社会科学，2017（5）.

[42] 石文卓.文化自信：基本内涵、依据来源与提升路径 [J]. 思想教育研究，2017（5）.

[43] 任平.全球闻名秩序重建与中国文化自信的当代使命 [J]. 中共中央党校学报，2017（1）.

[44] 龚亮.坚持马克思主义为指导的文化自信 [J]. 人民论坛，2016（11）.

[45] 潘新喆，刘爱娣.文化自信的理论基础与实践要求 [J]. 马克思主义研究，2016（11）.

[46] 曲青山.关于文化自信的几个问题 [J]. 中共党史研究，2016（3）.

[47] 高长武.我们应有怎样的文化自信：正确认识中华优秀传统文化的当代价值 [J]. 党建，2016（8）.

[48] 刘林涛.文化自信的概念、本质特征及其当代价值 [J]. 思想教育研究，2016（6）.

[49] 侯惠勤.意识形态话语权建设方法论研究 [J] 中共贵州省委党校学报，2016（2）.

[50] 范晓峰，郭凤志.关于中国特色社会主义文化自信的几点思考 [J]. 思想教育研究，2016（7）.

[51] 杨凤城.中国共产党对待传统文化的历史考察 [J]. 教学与研究，2014（9）.

[52] 云杉 . 文化自觉文化自信文化自强：对繁荣发展中国特色社会主义文化的思考 [J]. 红旗文稿，2010（16）.

[53] 秦宣 . 马克思主义几种诘难的回应 [J]. 江西师范大学学报（哲学社会科学版），2010（10）.

[54] 习近平 . 加强和改进国际传播工作展示真实立体全面的中国 [N]. 人民日报，2021–06–02（1）.

[55] 习近平 . 在中共中央政治局第十八次集体学习时的讲话 [N]. 人民日报，2014–10–14（1）.

[56] 习近平 . 在全国宣传思想工作会议上的讲话 [N]. 人民日报，2013–08–21（1）.

[57] 赵海英 . 推动文化产业全面高质量发展 [N]. 人民日报，2021–09–16（9）.

[58] 坚守人民情怀，走好新时代的长征路——习近平在湖南考察并主持召开基层代表座谈会纪实 [N]. 人民日报，2020–09–21（1）.

[59] 中共中央关于坚持和完善中国特色社会主义制度推进国家治理体系和治理能力现代化若干重大问题的决定 [N]. 人民日报，2019–11–06（1）.

[60] 如何理解文化自信在"四个自信"中的基础性地位 [N]. 学习时报，2019–04–15（6）.

[61] 张志丹 . 顺应时代逻辑增强文化自信 [N]. 中国社会科学报，2019–04–11（3）.

[62] 杨光斌 . 思想话语权事关国家安全 [N]. 人民日报，2019–04–02（7）.

[63] 王炳林 . 革命文化与文化自信 [N]. 光明日报，2017–12–28（7）.

[64] 吴祖鲲，王慧姝 . 文化自信是文化产业发展的灵魂 [N]. 中国社会科学报，2017–08–10（03）.

[65] 耿超，邢军杰 . 以"四个自信"推进中国特色社会主义事业 [N]. 江西日报，2017–07–24（02）.

[65] 郑若麟 . 不能用西方标准裁剪 [N]. 中国人民日报，2017–03–27（7）.

[66] 关健英 . 如何看待马克思主义与中华传统文化关系 [N]. 人民日报，2017–02–17（7）.

[67] 习近平 . 在文化传承发展座谈会上的讲话 [N]. 人民日报，2023–06–03（1）.

[68] 习近平 . 在中国共产党第二十届中央委员会第三次全体会议上的讲话 [N]. 人民日报，2024–07–19（1）.

电子文献类：

[1] 陈金龙 . 论全面建成小康社会的伟大意义 [EB/OL].https://baijiahao.baidu. com/，2021–07–14.

[2] 韩振峰 . 增强文化自信与实现文化自强 [EB/OL]. 光明网 .http://www. qstheory.cn/zhuanqu/bkjx/2019–07/03/c_1124705632.htm，2019–07–03.

[3] 国务院关于文化产业发展工作情况的报告 [EB/OL]. 中国人大网 .http://www. npc.gov.cn/npc/c30834/201906/.2019–6–26.

[4] 国家统计局 .2020 年居民收入和消费支出情况 [EB/OL].http://www.stats.gov. cn/tjsj/zxfb/202101/t20210118_1812425.html，2021–01–18.

[5] 文化蓝皮书：中国文化发展报告（2017–2020）[EB/OL]. 中央人民政府 网 .https://m.gmw.cn/baijia/2020–12/28/34500475.html，2020–12–28.

外文译著类：

[1] [美] 塞缪尔·亨廷顿 . 文明的冲突与世界秩序的重建 [M]. 周琪，等译 . 北 京：新华出版社，1998.

[2] [英] 阿诺德·汤因比 . 历史研究 [M]. 刘北成，郭小凌，译 . 上海：上海人 民出版社，2000.

[3] [德] 奥斯瓦尔德·斯宾格勒 . 西方的没落 [M]. 张兰平，译 . 北京：商务印 书馆，1989.

[4] [美] 约瑟夫·奈 . 软实力 [M]. 马娟娟，译 . 北京：中信出版社，2012.

[5] [美] 威廉·罗宾逊 . 全球资本主义论 [M]. 高明秀，译 . 北京：社会科学文 献出版社，2009.

[6] [美] S. 南达 . 文化人类学 [M]. 刘燕鸣，韩养民，译 . 西安：陕西人民教育 出版社，1987.